BERNARD M. LEVINSON

Der kreative Kanon

Bernard M. Levinson

Der kreative Kanon

Innerbiblische Schriftauslegung und religionsgeschichtlicher Wandel im alten Israel

Mit einem Geleitwort von
Hermann Spieckermann

Aus dem Englischen übersetzt von
Felipe Blanco Wißmann

Mohr Siebeck

BERNARD M. LEVINSON, Inhaber des Berman Family Chair of Jewish Studies and Hebrew Bible an der University of Minnesota (Professor of Classical and Near Eastern Studies and of Law). 1997 Mitglied des Institute of Advanced Study (Princeton), 2007 Fellow am Wissenschaftskolleg zu Berlin, 2010 Fellow am National Humanities Center (Research Triangle Park) und 2012 Fellow am Institute for Advanced Studies (Jerusalem).

ISBN 978-3-16-151787-7

Die Deutsche Nationalbibliothek verzeichnet diese Publikation in der Deutschen Nationalbibliographie; detaillierte bibliographische Daten sind im Internet über *www.dnb.de* abrufbar.

Die Originalausgabe erschien in englischer Sprache unter dem Titel *Legal Revision and Religious Renewal in Ancient Israel* bei Cambridge University Press.

Das Buch wurde von Gulde-Druck in Tübingen aus der Garamond gesetzt, auf alterungsbeständiges Werkdruckpapier gedruckt und von der Buchbinderei Nädele in Nehren gebunden.

Inhaltsverzeichnis

Zum Geleit

von Hermann Spieckermann

Bernard M. Levinsons Buch »Der kreative Kanon« ist eine erfreuliche Überraschung. Die gegenwärtige Situation der Wissenschaft ist in allen Bereichen durch eine unüberschaubare Fülle neuer Erkenntnisse und zunehmender Differenzierung der Forschungsfelder gekennzeichnet. In den Naturwissenschaften scheint es zu gelingen, die hochgradige Spezialisierung in ein Kommunikationssystem einzubetten, das, allein auf die englische Sprache gestützt, die Vermittlungsfunktion unter den eigenständigen, aber aufeinander angewiesenen Forschungsgebieten leistet.

Demgegenüber ist in den Geisteswissenschaften nicht zu erkennen, dass die auch hier greifende Spezialisierung, obwohl mit der der Naturwissenschaften kaum vergleichbar, interdisziplinär angemessen kommuniziert wird. Trotz vieler fächerüberbreifender Projekte herrscht zwischen Forschern, die sich einerseits mit Neuzeit und Gegenwart und andererseits mit Antike und Mittelalter beschäftigen, nicht selten Sprachlosigkeit im Blick auf Methodik und daraus resultierenden inhaltlichen Fragehorizonten. Die Entschuldigung, dass die Geisteswissenschaften es im Blick auf Inhalte und Methoden schwerer haben als die Naturwissenschaften, ist nicht überzeugend. Die Gegenstandsbereiche der Naturwissenschaften liegen viel weiter auseinander als die der Geisteswissenschaften. Dass demgegenüber in den Geisteswissenschaften die Verständigung auf methodische Zugänge schwieriger und die notwendige Einbeziehung der Forschungsgeschichte komplexer ist, zeigt lediglich, dass jeder dieser beiden Großbereiche seine eigenen Herausforderungen hat.

War bisher nur von den Natur- und Geisteswissenschaften die Rede, ist dies im Blick auf das universitär vertretene Wissenschaftsspektrum schon eine ungebührliche Vereinfachung. Als weitere große Forschungsbereiche müssen Rechts-, Wirtschafts- und Sozialwissenschaft, Medizin, Theologie und Religionswissenschaft berücksichtigt werden. Im hier interessierenden Zusammenhang ist der augenfällige Kommuniktionsmangel zwischen den Geisteswissenschaften, der Rechts-, Religionswissenschaft und Theologie ein ernstes Problem. Es ist ein Faktum, dass Studierende der Anglistik, Germanistik, Romanistik und Slawistik ihre Literaturen zum Teil deshalb kaum verstehen, weil sie weder eine elementare Kenntnis von Inhalten der Bibel noch der antiken Literatur besitzen. Ähnliches gilt für Rechts- und Religionswissenschaftler, ganz zu schweigen von dem Vorwissen, welches Studierende der Theologie für ihr Fach mitbringen. Hier wiederholt sich auf der Ebene der Lehre in anderer Form das Dilemma, das auch die Forschung belastet. Der Kontakt zwischen Geisteswissenschaften, Rechts-, Religionswissenschaft und Theologie wird zu selten gesucht, obwohl die jeweils anvertrauten Texte, Themen und Literaturen genau das Gegenteil nahe legen.

In dieser Situation ist es eine Wohltat, wenn sich Forscher in den Geistes- und Bibelwissenschaften nicht in ihrer eigenen Disziplin vergraben, sondern Themen in Angriff nehmen, die im eigenen Fach und in den Nachbardisziplinen von unverkennbarer Relevanz sind. B. M. Levinson gehört zu diesen mutigen Forschern. Als Bibelwissenschaftler macht er den Kanon zum Thema. Er tut es in einer Zeit, in der die Literaturwissenschaften und andere Disziplinen den Kanon entdeckt haben: nicht den Kanon der Bibel, sondern den Kanon in den ihnen anvertrauten Literaturen, wo in Vergangenheit und Gegenwart Werke nach bestimmten Selektionskriterien positiv oder negativ oder gar nicht rezipiert werden. B.M. Levinson lässt sich auf dieses weite Kanonverständnis ein. Es unterscheidet sich vom jüdisch-christlichen Kanonverständnis, welches Jahrhunderte währende Entstehungs- und Formungsprozesse der religiösen Literatur zu bestimmter Zeit und mit bestimmbaren Gründen sistiert und für kanonisch erklärt. Deshalb ist es bei den jüdischen und christlichen Schriftensammunlungen sinnvoll, zwischen dem Stadium der Entstehungs- und Formungsprozesse autoritativer Literatur und dem Stadium der Interpretation der kanonisierten Literatur zu unterscheiden, ohne die fließenden Übergänge und Verbindungen zwischen beiden Stadien zu marginalisieren. Im Blick auf die Kanonbildungen, die die Geisteswissenschaften in ihren Literaturen interessieren, hat diese Unterscheidung keinen Sinn. Hier bleiben Selektion und Rezeption, die man mit der Kanonvorstellung in Verbindung zu bringen pflegt, immer im Fluss.

Angesichts des unterschiedlichen Gebrauchs der Kanonvorstellung wird B.M. Levinson zum Brückenbauer. Als Bibelwissenschaftler bahnt er den Weg zu den Geisteswissenschaften und macht sie mit dem bisher ungenutzten Forschungsschatz zur innerbiblischen Exegese vertraut. Haben die biblischen Schriften ihre autoritative Formung in Prozessen literarischer Anreicherung und Selektion, Neu- und Umdeutung erfahren, verlagert sich nach der Kanonisierung das kreative hermeneutische Potential, das vorher in den Schriften selbst zur Geltung gekommen ist, in die textexterne Auslegung. Zwar steht die kanonisierte Selektion nicht mehr zur Disposition, aber die kreative Kraft des Kanons manifestiert sich in der Erfindung neuer Interpretationsstrategien, die sowohl dem Kanon Rechnung tragen als auch seine notwendige Relativierung betreiben. Ständig neue Herausforderungen bedürfen innovativer religiöser Reaktion. Sie kann nicht nur im Verweis auf ein »Es steht geschrieben« bestehen, vielmehr muss sie im Rückbezug auf die kanonischen Texte zuweilen ganz neu deuten und deshalb auch kanonisch Geltendes verschweigen. Dieses Zusammenspiel von Kanon und Auslegung macht B.M. Levinson zum erkenntnisträchtigen Paradigma für die kulturellen Kanonbildungen in den Geisteswissenschaften. Damit leistet B.M. Levinson dem interdisziplinären Dialog zwischen Bibel- und Geisteswissenschaften einen großen Dienst, der noch dadurch gesteigert wird, dass er seinen Zugang an Beispielen aus der altorientalischen und biblischen Rechtsgeschichte, dem Gebiet seiner besonderen Kompetenz, erläutert. So kann sich auch die geschichtlich interessierte Rechtswissenschaft mühelos in das Gespräch einschalten.

Dass B.M. Levinson wissenschaftlich notwendige Verbindungen zu etablieren vermag, gilt aber noch unter einem anderen Aspekt. Als jüdischer Bibelwissenschaftler aus den Vereinigten Staaten verfügt er über umfassenden Einblick auch in die kontinentaleuropäischen Bibel- und Geisteswissenschaften. Er beherrscht die dafür wichtigen Sprachen, kennt Größe und Grenze, Licht und Finsternis europäischer Wissenschaftsgeschichte und kann deshalb »Aufklärung« diesseits und jenseits des Atlantiks leisten. So finden die Wissenschaftskulturen, die geschichtlich und inhaltlich am engsten zusammengehören, zu dem fruchtbaren Austausch zurück, auf den sie gar nicht verzichten können. Dass das Verstehen der anvertrauten Texte und das gegenseitige Verständnis der um sie bemühten Auslegungsgemeinschaften diesseits und jenseits des Atlantiks keine leichte Übung ist, kann man dem ausführlichen sechsten Kapitel des Buches entnehmen, das einen Überblick über die Forschungsgeschichte der innerbiblischen Auslegung gibt. Dieses Kapitel richtet sich vor allem an die Fachgenossen, die sich der Auslegung der Hebräischen Bibel und des Alten Testaments widmen. Hier gibt es immer noch Nachholbedarf an gegenseitiger Wahrnehmung, vor allem zwischen jüdischen und christlichen Bibelwissenschaftlern. In jeder Hinsicht verdient der Brückenbauer B. M. Levinson den Dank derjenigen, für die er die Brücken gemacht hat. Mögen sie von vielen benutzt werden.

Vorwort

Ohne Deutschland wäre dieses Buch nicht möglich. Die englische Ausgabe wurde abgeschlossen in dem Jahr, das ich als Fellow am Wisscnschaftskolleg zu Berlin verbrachte (im akademischen Jahr 2007–2008). Die Zeit dort war geistig sehr anregend, und mein Aufenthalt in Berlin trug erheblich zu den Ausführungen zum Verhältnis zwischen der Bibelwissenschaft und der deutschen Kultur- und Geistesgeschichte in der vorliegenden Studie bei. Zudem ist es gerade die deutsche Bibelwissenschaft, die hier bei der Behandlung der wesentlichen Fragen nach dem Charakter des biblischen Kanons und der Auslegung extensiv einbezogen wurde. Aus beiden Gründen habe ich sofort eingewilligt, als Dr. Henning Ziebritzki, Cheflektor für Theologie und Judaistik bei Mohr Siebeck, anregte, eine deutsche Übersetzung des Buches zu erstellen. Meine Zustimmung war Ausdruck der Hoffnung, etwas von dem zurückzugeben, was Deutschland mir gegeben hatte.

Was als einfache Übersetzung begann, entwickelte sich jedoch bald zu einer Art Neuausgabe. Viele Abschnitte wurden überarbeitet oder ergänzt, sowohl innerhalb des Haupttextes als auch innerhalb der Anmerkungen, um den Nutzen des Buches für deutsche Leserinnen und Leser zu erhöhen. Heinrich Heine und sein berühmtes Konzept des »portative[n] Vaterland[s]« habe ich ausführlicher behandelt; der Zusammenhang und die Rezeption der Aussagen Heines in neuerer Literatur werden nun genauer beleuchtet. Den forschungsgeschichtlichen Essay (Kap. 6) habe ich beträchtlich überarbeitet, sowohl durch Ergänzungen als auch durch Streichungen. Ein Grundgedanke der englischen Fassung war es, ein englischsprachiges Publikum mit der deutschsprachigen Forschung vertrauter zu machen – ein Vorhaben, das sich im Rahmen dieser Ausgabe natürlich erübrigt. Ich bin deshalb auf zusätzliche deutsche Liteatur eingegangen und habe gleichzeitig versucht, Trends und Entwicklungen der Bibelwissenschaft im nordamerikanischen, kontinentaleuropäischen und israelischen Kontext aufzuzeigen. Durchgehend wurden, soweit möglich, für die vorliegende Ausgabe deutsche Editionen alter Quellen und deutsche Übersetzungen relevanter Forschungsliteratur herangezogen. Neue Forschungsliteratur, die in Deutschland innerhalb der drei Jahre seit der Publikation der englischen Originalausgabe veröffentlicht wurde, wurde soweit wie möglich berücksichtigt. Auch die äußere Gestaltung des Textes wurde angepasst, um die Lesbarkeit für das deutsche Publikum zu erhöhen.

Auch in einem umfassenderen Sinne jedoch ist die Übersetzung der Grundgedanke dieses Buches: Angestrebt ist ein Dialog nicht nur über sprachliche, sondern auch geistige Grenzen hinweg. Mich hat schon seit einiger Zeit der Graben beschäftigt, der zwischen der Bibelwissenschaft und den anderen Geisteswissenschaften besteht, und dies umso mehr, als ich selbst über die Literaturwissenschaft und Geistesgeschichte zu meinem Interesse für die Hebräische Bibel und den Alten Orient gekommen bin. Als ich, in meiner Zeit als Doktorand, die Mühe auf mich nahm, die notwendigen philologischen Kompetenzen zu erlangen, wurde dieser Eindruck einer Distanz zwischen den Disziplinen nicht kleiner, sondern sogar größer: »Mind the gap!« Bei aller Klage in unserer Kultur über die verbreitete Unwissenheit im naturwissenschaftlichen Bereich: Es gibt einen ebenso besorgniserregenden Mangel an Vertrautheit mit den Perspektiven, Erkenntnissen und mit dem Wandel in der Art, die Bibel zu lesen, wie er innerhalb der vergangenen Jahrhunderts durch die Bibelwissenschaft und die Altorientalistik befördert wurde.

Dieser weitverbreitete Mangel an Vertrautheit mit der bibelwissenschaftlichen Forschung hat durchaus bedeutsame Auswirkungen, z. B. im Bereich des politischen Diskurses. Jedenfalls im nordamerikanischen Kontext wird die Bibel in öffentlichen Auseinandersetzung sowohl im rechten wie auch im linken politischen Spektrum tendenziell eher als monolithisch, hierarchisch und dogmatisch geprägt angesehen. Die Fähigkeit, kritisches Denken und öffentliche Diskussionen zu fördern, wird ihr kaum zugeschrieben. Zudem spiegelt, wie mir scheint, ein Teil der Diskussion in den USA über die Rolle des Obersten Gerichtshofs bei der Auslegung der amerikanischen Verfassung – ist es die Aufgabe des Supreme Court, die ursprüngliche Aussageabsicht der Gründerväter der USA wieder aufzudecken, oder soll er die in der Verfassung niedergelegten Prinzipien interpretieren und neu anwenden? – die auch in der vorliegenden Studie beschriebenen Debatten über das Verhältnis eines prestigeträchtigen und autoritativen Textes zu späteren Autoren und Gemeinschaften wider. Wenn man solche Fragen der Auslegung der Verfassung im weiteren historischen Kontext betrachtet, kann es gelingen, die momentan verbreitete starre Gegeneinandersetzung von zwei konkurrierenden Modellen (dem »Originalism« und dem Ansatz der »Living Constitution«) der Verfassungsinterpretation zu differenzieren und zu überwinden. Weiterführen können die historischen Präzedenzfälle, die durch eine vergleichende Hermeneutik heiliger Schriften in den Blick kommen und ein neues Licht auf die gegenwärtigen Debatten werfen können, die auf unglückselige Weise festgefahren erscheinen.

Das Beispiel der Debatten um den Supreme Court stammt zwar aus den Vereinigten Staaten, ist aber gleichwohl, wie ich meine, erhellend auch mit Blick auf den deutschen Kontext. Dass es einen deutlichen Abstand zwischen Bibelwissenschaft und den übrigen Geisteswissenschaften gibt, gilt auch für Deutschland, wo dieses Phänomen möglicherweise noch durch die spezifische institutionelle Gegebenheit verschärft wird, dass die Forschungsarbeit zwischen Theologischen Fakultäten einerseits und Philosophischen Fakultäten andererseits aufgeteilt ist. Ich möchte mit dem vorliegenden Buch Möglichkeiten des Dialogs über diese kulturellen, geistigen und sprachlichen Grenzen hinweg aufzeigen. Meine Absicht ist es außerdem, mit dieser Studie eine breitere Leserschaft unter den akademischen Kolleginnen und Kollegen aus dem Bereich der vergleichenden Literaturwissenschaft, der Verfassungstheorie und der philosophischen Hermeneutik ebenso zu erreichen wie unmittelbarere Kolleginnen und Kollegen aus den Disziplinen der Judaistik, der vergleichenden Religionswissenschaft und der Bibelwissenschaft.

Aus diesem Ziel folgen eine Reihe von Entscheidungen zur Struktur und Darstellungsweise der Argumentation. Die Studie führt vom Generellen zum Speziellen; ich erschließe den Bibeltext und die spezifische Thematik also Schritt für Schritt. In Kapitel 1, »Die Bibelwissenschaft als geisteswissenschaftliche Mittlerin«, werden die grundlegenden Fragestellungen dargelegt. Dabei wird die Bedeutung des Konzeptes des Kanons für verschiedene akademische Disziplinen herausgestellt; der Kanon ist somit ein vielversprechender Schnittpunkt der Forschungsgebiete, von dem die Argumentation ausgehen kann. Ich habe hier manches nur sehr knapp dargestellt, und ich gestehe zu, dass die einschlägige Forschungsdiskussion nicht so monolithisch ist, wie es meine Argumentation nahelegen könnte, sondern oft durch genaue Arbeit am

Text geprägt ist. Mit Kapitel 2 wird der nächste Schritt der Argumentation erreicht: Unter dem Titel »Das Verhältnis zwischen ›Kanon‹ und ›Exegese‹: Ein Neuansatz« geht es hier um den Beitrag, den die Bibelwissenschaft und insbesondere der Ansatz der innerbiblischen Schriftauslegung zur Forschungsdiskussion im Bereich der vergleichenden Religionswissenschaft leisten könnte, in der sowohl der Kanon als auch die Exegese wieder vermehrt Aufmerksamkeit auf sich gezogen haben.

Mit Kapitel 3, »Das Problem der Innovation in der Entwicklung des Kanons«, wendet sich die Argumentation der Literatur des Alten Orients und des Alten Israels zu. Ziel ist es hier, die Strategien und Techniken aufzuzeigen, die in den verschiedenen Kulturen angewandt wurden, um mit dem Problem der Rechtsentwicklung umzugehen. Dem alten Israel wird dabei besondere Aufmerksamkeit gewidmet, denn hier gab es in der literarischen Kultur spezielle, bindende Umstände aufgrund der Vorstellung der göttlichen Offenbarung des Rechts, durch die bestimmt war, auf welche Weise Autoren mit dem Problem der Rechtsentwicklung umgehen konnten. Die Untersuchung wird am Beispiel der Frage nach der Gerechtigkeit Gottes vorgenommen. Im Kapitel 4, »Die biblischen Auseinandersetzungen mit dem Prinzip der generationenübergreifenden Strafe: Vier Fallstudien«, werden die Texte Klgl 5, Ez 18, Dtn 7 und der Targum zum Dekalog untersucht, um die verschiedenen Techniken du demonstrieren, mit denen das Problem der Rechtsentwicklung behandelt wurde, sowohl in der Zeit vor der Kanonisierung als auch, zum Vergleich, in der Periode nach dem Kanonabschluss. Mir liegt daran, dabei die literarische und technische Kunstfertigkeit der Autoren deutlich zu machen: Sie wandten literarische Strategien an, die ich als »Rhetorik des Verschweigens« beschreiben möchte. Obwohl diese Terminologie leicht missverstanden werden kann, wehrt sie die m. E. größere Gefahr ab, die darin liegt, für den Text ein geringeres Niveau zu behaupten, als er tatsächlich hat, und damit die Eloquenz, Anstrengung und Kunstfertigkeit zu übersehen, mit der die Autoren damals das Problem der generationenübergreifenden Strafe bearbeiteten. Mit dem biblischen Text hat sich ein deutliches Zeugnis ihrer Eloquenz und ihrer mühevollen Arbeit erhalten.

»In my end is my beginning«, wie der Dichter T. S. Eliot in »Four Quartets« schrieb, einem Gedicht, dessen Wirkung selbst vor allem darauf beruht, dass es Texte aus dem Kanon der Heiligen Schrift und der weltlichen Literatur aufgreift und bearbeitet. Kapitel 5, »Die Förderung von Innovation durch den Kanon«, kehrt zurück zum generellen Ziel der Studie. Es soll die Bedeutung aufzeigen, die diese Art der Bibellektüre für ein tieferes Verständnis religiöser Kreativität im Altertum hat.

Kapitel 6 stellt einen Neuansatz dar: Hier wird versucht, in ideengeschichtlicher Hinsicht die Entstehung des Ansatzes der innerbiblischen Schriftauslegung innerhalb der Geschichte der Bibelwissenschaft darzustellen. Dieser bibliographische Essay trägt den Titel »Schriftauslegung in der Hebräischen Bibel. Ein forschungsgeschichtlicher Essay zur innerbiblischen Exegese«. Er zielt darauf ab, Leserinnen und Leser mit bedeutenden Arbeiten der wichtigsten Forschungsrichtungen in Europa, Israel und Amerika vertraut zu machen, die dem Ansatz der »innerbiblischen Schriftauslegung« zugeordnet werden können. Insbesondere ist es die Absicht dieses Kapitels, die aufgeführten Forschungsarbeiten miteinander ins Gespräch zu bringen, selbst wenn die Forscherinnen und Forscher aus verschiedenen sprachlichen Kontexten stammen und von unterschiedlichen methodischen Grundvoraussetzungen ausgehen. Das Ziel dieses Kapitels ist nicht nur, die Methode bekannter zu machen, sondern auch aufzuzeigen, was für ein integraler Bestandteil der Bibelwissenschaft sie ist: Die Erforschung der innerbiblischen Schriftauslegung befördert neue Ansätze, die Kompositionsgeschichte des Pentateuch, die Redaktion der prophetischen Bücher, und die Wiederverwendung von Quellen in den Schriftwerken zu verstehen.

Vielen Forschern, deren Arbeiten in Kapitel 6 diskutiert werden, bin ich persönlich zu Dank verpflichtet. Vor zwei Jahrzehnten führte mich Michael Fishbane an der Brandeis University in den Ansatz der innerbiblischen Schriftauslegung ein, übernahm die Betreuung meiner Dissertation und ermutigte mich vor allem auch zu einem eigenständigen Weg. Seine sorgfältige Untersuchung der Formel über die generationenübergreifenden Strafe in seinem Buch »Biblical Interpretation in Ancient Israel« regten die hier vorgestellten Überlegungen mit an. Während eines früheren Forschungsaufenthalts in Deutschland im Jahr 1993 war es mir vergönnt, sowohl mit Norbert Lohfink (Frankfurt) als auch mit Eckart Otto (damals Mainz, inzwischen Professor emeritus in München) zusammenzuarbeiten. Durch diese Erfahrung konnte ich mir die so bedeutsame deutschsprachige Bibelwissenschaft überhaupt erst wirklich erschließen. In den folgenden Jahren ergaben sich weitere Kontakte und ein Austausch mit Reinhard Kratz (Göttingen), Christoph Levin (München) und Konrad Schmid (Zürich).

Eine finanzielle Unterstützung durch den University of Minnesota's Imagine Fund machte diese Übersetzung möglich. Ich bedanke mich für die angenehme Zusammenarbeit mit Dr. Felipe Blanco Wißmann, der die Übersetzung erarbeitet hat, und mit meiner wissenschaftlichen Assistentin Tina Sherman, M.A. Eine große Ehre war mir Prof. Dr. Hermann Spieckermanns Bereitschaft, ein Geleitwort für die deutsche Übersetzung beizutragen.

Saint Paul, Minnesota B. M. L.
2. August 2011

Abkürzungsverzeichnis

Rabbinisches Schrifttum und moderne Bibelübersetzungen

b.	Babli: Zitat aus einem Traktat des Babylonischen Talmuds
Ber.	Berakhot
m.	Mischna
Mak.	Makkot
Menge-Bibel	Die Heilige Schrift des Alten und Neuen Testaments, nach H. Menge (Übers.), Stuttgart 1994[15]
MT	Der Masoretische Text: hebräischer Text des Alten Testaments, nach K. Elliger / W. Rudolph (Hgg.), Biblia Hebraica Stuttgartensia, Stuttgart 1984
NJPS	Tanakh. The Holy Scriptures. The New JPS Translation according to the Traditional Hebrew Text, The Jewish Publication Society, Philadelphia 1988
Sanh.	Sanhedrin
Šebu.	Šebu'ot
Tg. Onq.	Targum Onqelos

Zeitschriften, Reihen, Sammelwerke, und Nachschlagewerke

AncB	Anchor Bible
AnBib	Analecta biblica
AS	Assyriological Studies
ATD	Das Alte Testament Deutsch

AthANT	Abhandlungen zur Theologie des Alten und Neuen Testaments
ATM	Altes Testament und Moderne
BaghM	Baghdader Mitteilungen
BBB	Bonner biblische Beiträge
BEAT	Beiträge zur Erforschung des Alten Testaments und des antiken Judentums
BEThL	Bibliotheca ephemeridum theologicarum lovaniensium
Bib.	Biblica
Bibl.Interpr.	Biblical Interpretation
Bibl.Interpr.S	Biblical Interpretation Series
BJSt	Brown Judaic Studies
BN	Biblische Notizen
BThSt	Biblisch-theologische Studien
BWANT	Beiträge zur Wissenschaft vom Alten und Neuen Testament
BZ	Biblische Zeitschrift
BZAR	Beihefte zur Zeitschrift für Altorientalische und Biblische Rechtsgeschichte
BZAW	Beihefte zur Zeitschrift für die alttestamentliche Wissenschaft
CB.OT	Coniectanea biblica. Old Testament Series
CBQ	Catholic Biblical Quarterly
CBQ.MS	Catholic Biblical Quarterly Monograph Series
CRI	Compendia rerum iudaicarum ad Novum Testamentum
CSHJ	Chicago Studies in the History of Judaism
DJD	Discoveries in the Judean Desert
DMOA	Documenta et Monumenta Orientis Antiqui
DSD	Dead Sea Discoveries. A Journal of Current Research on the Scrolls and Related Literature
EeT(O)	Église et théologie (Ottawa)
EJ	Encyclopaedia Judaica, 26 Bde., Jerusalem 1973[2]
ErJb	Eranos-Jahrbuch
FAT	Forschungen zum Alten Testament

FRLANT	Forschungen zur Religion und Literatur des Alten und Neuen Testaments
Gr.	Gregorianum
GTA	Göttinger theologischer Arbeiten
HBSt	Herders biblische Studien
Hist.E	Historia. Einzelschriften
HSM	Harvard Semitic Monographs
HSS	Harvard Semitic Studies
HThKAT	Herders theologischer Kommentar zum Alten Testament
ICC	International Critical Commentary
JANER	Journal of Ancient Near Eastern Religions
JAOS	Journal of the American Oriental Society
JBL	Journal of Biblical Literature
JHS	Journal of Hebrew Scriptures [http://www.jhsonline.org]
JJS	Journal of Jewish Studies
JPS	Jewish Publication Society, Philadelphia, PA
JPS.SDS	JPS Scholars of Distinction Series, 1988-
JQR	Jewish Quarterly Review
JR	Journal of Religion
JSOT	Journal for the Study of the Old Testament
JSOT.S	Journal for the Study of the Old Testament Supplement Series
JSQ	Jewish Studies Quarterly
JSSt	Journal of Semitic Studies
KAT	Kommentar zum Alten Testament
KStTh	Kohlhammer Studienbücher Theologie
Maarav	Maarav. A Journal for the Study of the Northwest Semitic Languages and Literatures
MBPF	Münchener Beiträge zur Papyrusforschung und antiken Rechtsgeschichte
NCeB	New Century Bible
NEB	Neue Echter Bibel
NIC.OT	New International Commentary on the Old Testament
NSK.AT	Neuer Stuttgarter Kommentar. Altes Testament

Numen	Numen. International Review for the History of Religions
OBO	Orbis biblicus et orientalis
ÖBS	Österreichische biblische Studien
OTL	Old Testament Library
OTS	Oudtestamentische Studiën
OTSt	Old Testament Studies
PAAJR	Proceedings of the American Academy of Jewish Research
Proof	Prooftexts. A Journal of Jewish Literary History
QD	Quaestiones disputatae
RB	Revue biblique
RBL	Review of Biblical Literature [http://www.bookreviews.org/]
RdQ	Revue de Qumrân
RIDA	Revue internationale des droits de l'antiquité
RSR	Recherches de Science Religieuse
RTL	Revue théologique de Louvain
SAA	State Archives of Assyria
SBAB	Stuttgarter biblische Aufsatzbände
SBL.BMI	Society of Biblical Literature The Bible and Its Modern Interpreters
SBL.DS	Society of Biblical Literature Dissertation Series
SBL.MS	Society of Biblical Literature Monograph Series
SBL.SCS	Society of Biblical Literature Septuagint and Cognate Studies
SBL.SymS	Society of Biblical Literature Symposium Series
SBS	Stuttgarter Bibelstudien
ScrHie	Scripta hierosolymitana
SHR	Studies in the History of Religions (supplement to Numen)
SJ	Studia Judaica
SJLA	Studies in Judaism in Late Antiquity
STDJ	Studies on the Texts of the Desert of Judah
Tarb.	Tarbiz. A Quarterly for Jewish Studies
TAPhs	Transactions of the American Philosophical Society

TB	Theologische Bücherei. Neudrucke und Berichte aus dem 20. Jahrhundert
Textus	Textus. Annual of the Hebrew University Bible Project (Jerusalem)
ThLZ	Theologische Literaturzeitung
ThR	Theologische Rundschau
ThW	Theologische Wissenschaft
ThWAT	Theologisches Wörterbuch zum Alten Testament, nach G.J. Botterweck / H.-J. Fabry / H. Ringgren (Hgg.), 10 Bde., Stuttgart 1970-
ThZ	Theologische Zeitschrift
TUAT	Texte aus der Umwelt des Alten Testaments, nach O. Kaiser (Hg.), 18 Lieferungen in 3 Bde., Gütersloh 1982–1997
UTB	Uni-Taschenbücher
VT	Vetus Testamentum
VT.S	Vetus Testamentum Supplements
VWGTh	Veröffentlichungen der Wissenschaftlichen Gesellschaft für Theologie
WMANT	Wissenschaftliche Monographien zum Alten und Neuen Testament
WUNT	Wissenschaftliche Untersuchungen zum Neuen Testament
ZAR	Zeitschrift für Altorientalische und Biblische Rechtsgeschichte
ZAW	Zeitschrift für die alttestamentliche Wissenschaft
ZBK.AT	Zürcher Bibelkommentare. Altes Testament
ZThK	Zeitschrift für Theologie und Kirche

Anmerkung des Übersetzers

Im Original enthält dieses Buch B. M. Levinsons eigene Übersetzungen biblischer und altorientalischer Texte. Für die deutschsprachige Ausgabe wurde, wenn nicht anders angegeben, für die Wiedergabe von Texten aus der Bibel die neue Ausgabe der »Zürcher Bibel« (Genossenschaft Verlag der Zürcher Bibel beim Theologischen Verlag Zürich, Zürich 2007) zugrunde gelegt; für die Übersetzung von Passagen aus dem Buch Ezechiel wurde auch der Kommentar von M. Greenberg (Ezechiel 1–20 [übersetzt von M. Konkel], HThKAT, Freiburg i. Br. 2001) herangezogen. Dabei wurden aber natürlich von Fall zu Fall Änderungen mit Blick auf den Kontext und die Argumentation des Autors vorgenommen. Insbesondere wurde in der Regel auf eine inklusive Sprache in den Übersetzungen verzichtet. Damit ist keine Aussage über die Angemessenheit einer solchen Bibelübersetzung intendiert, vielmehr sollen so die Struktur der zitierten Abschnitte und die Querbezüge zu anderen biblischen und altorientalischen Texten verdeutlicht werden.

Rodgau F. B. W.
24. August 2011

1 Die Bibelwissenschaft als geisteswissenschaftliche Mittlerin

Idealvorstellungen lassen sich nicht immer in die Wirklichkeit übersetzen. Das zeigt sich auch im Deuteronomium: Gerade als sein Sprecher ein utopisches Programm zur Abschaffung der Armut vorstellen will – »Arme wird es bei dir nicht geben« (Dtn 15,4) – holt er sich selbst schon auf den Boden der Tatsachen zurück und widmet sich der Diskrepanz zwischen Vision und Realität: »Wenn einer arm ist bei dir [...]« (Dtn 15,7). Die utopische Vision unterscheidet sich von der pragmatischen Vorkehrung nur durch ein einziges Wort (nämlich die Negation); die entsprechenden Sätze sind im Hebräischen ansonsten identisch.[1] Dieselbe Partikel, die der ursprünglichen Aussage deklamatorische Kraft verleiht (כי), leitet auch die spätere konditionale Formulierung ein. Mit der zeitgenössischen Forschung verhält es sich wie mit dem alten

[1] Genau diese Ähnlichkeit in der Satzkonstruktion weist auf eine redaktionelle Einfügung hin. Historisch-kritisch betrachtet ist die Formulierung in Dtn 15,4 höchstwahrscheinlich die Arbeit eines späteren Redaktors, der betont, welchen Nutzen die Beachtung der Tora hat; dabei bringt aber seine Ergänzung auch einen Widerspruch in den ursprünglichen Text ein. Dtn 15,7 hingegen war die Fortsetzung von 15,3. Vgl. A.D.H. Mayes, Deuteronomy, NCeB, London 1979, 248. Die Einfügung ist gekennzeichnet durch ihre deutliche Entsprechung zum ursprünglichen Text; es handelt sich um eine Variation einer formalen Schreibertechnik, der »Wiederaufnahme«, als Zeichen redaktioneller Aktivität, vgl. B.M. Levinson, Deuteronomy and the Hermeneutics of Legal Innovation, New York 1997, 17–20, und s. unten S. 168–170.

Text: Der Unterschied zwischen utopischer Vision und den tatsächlichen Verhältnissen lässt sich anhand eines einzelnen Begriffes beschreiben. In einer idealen Welt könnte das Konzept des Kanons eine Vermittlungsleistung für die Geisteswissenschaften erbringen. Mit diesem Konzept könnte eine Brücke zwischen den zahlreichen, verschiedenen Disziplinen gebaut werden, die, mehr oder weniger explizit, mit kanonischen Textsammlungen und sogar mit kanonischen Forschungsmethoden arbeiten. In der Realität jedoch untersuchen zwar die einzelnen Disziplinen mit großem Aufwand ihren jeweiligen Kanon: Sie bestimmen die intellektuellen und historischen Triebkräfte im Hintergrund, entdecken die eingeschriebenen Ideologien und Vereinseitigungen, diskutieren den Grad der Anpassungsfähigkeit des jeweiligen Kanons und das Ausmaß, in dem er kulturellen Wandel befördert oder behindert. Dennoch gibt es einen erstaunlichen Mangel an Dialog zwischen den Disziplinen über den Kanon als gemeinsamen Bezugspunkt.

Erstaunlicher noch als dieses Fehlen eines interdisziplinären Dialogs ist das weitgehende Versäumnis der zeitgenössischen Forschung, sich mit der Bibelwissenschaft auseinanderzusetzen.[2] Einige Bibelwissenschaftlerinnen und Bibelwissenschaftler haben sich bemüht, die Forschungsdiskussion um die Postmoderne bei ihrer Arbeit zu berücksichtigen und ihre Konsequenzen für die Bibelwissenschaft zu untersuchen.[3] Mir scheint, dass sich Kolleginnen und Kollegen in der

---

[2] Dies bemerkt J. Z. Smith, Canons, Catalogues and Classics, in: A. van der Kooij / K. van der Toorn (Hgg.), Canonization and Decanonization. Papers Presented to the International Conference of the Leiden Institute for the Study of Religions (LISOR), Held at Leiden, 9–10 January 1997, SHR 82, Leiden 1998, 295–311 (hier: 295 f.).

[3] Vgl. J. J. Collins, The Bible after Babel. Historical Criticism in a Postmodern Age, Grand Rapids, Mich. 2005. Zur Erklärung der Promul-

Vergleichenden Literaturwissenschaft und verwandten Disziplinen nicht im selben Ausmaß mit der historisch-kritischen Arbeit der Bibelwissenschaft befasst haben.[4] Der zeitgenössische Trend weg von der Philologie, als ob es sich bei ihr nicht um eine geisteswissenschaftliche Disziplin handle, trägt zu diesem Problem bei.[5] Sogar die augenblickliche Begeisterung mancher Literaturtheoretiker und -theoretikerinnen für die alte Form des jüdischen Midraschs stellt keine Ausnahme dar. Sie romantisiert rabbinische Hermeneutik als Vorkämpferin

---

gation des Pentateuchs rezipiert A. C. HAGEDORN Imperiumstheorie und postkoloniale Theorie: Local Law in an Imperial Context. The Role of Torah in the (Imagined) Persian Period, in: G.N. Knoppers / B.M. Levinson (Hgg.), The Pentateuch as Torah. New Models for Understanding Its Promulgation and Acceptance, Winona Lake, Ind. 2007, 57–76. Vgl. außerdem R.P. CARROLL, Poststructuralist Approaches. New Historicism and Postmodernism, in: J. Barton (Hg.), The Cambridge Companion to Biblical Interpretation, Cambridge Companions to Religion, Cambridge 1998, 50–66; K. WHITELAM, The Invention of Ancient Israel. The Silencing of Palestinian History, London 1997; und G. AICHELE u.a. [als »the Bible and Culture Collective«], The Postmodern Bible, New Haven, Conn. 1995.

[4] Einige Literaturwissenschaftler haben ernsthafte Versuche in diese Richtung unternommen. Die ausgeführtesten Ansätze sind die von M. STERNBERG, Hebrews between Cultures. Group Portraits and National Literature, Bloomington 1998; und J. NOHRNBERG, Like unto Moses. The Constituting of an Interruption, Indiana Series in Biblical Literature, Bloomington 1995. Sternberg ist aber weit entfernt vom aktuellen Stand der Bibelwissenschaft: Vgl. dazu die Rezensionen von F. LANDY, JHS 3 (2000–2001), http://www.arts.ualberta.ca/JHS/reviews/review013.htm (recherchiert am 28. September 2007); und S.P. WEITZMAN, JQR 94 (2004) 537–541.

[5] Vgl. die leidenschaftliche Bejahung von und Sehnsucht nach philologischer Arbeit in dem posthum veröffentlichen Band von E.W. SAID, Humanism and Democratic Criticism, Columbia Themes in Philosophy, New York 2004. Besonders bedeutsam sind die Essays »The Return of Philology« und »Introduction to Erich Auerbach's *Mimesis*« (a.a.0., 57–84 und 85–118).

für das Prinzip der radikalen textlichen Unbestimmtheit, und preist die alten Rabbinen so als Vorläufer von modernen Vorlieben der Kritik.[6] Erzählende Texte erfahren bevorzugt Aufmerksamkeit, während die Bedeutung des Gesetzes unterschätzt wird. So aber verkehrt dieser Ansatz Prioritäten klassischer rabbinischer Schriftauslegung ins Gegenteil und führt dazu, dass die Quellen nicht zum Gegenstand kritischer Auseinadersetzung, sondern zu einer Projektionsfläche werden.[7] Dabei verhält es sich in der Literaturwissenschaft und in der Psychoanalyse gleich: Eine Projektion hängt immer mit einer Verdrängung zusammen. In diesem Fall scheint die Verdrängung weite Kreise zu ziehen. Eben zu dem Zeitpunkt, an dem der Kanon so sehr zu einem Streitpunkt innerhalb der Geisteswissenschaften geworden ist, nimmt die Bibelwissenschaft bedenklicherweise nicht mehr an der Diskussion teil: Genau diejenige Disziplin, deren Ziel es ist, zu erforschen was ein Kanon ist, wie er historisch entsteht, wie seine Texte miteinander zusammenhängen und wie er auf die Gemeinschaft einwirkt, die sich ihm verbunden fühlt.[8]

---

[6] Vgl. G.H. Hartman / S. Budick (Hgg.), Midrash and Literature, New Haven, Conn. 1986.

[7] Vgl. zu der hier vertretenen Position: D. Boyarin, Intertextuality and the Reading of Midrash, Bloomington 1990, 35–38; D. Stern, Literary Criticism or Literary Homilies? Susan Handelman and the Contemporary Study of Midrash, Proof 5 (1985) 96–103; ders., Midrash and Hermeneutics. Polysemy vs. Indeterminacy, in: ders., Midrash and Theory. Ancient Jewish Exegesis and Contemporary Literary Studies, Evanston, Ill. 1996, 15–38; und A. Yadin, The Hammer on the Rock. Mekhilta Deuteronomy and the Question of Rabbinic Polysemy, JSQ 9 (2002) 1–27.

[8] Weiterführend dazu: Ch. Helmer / Ch. Landmesser (Hgg.), One Scripture or Many? Canon from Biblical, Theological and Philosophical Perspectives, Oxford 2004. Anders verhält es sich mit einer ansonsten anregenden Untersuchung zur Bedeutung des »Kanons« für Recht und (US-amerikanisches) Staatsrecht, in der auf das Konzept der »Heiligen

Noch deutlicher wird diese ironische Wendung dadurch, dass auch in der Religionswissenschaft, der Schwesterdisziplin der Bibelwissenschaft, vergleichende Forschung zum Phänomen der »Heiligen Schrift« vernachlässigt wird. Ablesbar ist dies beispielsweise an einem ansonsten ertragreichen Sammelband: »Rethinking Scripture. Essays from a Comparative Perspective«.[9] Obwohl ausdrücklich zum Ziel erklärt wird, traditionelle Modelle zu überdenken, kommen in diesem Band doch unbeabsichtigt wieder ältere Annahmen zum Tragen, da das Modell des abgeschlossenen Kanons von »Heiligen Schriften« den Ausgangspunkt der Überlegungen bildet. Dass ein Beitrag aus bibelwissenschaftlicher Perspektive fehlt, zeigt nochmals ironisch den Graben zwischen der vergleichenden Religionswissenschaft und der philologischen Analyse der Schriftquellen der Religion auf. Der Darstellung von Barbara A. Holdrege ist zuzustimmen: »biblical and orientalist scholars [...] have focused on particular religious texts rather than on scripture as a general religious phenomenon«.[10] Allerdings birgt auch der gegenteilige Ansatz ein Risiko: Das erklärte, aber methodisch so nicht erreichbare Ziel des Beitrags von Holdrege ist es, die immanente Religiosität freizulegen, die sich im alten Israel mit Texten verband. Holdreges Perspektive bei der Auslegung der Quellen aus dem alten Israel ist das spätere Verständnis der jüdischen Tradition,

---

Schrift« nur einmal eingegangen wird, in einer Pro-forma-Etymologie des Wortes (J. M. BALKIN / S. LEVINSON, Legal Canons, New York 2000, 32 Anm. 1). Weder die Herausgeber noch die Autoren der Beiträge untersuchen, ob die Bibelwissenschaften ein für das Verständnis von Rechtshermeneutik weiterführendes Modell anbieten könnten.

[9] Vgl. M. LEVERING (Hg.), Rethinking Scripture. Essays from a Comparative Perspective, Albany 1989.

[10] B. A. HOLDREGE, The Bride of Israel. The Ontological Status of Scripture in the Rabbinic and Kabbalistic Traditions, in: M. Levering (Hg.), Rethinking Scripture, 180–261 (hier: 180).

nicht aber die Funktionsweise und das Verständnis im alten Israel selbst. Dieser anachronistische Bezugsrahmen wird deutlich, wenn sie den biblischen Weisheits-Hymnus (Spr 8,22–31) als »pre-Rabbinic text« beschreibt.[11]

Dieses Fehlen eines Dialogs mit den Bibelwissenschaften schadet der Forschung in vielen geisteswissenschaftlichen Disziplinen: Denkmodelle, die der Forschungsentwicklung nutzen würden, bleiben unberücksichtigt. Von einem anderen Ausgangspunkt aus argumentiert Robert Alter ebenso: Er weist die postmoderne Sicht auf den Kanon als eine Form des ideologischen Zwangs zurück und argumentiert stattdessen, dass der Kanon in Bezug stehe zu einer »transhistorical textual community«.[12] Obwohl ich Sympathien für diesen alternativen Ansatz habe, lässt mich meine geschichtswissenschaftliche Ausbildung ihn aber doch mit einer »Hermeneutik des Verdachts« betrachten. Eben dieses Konzept einer »transhistorical textual community« ist selbst eine Konstrukt, oder vielleicht ein Gegen-Konstrukt, das im Dienst bestimmter Wertvorstellungen steht. Ich finde die Vorstellung wenig überzeugend, dass die ersten Sammlungen autoritativer oder angesehener Texte für das Judentum zur Zeit des Zweiten Tempels nur für »transhistorische« Zwecke angelegt wurden. Solche Sammlungen sollten eher als Bollwerk gegen die griechisch-römische Kultur oder sogar gegen dominante Rich-

[11] Holdrege, Bride of Israel, 188. Vgl. auch dies., Veda and Torah. Transcending the Textuality of Scripture, Albany 1996.

[12] R. Alter, Canon and Creativity. Modern Writing and the Authority of Scripture, New Haven, Conn. 2000, 5. F. Kermodes jüngste Fürsprache für das Konzept des Kanons ist hingegen als (für diesen Autor untypisches) intellektuelles Mittelmaß zu bezeichnen. Sie gründet auf einem unscharfen Begriff von »aesthetic pleasure«, der ethische Fragestellungen oder die soziale Verortung eines Kanons nicht deutlich in den Blick rückt. Siehe ders., Pleasure and Change. The Aesthetics of Canon (hg. von R. Alter), The Berkeley Tanner Lectures, New York 2004.

tungen des Judentums in der Zeit des Zweiten Tempels dienen. Dies gilt für die samarische / samaritanische Gemeinschaft mit ihrem Pentateuch oder für die Gemeinschaft von Wadi Qumran mit den Schriftrollen vom Toten Meer. Aus dieser Perspektive erscheint jede »transhistorical community«, die durch den Kanon entsteht, bereits als Transformation einer früheren Gemeinschaft, der der Kanon diente. Sicherlich war die Inanspruchnahme kanonischer Texte durch die niederländisch-reformierten Kirche zur Legitimierung der Apartheid in Südafrika während des größten Teils des vergangenen Jahrhunderts kein Unternehmen, das nicht mit Eigeninteressen verbunden gewesen wäre. Ebenso gilt das für die bedeutsamen Ansätze, die Bibel nun in Südafrika nutzbar zu machen, um die Gesellschaft nach der Zeit der Apartheid im Zeichen der Gleichheit zu erneuern.[13]

Am Beispiel der Germanistik lässt sich zeigen, wie Fragen, die scheinbar spezifisch für nur eine geisteswissenschaftliche Disziplin sind, ertragreicher diskutiert werden können, wenn man den biblischen Kanon zum Vergleich heranzieht. Je gründlicher die Germanistik ihre eigene Geschichte erforscht, desto augenfälliger wird der fehlende Dialog mit den Bibelwissenschaften. Es gab keinen deutschen Nationalstaat, bevor die vielen deutschsprachigen Königreiche, Fürstentümer und Freien Städte im Jahr 1871 durch Otto von Bismarck vereinigt wurden. Aber deutsche Schriftsteller und Denker des achtzehnten und neunzehnten Jahrhunderts hatten bereits sein Fundament gelegt, indem sie eine gemeinsame Kunst, Literatur und Musik beschworen, die deutschsprachige Menschen als »Kulturnation« vereinigte.

---

[13] Vgl. L. Jonker, Reforming History. The Hermeneutical Significance of the Books of Chronicles, VT 57 (2007) 21–44.

Die deutsche Nation bestand zwar noch nicht als unabhängige politische Einheit, aber als ein »Land der Dichter und Denker«.[14] Die deutsche Nation wurde in der Tat durch ihren

---

[14] In der Germanistik wird diese Formulierung häufig der französischen Autorin und Reisenden Madame de Staël (1766–1817) zugeschrieben, die das einflussreiche Buch De l'Allemagne (1810) veröffentlichte. Allerdings wird die Formulierung in diesem Werk niemals verwendet. Bestenfalls bezieht de Staël sich auf Deutschland als »la patrie de la pensée«; an anderer Stelle schreibt sie: »La plupart *des écrivains et des penseurs* travaillent dans la solitude« [Der größte Teil der Schriftsteller und Denker arbeitet in der Einsamkeit] (Mme La Baronne [Anne-Louise-Germaine] de Staël Holstein, De l'Allemagne, 3 Bde., Paris 1810; nachgedr., London 1813, Bd. 1, 5.16 [Hervorhebung nicht im Original]; dies., De l'Allemagne. Nouvelle Édition [hg. von J. des Pange / S. Balayé], 5 Bde., Paris 1958, Bd. 1, 21.38 = M. Bosse [Hg.], Über Deutschland [übersetzt von F. Buchholz u. a.], Insel-Taschenbuch 623, Frankfurt a. M. / Leipzig, 1990[4], 19.26f. [überarbeitet]). Die Zuschreibung an de Staël wird allerdings von dem hochangesehenen Philosophen und Essayisten H. Plessner vorausgesetzt, bei dem »diese Lobesformel« rasch in eine alliterierende Klage über das, was verloren gegangen ist, verkehrt wird (Ein Volk der Dichter und Denker? Zu einem Wort der Madame de Staël [1964], in: G. Dux u. a. [Hgg.], Gesammelte Schriften, Bd. 6, Die verspätete Nation, Frankfurt 1982, 281–291). Das Klischee ist auch im Internet weit verbreitet, sogar auf Universitäts-Websites (www.uni-rostock.de/fakult/philfak/fkw/iph/thies/19.Jahrhundert.html) und im Fall von offiziellen Informationsquellen wie der Landesbibliothek Rheinland-Pfalz (www.lbz-rlp.de/cms/landesbibliothekszentrum/presse/pressemeldungen/pressemeldung/artikel/71/46/index.html?no_cache=1&tx_ttnews%5BpS%5D=1175613624&cHash=a3f93f6e6b) (recherchiert am 10. April 2007). Über die Formulierung als tröstendes Allheilmittel im Konflikt mit der Geschichte des 20. Jahrhunderts, vgl. J. L. Sammons, The Land Where the Canon B(l)ooms. Observations on the German Canon and Its Opponents, There and Here, in: J. Gorak (Hg.), Canon vs. Culture. Reflections on the Current Debate, Wellesley Studies in Critical Theory, Literary History, and Culture 23, New York 2001, 117–133 (hier: 119). Zur Rezeption von de Staëls Buch in Deutschland, vgl. M. Espagne, »De l'Allemagne«, in: E. François / H. Schulze (Hgg.), Deutsche Erinnerungsorte, 3 Bde., München 2002[4], Bd. 1, 225–241.

literarischen Kanon geschaffen und erhalten, bevor sie politisch als Einheit existierte. Hier drängt sich natürlich die Parallele des »Volkes des Buches« mit der Frage auf, welche Rolle der Kanon für die Sicherung seines Fortbestands während der zwei Jahrtausende spielte, die es in der Diaspora lebte. Auch wenn Heinrich Heines Formulierung »ein portatives Vaterland« in jüngerer Zeit geradezu als Mantra für den Kanon gebräuchlich geworden ist, scheint sie in diesem Zusammenhang der Diskussion um den Kanon wenig hilfreich. Sie wird oft recht unbedacht angeführt, selten aber korrekt zitiert, und noch seltener wird ihr Hintergrund genauer analysiert. Heine bezog sich ausdrücklich auf die »heiligen Schriften«, die die Juden bei sich trugen und die es ihnen erlaubten, die Stürme der Zeit zu überstehen. Genau genommen jedoch war es Heines Absicht in den autobiographischen »Geständnisse[n]«, sich in die deutsche Literaturtradition hineinzutaufen, weil seine tatsächliche Taufe ihm die Anerkennung gerade nicht gebracht hatte, nach der er so verzweifelt strebte. Sein Anliegen war es, für eine gemeinsame kulturelle Identität von Juden und Deutschen zu argumentieren:

> Jetzt, in meinen späteren und reiferen Tagen, wo das religiöse Gefühl wieder überwältigend in mir aufwogt, [...] jetzt würdige ich den Protestantismus ganz absonderlich ob der Verdienste, die er sich durch die Auffindung und Verbreitung des heiligen Buches erworben. Ich sage die Auffindung, denn die Juden, die dasselbe aus dem großen Brande des zweiten Tempels gerettet, und es im Exile gleichsam wie ein portatives Vaterland mit sich herumschleppten, das ganze Mittelalter hindurch, sie hielten diesen Schatz sorgsam verborgen in ihrem Ghetto, wo die deutschen Gelehrten, Vorgänger und Beginner der Reformation hinschlichen um Hebräisch zu lernen, um den Schlüssel zu der Truhe zu gewinnen, welche den Schatz barg.[15]

---

[15] Heinrich Heine, Geständnisse. Geschrieben im Winter 1854;

Das Bild, das Heine gebraucht, sagt viel weniger über jüdische Literatur- und Geistesgeschichte als über Heines (berechtigtes) Gefühl der fehlenden Zugehörigkeit und Zurückweisung aus . Es geht um sein Verlangen, Teil der deutschen literarischen Tradition zu sein, von der er ausgeschlossen war. Trotz seiner eifrigen Bemühungen, als deutscher Schriftsteller anerkannt zu werden, wurden er selbst noch nach seine Taufe von den Deutschen als Jude gesehen. Er emigrierte dann nach Frankreich, wo er als Deutscher im Exil galt – eine geradezu tragische ironische Wendung.[16] Die zitierte Formulierung »ein portatives Vaterland« wurde häufig aus ihrem Kontext gerissen und so für die Forschungsarbeit im Bereich der alttestamentlichen Wissenschaft,[17] des christlich-jüdischen Dialogs und der Diaspora-Literatur nutzbar gemacht. Tatsächlich aber kann Heines Metapher keine Grundlage für eine sachkundige Betrachtung jüdischer Literatur- und Sozialgeschichte sein. Ich kenne beispielsweise keinen einzigen (literarischen) Kontext des mittelalterlichen Judentums, in dem die Heilige Schrift metaphorisch als »Vaterland« oder »Heimat« beschrieben oder gar die symbolische Bedeutung

---

nachgedr. in: DERS., Sämtliche Schriften in zwölf Bänden, Bd. 11, Schriften 1851–1855 (hg. von K. Briegleb), München 1976, 483 f.

16 Vgl. A. FEINBERG, Abiding in a Haunted House. The Issue of *Heimat* in Contemporary German-Jewish Writing, New German Critique 70 (1997) 161–181.

17 Was die Bibelwissenschaften betrifft, hat F. CRÜSEMANN in seinem Essay über die Funktion und die Entwicklung des Kanons des Alten Testaments die Aufmerksamkeit erneut auf die Aussage Heines gelenkt (»Das portative Vaterland«. Struktur und Genese des alttestamentlichen Kanons, in: DERS., Kanon und Sozialgeschichte. Beiträge zum Alten Testament, Gütersloh 2003, 227–249). Allerdings untersucht Crüsemann nicht, wie die Aussage bei Heine im Kontext funktioniert, und nimmt an, dass sie sachgemäß beschreibt, wie jüdische Identität in der Diaspora bewahrt wurde.

Zions ersetzen würde. Vielmehr ist es so, dass die Kontinuität der jüdische Gemeinschaft sich auf ihre Rituale, die Beachtung der Halacha und die Organisation der Gemeinschaft gründete. Bestenfalls könnte man sagen, dass die gemeinsame Sehnsucht nach einer Heimat selbst wiederum zu einem Ausdruck kultureller Identität und Selbstdefinition wurde. Die Heilige Schrift spielte in diesem Zusammenhang nur eine sekundäre oder eher noch tertiäre Rolle, war doch der Talmud der Text, der in erster Linie studiert wurde. Die heute übliche Verwendung von Heine Formulierung deutet so, wie auch bei Heine selbst, auf ein nostalgisches Gefühl hin, so als versuchte man, einen Riss in der deutschen Geschichte zu heilen.[18]

Sicherlich ist die klassische Vergangenheit des deutschen Literaturkanons in einem bestimmten Ausmaß eine ideologische Konstruktion: Ein ex-post-facto Produkt, absichtsvoll geschaffen durch spätere »Herausgeber« dieses Kanons. Aber dieser Sachverhalt zeigt nur umso mehr auf, wie weiterführend es wäre, die Perspektive der Bibelwissenschaften einzubringen, in denen solche Prozesse bei der Entstehung des Kanons schon lange erkannt worden sind. Deutsche Literaturwissenschaftler des 19. Jahrhunderts nutzten nämlich eine Reihe von Methoden, die ihre religiösen Vorgänger in der An-

---

[18] Vgl. den Wechsel im Gebrauch der Formulierung bei M. Reich-Ranicki, der sie pointiert gebraucht, um sich auf einen erklärtermaßen nicht-biblischen und nicht-jüdischen, weltlichen Kanon zu beziehen: »Von Heine stammt das schöne Wort, die Juden hätten sich im Exil aus der Bibel ihr portatives Vaterland gemacht. Und so bin auch ich schließlich weder ein heimatloser noch ein vaterlandsloser Mensch. Auch ich habe ein portatives Vaterland – es ist die deutsche Literatur, die deutsche Musik«. Vgl. ders., Rede über das eigene Land, gehalten am 13. November 1994 in den Münchner Kammerspielen (ursprünglich veröffentlicht in: Frankfurter Allgemeine Zeitung, Bilder und Zeiten, 26. November 1994); nachgedr. in: ders., Vom Tage gefordert. Reden in deutschen Angelegenheiten, Stuttgart 2001, 154–180.

tike bereits angewandt und verfeinert hatten: Sie veränderten mittelalterliche Manuskripte vor der Publikation, schlossen frühe »französisierte« Romane aus ihren Forschungen aus und weihten Werke Goethes und Schillers zu Klassikern. Das alles geschah, um einen »wahren« deutschen Charakter wiederzuentdecken – unbefleckt durch zu ausländische, moderne oder weibliche Einflüsse.[19] Frühmoderne deutsche Herausgeber mögen sich in ihrer Ideologie deutlich von ihren altorientalischen Vorgängern unterschieden haben. Dennoch benutzten sie auffallend ähnliche Techniken (nämlich literarische und linguistische Selektivität), um ein gemeinsames Ziel zu verfolgen: die Erschaffung einer makellosen Vergangenheit, die als ein bleibendes Vorbild dienen kann. Ebendieses Phänomen der ideologischen Gestaltung ist auch durch jüngere Forschungsarbeiten nachgewiesen worden, die sich mit der »Konstruktion« der Disziplinen der Theologie, der Klassischen Altertumswissenschaft und der Orientalistik an deutschen Universitäten während des 19. Jahrhunderts beschäftigen.[20]

---

[19] Zu der Auseinandersetzung mit diesem Erbe innerhalb der Germanistik, vgl. R. Bledsoe u. a. (Hgg.), Rethinking »Germanistik«. Canon and Culture, Berkeley Insights in Linguistics and Semiotics 6, New York 1991.

[20] Vgl. S. Heschel, Abraham Geiger and the Jewish Jesus, CSHJ, Chicago 1998; T. A. Howard, Religion and the Rise of Historicism. W. M. L. de Wette, Jacob Burckhardt, and the Theological Origins of Nineteenth-Century Historical Consciousness, Cambridge 2000; ders., Protestant Theology and the Making of the Modern German University, New York 2006; S. L. Marchand, Philhellenism and the *Furor Orientalis*, Modern Intellectual History 1 (2004) 331–358; und Ch. Wiese, Wissenschaft des Judentums und protestantische Theologie im wilhelminischen Deutschland. Ein Schrei ins Leere? Mit einem Vorwort von Susannah Heschel, Schriftenreihe wissenschaftlicher Abhandlungen des Leo Baeck Instituts 61, Tübingen 1999.

Es geht allerdings nicht nur um Denkmodelle, sondern auch noch um etwas Fundamentaleres: Die Bibelwissenschaft eröffnet Möglichkeiten, die ideologischen Voraussetzungen der zeitgenössischen Forschung kritisch zu hinterfragen. Deren Einwände gegen den Begriff des Kanons sind sicher verständlich: Er sei ausschließend, er schreibe Vorurteile in Bezug auf Klasse, Rasse oder Geschlecht fest, er bringe konkurrierende oder weniger prestigeträchtige Stimmen zum Schweigen, er ignoriere Unterschiede, er halte sozialen Wandel auf und er konserviere Privilegien. Aber immer wird in diesen Fällen der Kanon als eine auf sich stehende und unveränderliche Einheit gesehen, die angemessenerweise nicht nur Dekonstruktion, sondern sogar vollständige Zurückweisung erfordert. Bei dieser Art der Lektüre führt jedoch die Dekonstruktion sogleich zu einem neuen Konstrukt: Einem Kanonkonzept, das unhistorisch aus der Perspektive der Gegenwart entworfen wird. Ein so vorgestellter Kanon erscheint dann als geschlossen, sowohl im literarischen als auch im metaphorischen Sinne. Zu oft bleibt ein solcher Zugang blind dafür, dass er sich kaum historisch begründen lässt. Er verortet das Prinzip der Kritik außerhalb des Kanons und macht ihn so zu einem leblosen literarischen Fossil. Die vorliegende Studie geht von der gegenteilige Grundannahme aus, dass kritische Forschung keinen Gegensatz zum Konzept des Kanons darstellt, sondern von zentraler Bedeutung für den Kanon ist und durch ihn ins Recht gesetzt wird.[21] So gesehen, müssen die Bibelwissenschaften sich selbst ebendiesem Verfahren aussetzen und ihre theoretischen Konstrukte und methodischen Voraussetzungen untersuchen. Es gibt keine Priorität

---

[21] Vgl. H. N. SCHNEIDAU, Sacred Discontent. The Bible and Western Tradition, Berkeley 1977; B. POLKA, The Dialectic of Biblical Critique. Interpretation and Existence, New York 1986; und DERS., Truth and Interpretation. An Essay in Thinking, New York / London 1990.

eines abgeschlossenen, autoritativen Kanons gegenüber der menschlichen kritischen Beschäftigung mit dem Kanon, weder in chronologischer noch in ontologischer Hinsicht. Recht verstanden, ist der Kanon nicht als geschlossen, sondern als radikal offen zu bezeichnen: Er bildet Kritik ab und schließt theoretische Betrachtungen ein. Die vorliegende kurze Studie will diese fehlende Perspektive wieder zurückgewinnen und so das Gespräch zwischen Bibelwissenschaften und Geisteswissenschaften befördern.

2 Das Verhältnis zwischen »Kanon« und »Exegese«: Ein Neuansatz

Die Idee eines Schriftkanons ist eine ganz wesentliche Errungenschaft vieler großer Religionen – und zwar sowohl westlicher (Zoroastrismus, Judentum, Christentum und Islam), als auch östlicher Religionen (der Pali-Kanon des Theravada-Buddhismus).[1] Wenn eine Kultur aber ihre Quelle der Offenbarung oder Kontemplation in grundlegenden Schriften findet, dann steht sie vor einer fast unausweichlichen Schwierigkeit. Das Wesen eines Kanons macht aus, dass er stabil, auf sich stehend und klar abgegrenzt ist. Zweimal warnt z.B. Moses seine Zuhörer im Deuteronomium: »Ihr sollt nichts hinzufügen zu dem, was ich euch gebiete, und sollt auch nichts davon wegnehmen, sondern ihr sollt die Gebote JHWHS, eures Gottes, halten, die ich euch gebe« (Dtn 4,2; ähnlich 13,1).[2] In der Bibel begegnet diese sogenannte Kanon-Formel vor allem im Kontext israelitischer Weisheitsliteratur (Pred 3,14; 12,12–13; vgl. Sir 42,21; Offb 22,18–19). Die Verbindung

---

[1] Eine weiterführende vergleichende Betrachtung bietet der Sammelband A. VAN DER KOOIJ / K. VAN DER TOORN (Hgg.), Canonization and Decanonization. Papers Presented to the International Conference of the Leiden Institute for the Study of Religions (LISOR), Held at Leiden, 9–10 January 1997, SHR 82, Leiden 1998.

[2] Vgl. B.M. LEVINSON, The Neo-Assyrian Origins of the Canon Formula in Deuteronomy 13:1, in: D.A. Green / L.S. Lieber (Hgg.), Scriptural Exegesis. The Shapes of Culture and the Religious Imagination. Essays in Honour of Michael Fishbane, Oxford 2009.

mit der Vorstellung eines Kanons in irgendeiner Form stellt jedoch eine nachbiblische Entwicklung dar. Die Formel hat sogar eine lange Vorgeschichte im Alten Orient. Sie sollte dort ursprünglich königliche Inschriften, einschließlich Gesetzessammlungen und Verträge (vgl. 1Makk 8,30), vor Abänderungen schützen. In anderen Zusammenhängen bestätigte sie weisheitliche Lehre als zutreffend.[3] Ganz folgerichtig wurde sie dann durch die israelitischen Autoren des Deuteronomiums übernommen und auf die mosaische Tora angewandt.[4]

---

[3] Für weitere Vergleichstexte, vgl. J. Leipoldt / S. Morenz, Heilige Schriften. Betrachtungen zur Religionsgeschichte der antiken Mittelmeerwelt, Leipzig 1953, 53–65 (betont wird hier die Herkunft der Formel aus der ägyptischen Weisheitsliteratur); N.M. Sarna, Psalm 89. A Study in Inner Biblical Exegesis, in: A. Altmann (Hg.), Biblical and Other Studies, Brandeis University Studies and Texts 1, Cambridge, Mass. 1963, 29–46; nachgedr. in: N.M. Sarna, Studies in Biblical Interpretation, JPS Scholar of Distinction Series, Philadelphia 2000, 377–394 (betont werden hier Vorläufer in der Keilschriftliteratur); M. Weinfeld, Deuteronomy and the Deuteronomic School, Oxford 1972; nachgedr. Winona Lake, Ind. 1992, 261–265 (bietet eine große Zahl altorientalischer und ägyptischer Parallelen); M. Fishbane, Varia Deuteronomica, ZAW 84 (1972) 349–352; E. Reuter, »Nimm nichts davon weg und füge nichts hinzu«. Dtn 13,1, seine alttestamentlichen Parallelen und seine altorientalischen Vorbilder, BN 47 (1989) 107–114; Ch. Dohmen / M. Oeming, Biblischer Kanon. Warum und Wozu? Eine Kanontheologie, QD 137, Freiburg i.Br. 1992, 68–89; und Ch.-L. Seow, Ecclesiastes, AncB 18C, New York 1997, 388.394 (Seow argumentiert, dass die Formel ursprünglich nicht dazu diente, ein Textkorpus als kanonisch abzuschließen, sondern dazu, »the sufficiency of the text« zu betonen).

[4] Zu ähnlichen Phänomenen aus dem archaischen und klassischen Griechenland, vgl. K.-J. Hölkeskamp, Schiedsrichter, Gesetzgeber und Gesetzgebung im archaischen Griechenland, Hist.E 131, Stuttgart 1999; ders., (In)Schrift und Monument. Zum Begriff des Gesetzes im archaischen und klassischen Griechenland, Zeitschrift für Papyrologie und Epigraphik 132 (2000) 73–96 (hier: 84–87); und A.C. Hagedorn, Between Moses and Plato. Individual and Society in Deuteronomy and Ancient Greek Law, FRLANT 204, Göttingen 2004, 76–78.163.

Der Zweck der Formel ist deutlich: Sie soll literarische und lehrmäßige Veränderungen verhindern, indem sie den textlichen Status quo schützt.

Wenn ein Kanon dadurch gekennzeichnet ist, dass er sich selbst als fixiert und hinreichend in seinem Textbestand versteht, wie kann er sich dann an spätere Generationen von religiösen Gemeinschaften mit ihren wechselnden Bedürfnissen richten? Diese späteren Generationen stehen vor sich widersprechenden Anforderungen. Einerseits müssen sie sich selbst der Autorität des Kanons unterordnen. Andererseits müssen sie diesen unabänderlichen Kanon sozialen, wirtschaftlichen, politischen und intellektuellen Realitäten des Lebens angleichen, die bei der Komposition des Kanons niemals in Erwägung gezogen werden konnten. Verschiedene Umbrüche, die vom jeweils grundlegenden Kanon der drei großen westlichen monotheistischen Religionen nicht in Erwägung gezogen werden konnten, lassen sich beispielhaft nennen. Für das Judentum ist es die Zerstörung des Jerusalemer Tempels durch die Römer im Jahr 70 n.Chr. Für das Christentum ist an das Ausbleiben der Rückkehr des Messias zu denken, obwohl diese Rückkehr als eschatologische Parusie als unmittelbar bevorstehend erwarte wurde. Und für den Islam ist der Tod Mohammeds zu nennen, des Gründers und prophetischen Führers der Gemeinschaft, der zum Zeitpunkt seines Todes noch keinen Nachfolger bestimmt hatte. Aber natürlich erstreckt sich die Theologie des »O felix culpa« auch auf die Religionsgeschichte, in der eine Krise eine produktive Neuerung bewirken kann. Dass sich das Pharisäische Judentum als dominante Richtung des Judentums durchsetzte – mit dem Anspruch, dass seine Lehren mündlich überlieferte Offenbarungen vom Sinai seien – ist hauptsächlich ein Resultat einer Konfrontation des Kanons mit historischen Umständen, die seine Lebensfähigkeit bedrohten. In ähnlicher Weise lässt sich dies auch für die Konsolidierung der Kirche durch Dogmatik, Organisation und die Eingliederung der Nichtjuden sowie für die getrennten Entwicklung des sunnitischen und schiitischen Islams sagen.

Wenn der geschlossene literarische Kanon, als »Speicher« von Offenbarung oder Erkenntnis, die Quelle der Stabilität für eine religiöse Tradition ist, dann sorgt Exegese für ihre Vitalität. Mit »Exegese« oder »Hermeneutik« meine ich den Bereich der Interpretationsmethoden, der dazu dienen soll, die Anwendung eines gegebenen Kanons auf jeden Bereich des Lebens zu ermöglichen – sogar unter Umständen, die durch den Kanon ursprünglich nicht in Erwägung gezogen werden konnten. Durch die Exegese wird der textlich begrenzte Kanon in seinen Anwendungsmöglichkeiten unbegrenzt. Eines der wichtigsten Kennzeichen der Kreativität einer religiösen Tradition ist deshalb die Vielfalt der Möglichkeiten, sich an einen autoritativen und textlich abgegrenzten Kanon anzupassen und über ihn hinauszugehen.[5] Jonathan

[5] Der Ansatz der »kanonischen Schriftauslegung« / »canonical criticism« hat innerhalb der Bibelwissenschaft zu Recht die Bedeutung betont, die der sich entwickelnde Kanon für die israelitische Religion als »Speicher« nationaler Identität hatte. Diesem Kanonverständnis zufolge konnten spätere Generationen sich auf den Kanon stützen und ihn auf neue historische Krisen anwenden. Trotz der Angemessenheit dieser Sicht übersieht dieser Ansatz jedoch tendenziell die hermeneutische Problematik, die mit dieser Neuinterpretation und neuen Anwendung des Kanons verbunden ist. Er übersieht auch das Ausmaß, in dem die umformulierten Texte die Autorität der ursprünglichen Texte infrage stellen und ihre Kohärenz aufbrechen. Ich habe deshalb einige Vorbehalte gegen den Ansatz von J.A. SANDERS, »Adaptable for Life«. The Nature and Function of Canon, in: F.M. Cross / W.E. Lemke / P.D. Miller Jr. (Hgg.), Magnalia Dei. The Mighty Acts of God. Essays on the Bible and Archaeology in Memory of G. Ernest Wright, Garden City 1976, 531–560; nachgedr. mit einem Vorwort in: J.A. SANDERS, From Sacred Story to Sacred Text. Canon as Paradigm, Philadelphia 1987, 9–39.

Z. Smith hat die Meinung vertreten, dass das dialektische Wechselspiel zwischen kanonischer Abgrenzung und exegetischer Ausweitung der zentrale Punkt bei der Betrachtung der Religionsgeschichte sein sollte. Er betont, das von ihm treffend als »exegetical ingenuity« bezeichnete Phänomen sei »the most characteristic, persistent and obsessive religious activity«.[6] Dieses Wechselspiel – Konflikt ist vielleicht die bessere Bezeichnung – zwischen kanonischer Einschränkung und exegetischer Erfindungsgabe hat auch im Alten Israel stattgefunden. Um die Besonderheiten in diesem Fall aber genau zu erkennen, ist es nötig, das Model von Smith in zwei wichtigen Hinsichten zu erweitern.

Zunächst: Die Kreativität der Exegese besteht nicht nur darin, dass sie bei der Anpassung an Umstände helfen kann, die bei der Entstehung des Kanons noch nicht bedacht werden konnten. Diese Kreativität zeigt sich vielmehr auch im Anspruch des Auslegers, dass bei seiner Tätigkeit überhaupt keine Innovation oder Transformation erfolgt: Der Ausleger erhellt bloß den Reichtum an Wahrheit, der im Kanon bereits latent vorhanden ist. Genau diese scheinbar paradoxe Struktur findet sich beispielsweise im Fall der bereits erwähnten Kanonformel aus dem Buch Deuteronomium. Der Appell an die Treue zum Status quo des Gesetzesbestands (Dtn 13,1) folgt unmittelbar auf einen Abschnitt, in dem die Autoren ältere religionsgesetzliche Regelungen radikal umgeformt haben, und zwar dadurch, dass sie die Beschränkung aller kultischen Opfer auf das Zentralheiligtum verlangten (Dtn 12). Der Gebrauch der Kanonformel in diesem Kontext, die hier

---

[6] Vgl. J.Z. Smith, Sacred Persistence. Toward a Redescription of Canon, in: ders., Imagining Religion. From Babylon to Jonestown, CSHJ, Chicago 1982, 36–52 (hier: 48). Vgl. Smiths über die genannte Studie hinausgehende Überlegungen in: ders., Canons, Catalogues and Classics, in: Canonization and Decanonization, 303–309.

in Tat und Wahrheit als Kolophon zum äußerst innovativen Zentralisationsgesetz im Buch Deuteronomium funktioniert, wirkt deshalb paradox.[7] Dieses scheinbare Paradox stellt aber in vielerlei Hinsicht eine Konstante in der jüdischen Literatur- und Geistesgeschichte dar. Gershom Scholem hat gezeigt, dass sich jede neue Umformung von Tradition selbst nicht als Abkehr von dieser versteht. Vielmehr liegt hier regelmäßig die Ansicht vor, dass die Umformung im ursprünglichen Kanon bereits implizit vorhanden ist und im Einklang mit ihm steht.[8] Die Rabbis müssen selbst die Last gespürt haben, die sie der Sinaioffenbarung aufbürdeten. Das lässt jedenfalls folgende Aussage über die in der Mischna kunstvoll ausgestaltete Sabbat-Gesetzgebung vermuten: »Die Satzungen vom Schabbat [...] sind wie Berge, die an einem Haar hängen, denn es gibt wenig Bibeltext und viele Satzungen« (m. Chagiga 1,8).[9] Obwohl Exegese ein tiefgehendes Instrument kultureller Erneuerung darstellt, lässt sich an ihr auch oft auf drastische Weise das falsche historische Bewusstsein des Auslegers beobachten, der genau die historische Wirkung abstreitet, die, nach Smith, die Exegese zu einem forschungsrelevanten Phänomen macht!

Das zweite Problem, das mit Blick auf Smiths Modell zu nennen ist, stellt seine Annahme dar, dass exegetische Erfindungsgabe (»ingenuity«) erst nach der Bildung eines abge-

---

[7] Vgl. M. Fishbane, Biblical Interpretation in Ancient Israel, Oxford 1988², 79.263; B.M. Levinson, Deuteronomy and the Hermeneutics of Legal Innovation, New York 1997, 17–20; und ders., Neo-Assyrian Origins of the Canon Formula.

[8] Vgl. G. Scholem, Revelation and Tradition as Religious Categories in Judaism, in: ders., The Messianic Idea in Judaism and Other Essays on Jewish Spirituality, New York 1971, 282–303.

[9] Vgl. M. Krupp (Hg.), Chagiga – Festfeier. Die Mischna. Textkritische Ausgabe, Jerusalem 2003, 6–7.

schlossenen Kanons zur Anwendung kommt.[10] Damit wird impliziert, dass der Kanon erst nach seinem Abschluss hermeneutisch auf neue Situationen angewendet wird, oder anders gesagt; dass der Kanon erst postkanonisch ein hermeneutisches Problem darstellt. So eine scheinbar selbstverständliche Annahme lässt aber die hermeneutische Dynamik außer Acht, die in einer Kultur vor dem Abschluss eines literarischen Kanons wirkt. So untersucht z.B. Haim H. Cohn die ausgeklügelten »Tricks«, die in rabbinischer Exegese zur Anwendung kommen, um das biblische Gesetz umzuformen und dabei den Eindruck aufrecht zu erhalten, dass sein maßgebender Status gewahrt bleibt. Dabei sieht Cohn diesen Einfallsreichtum nur in postbiblischer Zeit am Werke und übersieht, dass sich solche Erfindungsgabe auch in der Anwendung ähnlicher Techniken bereits im biblischen Gesetz selbst zeigt.[11] Es ist aber von großer Bedeutung, zu verstehen, dass der Einfallsreichtum der Ausleger sich bereits in der Zeit der Formierung des Kanons zeigt – in der Zeit, in der die Texte, die dann später einen maßgebenden Status erlangen, noch zusammengestellt und gesammelt werden. Es steht hier viel auf dem Spiel, denn das Modell von Smith errichtet im Grunde eine Hierarchie zwischen dem Kanon und seiner Auslegung. Diese Hierarchie ist aber unhaltbar. Auslegung ist konstitutiv für den Kanon; sie ist ihm gegenüber nicht sekundär, weder mit Blick auf die zeitliche Entwicklung noch auf die Bedeutung.[12]

---

[10] Smith, Sacred Persistence, 48.

[11] Vgl. H.H. Cohn, Legal Change in Unchangeable Law. The Talmudical Pattern, in: A.R. Blackshield (Hg.), Legal Change. Essays in Honour of Julius Stone, Sydney 1983, 10–33.

[12] Ein Beispiel für die Annahme dieser falschen Hierarchie aus der neutestamentlichen Wissenschaft findet sich in: R.E. Palmer, Hermeneutics. Interpretation Theory in Schleiermacher, Dilthey, Heidegger,

Diesen Zusammenhang implizieren bibelwissenschaftliche Forschungsbeiträge aus den letzten beiden Jahrzehnten, die sich mit dem Phänomen der »innerbiblischen Schriftauslegung« beschäftigen. Hier sind v.a. Michael Fishbane und James L. Kugel zu nennen.[13] Dieser Ansatz hat der bibelwis-

and Gadamer, Northwestern University Studies in Phenomenology and Existential Philosophy, Evanston, Ill. 1969, 23 f. In seiner Diskussion der Szene, in der der auferstandene Jesus die Notwendigkeit eines leidenden Messias von »Moses und den Propheten« herleitet (Lukas 24,25–27), übernimmt Palmer unkritisch die Vorstellung des lukanischen Erzählers, das Jesus hier die Hebräische Bibel auslegte. Palmer verwendet die Szene als Paradigma für die Leistung des modernen Lesers, der den an sich inaktiven, in seiner Wirkung gehemmten Text »wiederbeleben« muss. Indem er jedoch den Text aus dem Lukasevangelium wörtlich nimmt, übersieht Palmer, dass der Evangeliumstext selbst bereits ein wohldurchdachtes Produkt hermeneutischer Überlegungen ist. Der Autor des Lukasevangeliums entwickelt hier eine erzählerische Apologie sowohl für das Konzept eines leidenden Messias als auch für ein christologisches Verständnis der Hebräischen Bibel als ein »Altes Testament«. Der lukanische Autor überträgt also hermeneutische Zugänge zu Jesus, wie sie in der späteren Kirche üblich waren, zurück auf Jesus als Protagonisten der Erzählung des Evangeliums. Die moderne hermeneutische Forschung nimmt hier zuweilen die hermeneutischen Konzepte, die in den alten Texten bereits implizit wirksam sind, nicht angemessen wahr. Für W.G. Jeanrond sind Interpretation und Rezeption immer noch theologischen Kategorien, die als getrennt von der Komposition des Textes und ihr nachgeordnet zu betrachten sind (Text and Interpretation as Categories of Theological Thinking, New York 1988). Anders dagegen die leistungsstarke Hermeneutik-Konzeption bei B. Polka, Truth and Interpretation. An Essay in Thinking, New York / London 1990.

[13] Vgl. Fishbane, Biblical Interpretation; J.L. Kugel, Early Interpretation. The Common Background of Late Forms of Biblical Exegesis, in: J.L. Kugel / R. Greer (Hgg.), Early Biblical Interpretation, Philadelphia 1986, 9–106; und J.L. Kugel, Traditions of the Bible. A Guide to the Bible As It Was at the Start of the Common Era, Cambridge, Mass. 1998. Eine Rolle dabei, diesem Ansatz den Weg zu bereiten, haben u.a. gespielt: Sarna, Psalm 89. A Study in Inner Biblical Exegesis; und J. Weingreen,

senschaftlichen Forschung eine wichtige neue Perspektive hinzugefügt. Diese neue Perspektive betont die Textualität der Heiligen Schrift, zeigt die Bedeutung von Texten in der Kultur des Alten Israels und in der Zeit des Zweiten Tempels auf und erkennt, wie die Autoren damals vorgingen, um Texte, die bereits kulturelles Prestige gewonnen hatten, zu erklären, sich zu ihnen zu verhalten und sie infrage zu stellen.

Gleichzeitig allerdings gehen beide Forscher wichtigen weiteren Fragen nicht nach. Fishbane zeigt die engen Verbindungen der israelitischen Literatur zu den altorientalischen geistigen Traditionen und den Methoden der Schreiber in diesem Kulturraum. Er demonstriert damit ihre hohe Entwicklung und zeigt auch den Zusammenhang mit Methoden auf, die in späterer rabbinischer Auslegung angewandt wurden. Allerdings bleibt bei Fishbane zuweilen undeutlich, wie dieser Ansatz sich zu konventionellen Modellen in der Bibelwissenschaft verhält und welche Kriterien für die Bestimmung der Richtung literarischer Abhängigkeit maßgeblich sind. Kugel hat auf dieses Problem in einer umsichtigen Kritik aufmerksam gemacht. Seine eigenen Beiträge beschäftigen sich auf hervorragende Weise mit Literatur aus der Zeit des Zweiten Tempels wie auch mit klassischer rabbinischer, kirchlicher und islamischer Literatur. Kugel zeigt, wie in solcher Literatur auf Mehrdeutigkeiten, Redundanzen und Widersprüche der biblischen Texte reagiert und versucht wird, diese aufzulösen und zu verbrämen. Allerdings wird dieses hermeneutische Modell unerklärlicherweise nur auf postbiblische

---

From Bible to Mishna. The Continuity of Tradition, Manchester 1976. Als Beleg für die Verbreitung dieses Ansatzes, vgl. Y. Zakovitch, An Introduction to Inner-Biblical Interpretation, Even Yehudah 1992 (Hebräisch); und E. Otto, Innerbiblische Exegese im Heiligkeitsgesetz Levitikus 17–26, in: H.-J. Fabry / H.-W. Jüngling (Hgg.), Levitikus als Buch, BBB 119, Berlin 1999, 125–196.

Literatur angewandt, mit Blick auf die Bezüge dieser Literatur auf die Bibel als einem schon ausgestalteten, abgeschlossenen, autoritativen, kanonischen Text. Der Frage aber, ob dasselbe Modell die gängige Urkundenhypothese ergänzen und sich als nützlich erweisen könnte, um die Literaturgeschichte des Alten Israels einschließlich der Entstehung des Pentateuchs zu verstehen, wird nicht nachgegangen.[14]

Bisher wurden in der Forschung die Implikationen der Studien zur innerbiblischen Schriftauslegung für eine umfassendere Kanon-Theorie nicht näher untersucht. Dieser Mangel beruht sicher teilweise auf der akademischen Spezialisierung, die dazu führt, dass diejenigen Forscherinnen und Forscher, die sich mit umfassenderen Fragen nach kultureller Bedeutung beschäftigen, selten mit denjenigen in einen Dialog treten, die sich mit philologischen Einzelproblemen beschäftigen. Dieser Essay will dazu beitragen, solchen Dialog zu fördern, und zeigen, dass der Ansatz der Studien zur »innerbiblischen Schriftauslegung« für die Forschungsarbeit in anderen Disziplinen produktiv sein kann. Ich stelle deshalb die folgenden Thesen auf: (1) Exegese beinhaltet eine Strategie für religiöse Erneuerungen; (2) Solche Erneurungen und Innovationen haben im Alten Israel fast immer einen verborgenen Charakter und finden nicht explizit statt; (3) In vielen

---

[14] J.L. Kugel, The Bible's Earliest Interpreters, Proof 7 (1987) 269–283. Es ergibt sich so eine Situation, welche an die ideologischen Sicherheitsvorkehrungen erinnert, die die »Wissenschaft des Judentums« des 19. Jh., sich selbst auferlegte. So wandte z. B. Heinrich Graetz (1817–1891) freimütig sowohl höhere als auch niedere Kritik auf die Propheten und Schriften an. Dennoch war er nicht bereit, den Pentateuch methodisch ebenso zu behandeln; vielmehr bestand er auf der Einheit und dem vorexilischen Ursprung der ganzen Tora. Vgl. N.M. Sarna, Abraham Geiger and Biblical Scholarship, in: ders., Studies in Biblical Interpretation, JPS Scholar of Distinction Series, Philadelphia 2000, 161–172 (hier: 163).

Fällen ist Exegese nicht nur mit einer passiven Erklärung, sondern mit einer radikalen Umwandlung von zuvor autoritativen Texten verbunden; und (4) diese Phänomene lassen sich in der Literatur des Alten Israels bereits vor dem Abschluss des Kanons nachweisen.

3 Das Problem der Innovation in der Entwicklung des Kanons

Die Vorstellung einer göttlichen Offenbarung des Rechts unterscheidet die israelitische Religion von allen anderen Religionen des Alten Orients. Gemäß dieser Vorstellung offenbart Jahwe Israel seinen Willen allgemein zugänglich in der Form eines kultischen, zivilrechtlichen und ethischen Gesetzes. Von der Befolgung dieses Gesetzes hängt es ab, ob das Volk die besondere Beziehung zu Gott aufrecht erhalten und das Land Kanaan besitzen kann. Am dramatischsten wird von dieser Gesetzesoffenbarung in Ex 19–20 erzählt: Gott verkündet die Zehn Gebote vom Gipfel des Berges Sinai, während das Volk Israel am Fuße des Berges versammelt ist, zitternd vor Angst angesichts der donnernden göttlichen Stimme. Aber die Hebräische Bibel schreibt nicht nur die Zehn Gebote göttlicher Offenbarung zu. Mit einer redaktionellen *tour de force* wird das gesamte Gesetzeskorpus des Pentateuchs, ja sogar alles biblische Recht, entweder direkt auf Gott oder indirekt auf ihn über Mose, seinen prophetischen Mittler, zurückgeführt.[1]

---

[1] Ezechiels Vision des wiedererbauten Jerusalem und seines Tempels (Ez 40–48) stellt eine Variante dieses Paradigmas dar. Gott offenbart sein Gesetz weiterhin über einen prophetischen Mittler. Das Rechtskorpus, das für die Gemeinschaft nach der Rückkehr aus dem Exil verbindlich sein soll, erhält seine Autorität durch eine neue prophetische Offenbarung.

Das Erbe des Keilschriftrechts

Obwohl die israelitischen Autoren für ihre Rechtssammlungen einen göttlichen Ursprung behaupten, verbietet sich aufgrund der archäologischen Hinterlassenschaften des Alten Orients jede Vorstellung einer *lex ex nihilo*. Der Orient vermachte dem Alten Israel ein prestigeträchtiges literarisches Genre: Die Gattung der Gesetzessammlung, die in sumerischen Schreiberschulen (sumerisch: e d u b a) im späten dritten Jahrtausend entstand und dann entlang des »Fruchtbaren Halbmonds« über Babylon und Assyrien in Anatolien und im Hethitischen Reich Verbreitung fand.[2] Seit der Entdeckung des zu Recht berühmten Codex Hammurapi im Jahr 1901 sind etwa ein Dutzend verschiede keilschriftliche Gesetzessammlungen entdeckt worden – verfasst auf Sumerisch, Akkadisch und Hethitisch, mit dem Umfang einer Schulübung bis hin zu ausgeführten, offiziellen Kompositionen. Ungeachtet der augenscheinlichen Gesetzesform waren diese Texte jedoch eher Literatur und Philosophie als

[2] Zum e d u b a (É.DUB.BA.A) oder *bīt ṭuppi*, wörtlich: »Haus der Schreibtafeln«, vgl. Å. W. SJÖBERG, The Old Babylonian Eduba, in: S. J. Lieberman (Hg.), Sumerological Studies in Honor of Thorkild Jacobsen on His Seventieth Birthday, June 7, 1974, AS 20, Chicago 1975, 159–179; H. L. J. VANSTIPHOUT, On the Old Babylonian Eduba Curriculum, in: J. W. Drijvers / A. A. MacDonald (Hgg.), Centres of Learning. Learning and Location in Pre-Modern Europe and the Near East, Brill's Studies in Intellectual History 61, Leiden 1995, 3–16; A. R. GEORGE, In Search of the é.dub.ba.a. The Ancient Mesopotamian School in Literature and Reality, in: Y. Sefati u. a. (Hgg.), »An Experienced Scribe Who Neglects Nothing«. Ancient Near Eastern Studies in Honor of Jacob Klein, Bethesda, Md. 2005, 127–137; und N. VELDHUIS, Religion, Literature, and Scholarship. The Sumerian Composition »Nanse and the Birds«, with a Catalogue of Sumerian Bird Names, Cuneiform Monographs 22, Leiden 2004.

eigentliches Recht im modernen Sinne.[3] Dieser Status legt sich aus folgenden Gründen nahe. Einerseits erlangte der Codex Hammurapi als Text ein solches kulturelles Prestige, dass er über einen Zeitraum von mehr als einem Jahrtausend nach seiner Entstehung (ca. 1755 v. Chr.) hinweg immer wieder abgeschrieben wurde; noch der neuassyrische König Assurbanipal ließ den Text seiner Bibliothek der Klassiker hinzufügen (ca. 660 v. Chr.).[4] Andererseits gibt es keinen Hinweis darauf, dass die Bestimmungen des Codex jemals tatsächlich als Recht angewandt wurden, geschweige denn dafür, dass er jemals als Rechtsnorm in den hunderttausenden Gerichtsdokumenten, die aus altbabylonischer Zeit erhalten sind, zitiert worden wäre. Seine Forderungen scheinen wenig direkten Einfluss auf die spätere Gesetzgebung gehabt

---

[3] Zum »akademischen« Charakter der Rechtstexte, vgl. B. Landsberger, Die Eigenbegrifflichkeit der babylonischen Welt, Islamica 2 (1926) 355–372 (hier: 370f.). Vgl. auch F. R. Kraus, Ein zentrales Problem des altmesopotamischen Rechtes. Was ist der Codex Hammu-rabi? Aspects du contact suméro-akkadien (9th Rencontre assyriologique internationale, Geneva, June 20–23, 1960), Genava 8 (1960) 283–296 (hier: 288.293); R. Westbrook, Biblical and Cuneiform Law Codes, RB 92 (1985) 247–264; nachgedr. in: B. Wells / F. R. Magdalene (Hgg.)., Law from the Tigris to the Tiber. The Writings of Raymond Westbrook, 3 Bde., Bd. 1, The Shared Tradition, Winona Lake, Ind. 2009, 3–20; und insbesondere: J. Bottéro, Mesopotamia. Writing, Reasoning, and the Gods, Chicago 1992, 156–184.

[4] Vgl. M. T. Roth, Mesopotamian Legal Traditions and the Laws of Hammurabi, Chicago-Kent Law Review 71 (1995) 13–39; V. A. Hurowitz, Hammurabi in Mesopotamian Tradition, in: Y. Sefati u. a. (Hgg.), »An Experienced Scribe Who Neglects Nothing«. Ancient Near Eastern Studies in Honor of Jacob Klein, Bethesda, Md. 2005, 497–532; und, mit einer aktuellen Übersicht über den Bestand an Kopien, B. M. Levinson, Is the Covenant Code an Exilic Composition? A Response to John Van Seters, in: ders., »The Right Chorale«. Studies in Biblical Law and Interpretation, FAT 54, Tübingen 2008, 276–330 (hier: 302).

zu haben.[5] Sogar das affektive Motiv im Epilog des Codex, dass der Mann, dem Unrecht getan wurde, vor die Stele kommen soll, um Erleichterung zu erfahren, zielt nicht auf eine gerichtliche Lösung ab, sondern beschreibt wahrscheinlich den Trost im Gebet. Dazu passt auch gut, dass die Stele ihren Standort im Tempel hatte.[6] Raymond Westbrook hat trotzdem versucht, wieder eine gewisse Bedeutung der schriftlichen Rechtssammlungen für die konkrete Rechtspraxis aufzuzeigen. Seinem Vorschlag nach waren sie »a reference work for consultation by judges when deciding difficult legal cases«. Die Schwierigkeit dieser Hypothese allerdings räumt er selbst ein: »there is no direct evidence«.[7]

Die biblischen Rechtssammlungen zeigen bis ins Detail viele Übereinstimmungen mit den keilschriftlichen Texte hinsichtlich der Rechtsterminologie, der Formulierungen und juristischer Topoi.[8] Israelitische Schreiber lernten von den keilschriftlichen Vorbildern insbesondere die allgemeine Konvention, die eigentliche Gesetzessammlung mit einem Prolog und Epilog literarisch zu rahmen, in dem der könig-

[5] Vgl. R. YARON, »Enquire Now about Hammurabi, Ruler of Babylon«, The Legal History Review 59 (1991) 223–238.

[6] M.T. ROTH, Hammurabi's Wronged Man, JAOS 122 (2002) 38–45.

[7] WESTBROOK, Law Codes, 254.

[8] Vgl. B.M. LEVINSON / M.M. ZAHN, Revelation Regained. The Hermeneutics of כי and אם in the Temple Scroll, DSD 9 (2002) 295–346 (hier: 301 f.314–17); D.P. WRIGHT, The Laws of Hammurabi as a Source for the Covenant Collection (Exodus 20:23–23:19), Maarav 10 (2003) 11–87; und LEVINSON, Is the Covenant Code an Exilic Composition, 299–304. Die Belege für eine Rezeption der altorientalischen Vertragstradition im Deuteronomium sprechen eine ebenso deutliche Sprache: Der Aufbauschema neuassyrischer Verträge diente als literarische Vorlage für Dtn 28, vielleicht vermittelt über aramäische Übersetzungen; vgl. H.U. STEYMANS, Deuteronomium 28 und die adê zur Thronfolgeregelung Asarhaddons. Segen und Fluch im Alten Orient und in Israel, OBO 145, Freiburg i.Br. / Göttingen 1995, 143–194.

liche Sprecher sich der Verkündigung der Gesetze rühmt. Literaturkritisch betrachtet könnte man sagen: Durch diesen Rahmen, der die Rechtssammlungen einem Herrscher in den Mund legte, erhielten sie eine Erzählstimme. Zwar steht der Bereich des Göttlichen nicht unverbunden neben dem Recht in den keilschriftlichen Texten: Schamasch, der mesopotamische Sonnengott und Hüter der kosmischen Prinzipien der Gerechtigkeit, gewährt König Hammurapi die Fähigkeit, diese ewigen Wahrheiten zu erkennen. Trotzdem sind die Gesetze in ihrer konkreten Formulierung königlich. Hammurapi rühmt sich wiederholt, dass die Gesetze *awâtīya ša ina narîya ašṭuru* sind, »*meine* Worte, die *ich* auf *meine* Stele geschrieben habe« (xlix, 3–4.19–21). Er bezeichnet sie als *awâtīya šūqurātim*, »meine überaus wertvollen Worte« (xlvii, 74), und betont: *awâtūa nasqā*, »meine Worte sind erlesen« (xlviii, 99).[9] Konfrontiert mit der Konvention, das Recht mit der Erzählstimme des Königs zu präsentieren, brachten israelitische Autoren eine Neuerung in die Gattung der Gesetzessammlung ein. Als König Lear, in der Heide während des Sturms, vom geblendeten Gloucester um seine Hand gebeten wird, um sie zum Gruß tief bewegt zu küssen, erhebt Lear Einspruch: »Here, wipe it first, it smells of mortality«.[10] Als die

---

[9] Über den Codex Hammurapi als »königliches« Gesetz, vgl. die einflussreiche Arbeit über Unterschiede in der Ethik zwischen dem biblischen Recht und dem Keilschriftrecht von M. Greenberg, Some Postulates of Biblical Criminal Law, in: M. Haran (Hg.), Yehezkel Kaufmann Jubilee Volume, Jerusalem 1960, 5–28; nachgedr. in: M. Greenberg, Studies in the Bible and Jewish Thought, JPS Scholar of Distinction Series, Philadelphia 1995, 25–41. Die deutsche Übersetzung ist leicht zugänglich bei R. Borger, Der Codex Hammurapi, in: Otto Kaiser u. a. (Hgg.), Texte aus der Umwelt des Alten Testaments, Bd. 1, Rechts- und Wirtschaftsurkunden, Lieferung 1, Historisch-chronologische Texte, Rechtsbücher, Gütersloh 1982, 39–80 (hier: 76 f.).

[10] William Shakespeare, King Lear (hg. von S. Wells, auf Grundla-

israelitischen Autoren ihre Hand an das Recht legten, wischten sie die Sterblichkeit fort, indem sie nicht mehr einen menschlichen Monarchen, sondern Jahwe, ihren göttlichen König, als königlichen Sprecher einsetzten.

Mit dieser thematischen Veränderung der Konvention brachten die israelitischen Schreiber in die Welt des Alten Orients eine neue Idee ein: die göttliche Offenbarung des Gesetzes. Dementsprechend war es nicht die literarische Gattung der Gesetzessammlung als solcher, die die Besonderheit des israelitischen Rechts im Kontext des Alten Orients ausmachte, sondern ihre Verbindung mit der göttlichen Erzählstimme, die aus dem Recht den persönlichen, für alle zugänglichen Gotteswillen machte.[11] Das Thema der göttlichen Of-

---

ge des von G. Taylor edierten Textes), The Oxford Shakespeare, Oxford 2000, 237 (Szene 20, Zeile 128). Diese Edition beruht weitestgehend auf der Ausgabe im Quartformat von 1608, die dem ursprünglichen Manuskript am nächsten kommt. Vgl. dagegen die spätere, bekanntere Formulierung in der Folio-Ausgabe: »*Let me* wipe it first; it smells of mortality« (4.5.129; Hervorhebung nicht im Original); hier kehrt Lears Kohortativ ironischerweise Gloucesters eifrige Bitte um: »O, let me kiss that hand!« (4.5.128) Zu dieser späteren Textform, vgl. William Shakespeare, The Tragedy of King Lear (hg. von J. L. Halio), The New Cambridge Shakespeare, Cambridge 1992, 224.

[11] Diese Vorstellung einer göttlichen Offenbarung des Gesetzes ist ein maßgebliches Element dessen, was K. Jaspers als Israels geistigen Durchbruch in der »Achsenzeit« gesehen hat (Vom Ursprung und Ziel der Geschichte, München 1949, 15–106). Vgl. P. B. Machinist, On Self-Consciousness in Mesopotamia, in: Sh. N. Eisenstadt (Hg.), The Origins and Diversity of Axial Age Civilizations, Albany 1986, 183–202; P. B. Machinist, Mesopotamia in Eric Voegelin's Order and History, in: P. J. Opitz / D. Herz (Hgg.), Occasional Papers, Eric-Voegelin-Archiv 26, München 2001, 1–54; J. P. Árnason, The Axial Age and Its Interpreters. Reopening a Debate, in: J. P. Árnason / Sh. N. Eisenstadt / B. Wittrock (Hgg.), Axial Civilizations and World History, Jerusalem Studies in Religion and Culture 4, Leiden 2005, 19–49; J. Assmann, Axial »Breakthroughs« and Semantic »Relocations« in Ancient Egypt and Israel, in:

fenbarung hatte einen weitgehenden Einfluss auf das Alte Israel. Es gibt eine klare Beziehung zwischen der Erzählstimme und der Autorität eines Textes, und die Zuschreibung an Gott verleiht einem Text natürlich ultimative Autorität. Die Bevorzugung der göttlichen Erzählstimme war so deutlich, dass die Vorstellung einer eigenständigen Würde ausdrücklich menschlicher Gesetzessammlungen nicht aufkommen konnte. Genau wie es kein einziges Gesetz in der Bibel gibt, das von den israelitischen Autoren nicht Gott oder seinem prophetischen Mittler Mose zugeschrieben würde, so trifft auch die Umkehrung zu: In der gesamten Hebräischen Bibel wird kein einziger Text, rechtlicher oder anderer Natur, eindeutig auf den Schreiber zurückgeführt, der tatsächlich für seine Komposition verantwortlich war.

Natürlich betrifft diese Ausblendung der Identität des menschlichen Autors viel mehr als nur die Rechtstexte der Bibel. Außer den Propheten sprechen biblische Autoren niemals ausdrücklich aus ihrer eigenen Perspektive. Stattdessen wenden sie Pseudonyme an oder schreiben anonym. Das Buch der Sprüche z.B. wird Salomo mittels der redaktionellen Überschrift zugeschrieben (Spr 1,1), und Kohelet wird auf ähnliche Weise auf den »Sohn Davids, den König in Jerusalem« zurückgeführt (Pred 1,1). Keine dieser Zuschreibungen hält kritischer Überprüfung stand.[12] Sie scheinen vielmehr die Funk-

---

Axial Civilizations and World History, 133–156; und R.N. Bellah, What is Axial about the Axial Age? Archive of European Sociology 46 (2005) 69–87.

[12] Vgl. dazu den historisch-kritischen Überblick bei J.A. Soggin, Introduction to the Old Testament. From Its Origins to the Closing of the Alexandrian Canon, OTL, Louisville 1989³, 445–447.462–464. Vgl. auch T. Krüger, Kohelet (Prediger), Biblischer Kommentar Altes Testament 19, Neukirchen-Vluyn 2000, 51 f.; und E. Zenger u. a. (Hgg.), Einleitung in das Alte Testament, KStTh 1.1, Stuttgart 2008⁷, 369.

tion zu haben, die Autorität oder das Prestige eine literarischen Komposition zu steigern, indem sie eine Assoziation mit einer angesehenen Figur der Vergangenheit herstellen, wie z. B. mit einem königlichen Musterbeispiel der Weisheitstradition (1Kön 3,28; 4,29–34).

Wenn die Vorstellung einer göttlichen Offenbarung des Gesetzes auch manche neuen intellektuellen und sozialen Möglichkeiten eröffnet hat, hat sie doch auch andere verhindert. Die Methode, dem Recht ultimative Autorität zu verleihen, indem man es einem göttlichen Autor zuschreibt, führt zur Frage nach der relativen Autorität des menschlichen Gesetzgebers. Denn welchen Platz hat die menschliche Stimme in einer juristischen und literarischen Kultur, in der die göttliche oder prophetische Stimme den Ehrenplatz einnimmt? Das Konzept der göttlichen Offenbarung führt zu speziellen Schwierigkeiten, die das Problem der Innovation betreffen. Wie schon bemerkt, tritt in jeder Kultur sozialer, ökonomischer und geistesgeschichtlicher Wandel im Laufe der Zeit auf. Wie geht aber eine Kultur, die von einem Konzept der göttlichen Offenbarung bestimmt ist, mit dem Problem der Rechtsentwicklung um? Wie können Rechtstexte, wenn sie erst einmal als göttlich offenbart angesehen sind, an neue Umstände angepasst werden, ohne dass ihre – oder Gottes – Autorität in Frage gestellt wird? Um den Sachverhalt in der Bibel so deutlich wie möglich darstellen zu können, werden ich zuerst zeigen, wie eine Nachbarkultur, in der das Konzept göttlicher Offenbarung des Rechts nicht bekannt war, das Problem der Rechtsentwicklung löste.

Die Hethitischen Gesetze, angeordnet auf zwei Tafeln mit je 100 Gesetzen, wurden 1906 in Boğazköy in der Zentraltürkei entdeckt. Diese Stadt war die Hauptstadt des Hethitischen Reichs, das seine Blütezeit in Anatolien etwa von 1700 bis

1200 v. Chr, hatte.[13] Die Gesetze wurden in einem königlichen Archiv gefunden. Obwohl sie eigentlich in die Mitte des 2. Jahrtausends v. Chr. zu datieren sind, wurden sie über einige Jahrhunderte hinweg immer wieder abgeschrieben. Die tatsächlich gefundenen Exemplare stammen ungefähr aus dem Zeitraum von 1325 bis 1200 v. Chr. Zwei Eigenarten der Hethitischen Gesetze machen sie besonders interessant. Erstens haben sie keinen literarischen Rahmen, sie enthalten also keinerlei Angaben über Autorschaft und Herkunft des Rechtstexts.[14] Und zweitens lassen sie deutlich die Veränderung und Entwicklung des Rechts erkennen, und zwar genau deshalb, weil ihnen eine Erzählperspektive fehlt. Während des langen Zeitraums, in dem sie wieder und wieder abgeschrieben wurden, wurden sie nicht nur sprachlich angepasst, sondern auch inhaltlich überarbeitet, was die Art und die

[13] Einen guten historischen Überblick bietet J. Klinger, Die Hethiter, Beck Wissen 2425, München 2007.

[14] Als rechtsgeschichtliche Studie zur Funktion literarischer Rahmungen im Keilschriftrecht, im biblischen, im griechischen und im römischen Recht, vgl. G. Ries, Prolog und Epilog in Gesetzen des Altertums, MBPF 76, München 1983. Zu beachten ist, dass es einige Kopien des Codex Hammurapi gibt, die den literarischen Rahmen nicht enthalten; umgekehrt gibt es auch eine Version des Prologs ohne Gesetzestext. Die Fragen der Kompositionsgeschichte und der Priorität von Rahmen und Gesetzen wurden in der Forschung ebenso diskutiert wie die Frage, ob die Komposition der beiden Bestandteile ursprünglich ist oder redaktionell geschaffen wurde. Bedeutsam sind diese Fragen, um im Kontext der altorientalischen Kultur den Charakter, die Funktion und den Platz in der Rechtsgeschichte dieser Rechtssammlung zu beurteilen. Zum redaktionellen Verhältnis von Rahmen und Gesetzestext, vgl. J. H. Tigay, The Stylistic Criterion of Source Criticism in the Light of Ancient Near Eastern and Postbiblical Literature, in: ders. (Hg.), Empirical Models for Biblical Criticism, Philadelphia 1985, 150–173 (hier: 155–158); und V. A. Hurowitz, »Inu Anum ṣīrum«. Literary Structures in the Non-Juridical Sections of Codex Hammurabi, Philadelphia 1994, 90–103.

Schwere der vorgesehenen Strafen betrifft. Die Formulierung der Gesetze bezeugt diesen Bearbeitungsprozess explizit.[15] So heißt es z. B. in einem der Gesetze über Körperverletzung:[16]

Wenn jemand einen freien Menschen blendet oder ihm einen Zahn ausschlägt, *pflegte* man *früher* (*karū*) jeweils eine Mine Silber *zu geben. Und jetzt* (*kinuna*) gibt er 20 Scheqel Silber [...] (Hethitische Gesetze § 7)

Der »Sprecher« des Gesetzes unterscheidet klar zwischen dem, was früher der Fall war, und dem, was jetzt der Fall ist, zwischen dem, was getan worden wäre, und der aktuellen Praxis. Dieses Unterscheidung wird auch in der Grammatik deutlich: Es gibt einen Wechsel von der durativ-iterativen Form des Verbs hin zum Präsens. Die neue Strafe beträgt dabei nur die Hälfte der ursprünglichen. Dieselbe Formulierung wird verwendet, um dreiundzwanzig der zweihundert Hethi-

---

[15] Vgl. dazu E. Neufeld, The Hittite Laws, London 1951, 95–101; V. Korošec, Le problème de la codification dans le domaine du droit hittite, RIDA 4 (1957) 93–105; und die Beiträge von R. Westbrook (What is the Covenant Code?), S. Greengus (Some Issues Relating to the Comparability of Laws and the Coherence of the Legal Tradition) und E. Otto (Aspects of Legal Reforms and Reformulations in Ancient Cuneiform and Israelite Law), in: B. M. Levinson (Hg.), Theory and Method in Biblical and Cuneiform Law. Revision, Interpolation and Development, JSOT.S 181, Sheffield 1994; nachgedr., Sheffield 2006, 22–28.62–72.175–182.

[16] Zur deutschen Übersetzung, vgl. E. von Schuler, Die hethitischen Gesetze, in: O. Kaiser u. a. (Hgg.), Texte aus der Umwelt des Alten Testaments, Bd. 1, Rechts- und Wirtschaftsurkunden, Lieferung 1, Historisch-chronologische Texte, Rechtsbücher, Gütersloh 1982, 96–123 (hier: 99). Die hier gebotene Übersetzung soll gegenüber der Formulierung in TUAT (»[...] gab man früher jeweils eine Mine Silber«) stärker die durativ-iterative Form des Verbs im Hethitischen hervorheben. Vgl. auch H. A. Hoffner Jr., The Laws of the Hittites. A Critical Edition, DMOA 23, Leiden 1997, 21.

tischen Gesetze zu bearbeiten, also fast 12% der Gesetze.[17] Die Veränderungen, die an der Formel »früher [...] und jetzt« erkannt werden können, gehen auf eine weitreichend Rechtsreform zurück, die unter König Telipinu (ca. 1525–1500 v. Chr.) durchgeführt wurde und zur Veränderung derjenigen Gesetzesfassung führte, die ein bis zwei Jahrhunderte zuvor im hethitischen Alten Reich festgelegt worden war.[18] Zudem wurde auch nach dieser Kodifizierung die Bearbeitung und Anpassung des Rechts fortgeführt. Eine Kopie, die etwa ein oder zwei Jahrhunderte später erstellt wurde, reduziert oder verändert die Strafen noch weiter und zeigt auch eine andere Abfolge einiger Gesetze. Diese nochmals angepasste Version jedoch streicht alle Erwähnungen älterer Strafen, sie werden einfach als obsolet betrachtet und ignoriert.[19] In dieser Version ist die Strafe für das Ausschlagen eines Zahns auf zwölf

[17] Die Formulierung wird verwendet in den hethitischen Gesetzen §§ 7, 9, 19, 25, 51, 54, 57, 58, 59, 63, 67, 69, 81, 91, 92, 94, 101, 119, 121, 122, 123 (fragmentarischer Text), 129 und 166 f. Eine weiterführende Diskussion dieser Formulierung bietet HOFFNER, Laws of the Hittites, 5–7. Anregend ist der Vergleich mit Parallelen zu der hethitischen Ausdrucksweise im rabbinischen und im römischen Recht bei M. S. JAFFEE, The Taqqanah in Tannaitic Literature. Jurisprudence and the Construction of Rabbinic Memory, JJS 41 (1990) 204–225.

[18] Vgl. HOFFNER, Laws of the Hittites, 221.

[19] Hervorzuheben ist die Edition von R. HAASE, in der diese späteste Fassung der Gesetzte separat, als unabhängige Schrift präsentiert wird (Die Keilschriftlichen Rechtssammlungen in deutscher Fassung, Wiesbaden 1979[2], 67–91). Problematisch sind andere Editionen, die die Eigenständigkeit dieser Version verdunkeln, indem sie mit der älteren Fassung vermischt wird, die sie aktualisieren und ersetzen will. Es entsteht dann auf diese Weise ein »eklektischer Text«, der so niemals im Altertum existiert hat und in dem die Regelungen des späteren Textes nur noch als Anhänge zu den einzelnen Gesetzten der Hauptversion gezählt und als »spät(ere) Version« gekennzeichnet werden. Dies trifft z. B. zu auf die Arbeitsweise von A. GOETZE (Übers.), The Hittite Laws, in: J. B. Pritchard (Hg.), Ancient Near Eastern Texts Relating to the Old Testa-

Scheqel reduziert, und eine Unterscheidung ist hinzugekommen: Wenn der Geschädigte ein Sklave ist, dann beträgt die Strafe nur die Hälfte dieses Betrags.[20]

Wenn Gesetzesänderungen im hethitischen Recht sich innerhalb von einem oder zwei Jahrhunderten mehrfach zeigen, kann natürlich angenommen werden, dass ähnliche Formen der Bearbeitung auch im Alten Israel stattgefunden haben, dessen Literatur über einen Zeitraum von etwa eintausend Jahren entstanden ist.[21] Heftige Veränderungen im Bereich der Ökonomie, der sozialen Struktur, der politischen Organisation und der Religion hat Israel in dieser Zeit durchgemacht. Dies erhöht die Wahrscheinlichkeit von Gesetzesänderungen in dieser Zeit weiter. Umso bemerkenswerter ist es, dass in der Hebräischen Bibel explizite Spuren einer Bearbeitung und Anpassung des Rechts im Pentateuch fehlen. Es gibt im Pentateuch vier Fälle von neuen göttlichen Orakeln, durch die bestehenden rechtliche Regelungen ergänzt und angepasst werden an unvorhergesehene Umstände (Lev 24,10–23; Num 9,6–14; 15,32–36; 27,1–11). In diesen Fällen wird das ältere

---

ment, Princeton, N.J. 1969³, 188–197; von Schuler, »Die hethitischen Gesetze«; und Hoffner, Laws of the Hittites.

[20] Vgl. Hoffner, Laws of the Hittites, 22 (§ VII).

[21] Datierungsvorschläge für biblische Quellen sind natürlich immer diskussionswürdig. Die hier angegebene Zeitspanne bezieht sich auf Datierungen des »Jahwisten«, der oft als älteste Quelle des Pentateuch gesehen, aber inzwischen von einigen Forscherinnen und Forschern für tatsächlich exilisch oder nachexilisch gehalten wird, und des Buches Daniel, das als letztes den Weg in den biblischen Kanon gefunden hat. Zu aktuellen Trends in der Datierung und Analyse biblischer Literatur, vgl. D. A. Knight / G. M. Tucker (Hgg.), The Hebrew Bible and Its Modern Interpreters, SBL.BMI 1, Philadelphia / Chico, Calif. 1985; und R. Hendel, Appendix. Linguistic Notes on the Age of Biblical Literature, in: ders., Remembering Abraham. Culture, Memory, and History in the Hebrew Bible, New York 2005, 109–164.

Gesetz nicht widerrufen. Stattdessen wird angesichts besonderer unvorhergesehener Eventualitäten behauptet, dass ein göttliches Orakel Mose erlaubt habe, ein Urteil zu fällen. Der deutliche »ad-hoc«-Charakter dieser Situationen macht sie zu den Ausnahmen, die die Regel bestätigen.[22] Der einzige klare Fall einer ausdrücklichen Bearbeitung eines Gesetzes in der Hebräischen Bibel ist im Buch Rut zu finden und betrifft gar kein offenbartes Gesetz, sondern einen Brauch – und sogar dieser Brauch ist möglicherweise eine romantische Konstruktion, die mit dem tatsächlichen Verlauf der Rechtsgeschichte wenig zu tun hat. Dieser Fall ist es dennoch wert, hier näher betrachtet zu werden. Er zeigt nämlich, dass die Idee einer Rechtsgeschichte überhaupt, ob sie zugegeben oder abgestritten wird, häufig auch eine literarische Konstruktion eines Autors sein kann.

Rechtsgeschichte als literarische Konstruktion im Buch Rut

Das Buch Rut wird mit seiner Überschrift in der vergangenen Zeit der israelitischen Landnahme in Kanaan verortet, vor dem Beginn der Monarchie: »zur Zeit, als die Richter für Recht sorgten« (Rut 1,1). Höchstwahrscheinlich aufgrund dieser Überschrift hat das Buch seinen Platz in der Septuaginta (und infolgedessen auch in katholischen und protestantischen Bibelausgaben) direkt nach dem Buch der Richter gefunden, so dass es, im Wortsinne, der Einführung der Monarchie (1–2Sam) vorangeht. Trotz dieser erzählerischen Ver-

[22] Eine scharfsinnige Untersuchung dieser Stellen bieten M. Fishbane, Biblical Interpretation in Ancient Israel, Oxford 1988², 98–102; und S. Chavel, Oracular Law and Narrative History. The Priestly Literature of the Pentateuch, FAT II, Tübingen (in Vorbereitung).

ortung in der weit zurückliegenden Vergangenheit datieren die meisten Bibelwissenschafter das Buch Rut aufgrund sprachlicher Eigenheiten in die nachexilische Zeit des Wiederaufbaus, als es unter persischer Oberherrschaft keine judäische Monarchie mehr gab.[23]

Zwar halten viele Bibelwissenschaften sprachliche Hinweise allein nicht für ein hinreichendes Kriterium für die Datierung. Allerdings erweist sich die nachexilische Zeit auch durch weitere Indizien als der überzeugendste historische Ort für die Entstehung des Buches. Georg Braulik hat gezeigt, in welch hohem Ausmaß des Buch Rut von Rechtstexten des Pentateuchs abhängt und sie neu interpretiert; dies betrifft insbesondere Texte aus dem Rechtskorpus des Deuteronomiums.[24] So betrachtet, ist das Buch Rut mehr als eine schöne,

---

[23] Vgl. J.-L. Vesco, La date du livre de Ruth, RB 74 (1967) 235–247 (hier: 245–247). Einen guten Forschungsüberblick bietet R. L. Hubbard, The Book of Ruth, NIC.OT, Grand Rapids, Mich. 1988, 23–35. J. M. Sasson bleibt bei einer josiazeitlichen Datierung (kurz vor dem Exil) und bietet einen weiterführenden Überblick über die relevanten exegetischen Fragen (Ruth. A New Translation with a Philological Commentary and a Formalist-Folklorist Interpretation, Sheffield 1989², 240–252). Überzeugender sind jedoch die Argumente für eine nachexilische, perserzeitliche Datierung. Vgl. dazu Ch. Frevel, Das Buch Rut, NSK.AT 6, Stuttgart 1992, 34; und Y. Zakovitch, Das Buch Rut. Ein jüdischer Kommentar, SBS 177, Stuttgart 1999, 38–40. Vgl. auch die knappe, aber treffenden Zusammenstellung der Argumente für eine Datierung in das 5. Jh. bei E. Zenger, Das Buch Rut, in: E. Zenger u. a. (Hgg.), Einleitung in das Alte Testament, KStTh 1.1, Stuttgart 2008⁷, 222–229 (hier: 226). Zenger revidiert hier offenbar unausgesprochen seinen eigenen, früheren Vorschlag für eine Datierung in hellenistische Zeit (2. Jh. v. Chr.) (Das Buch Ruth, ZBK.AT 8, Zürich 1992², 28).

[24] Vgl. G. Braulik, Das Deuteronomium und die Bücher Ijob, Sprichwörter und Rut. Zur Frage früher Kanonizität des Deuteronomiums, in: ders., Studien zum Deuteronomium und seiner Nachgeschichte, SBAB 33, Stuttgart 2001, 213–293 (hier: 258–280). Einen ähnlichen Ansatz verfolgt J. Berman, nach dem die Handlung des Rutbuches »unfolds ac-

aber naive volkstümliche oder »idyllisch-romantisch[e]«[25] Erzählung. Vielmehr stellt es etwas wie eine Gegenerzählung dar, mit der die Absicht verfolgt wird, die Forderungen des Deuteronomiums hinsichtlich der Nachlese (Dtn 24,19), des Ausschlusses der Moabiter aus der Versammlung (Dtn 23,4–5) und hinsichtlich der Leviratsehe (Dtn 25,5–10) zu überarbeiten und zu liberalisieren.[26] Auf die Details der Argumentation kann hier nicht eingegangen werden; jedoch lässt sich das Buch Rut insgesamt in seiner Kapitelabfolge als innerbiblische Schriftauslegung zu den Gesetzen über die Gemeinschaft, Familie und soziale Gerechtigkeit in Dtn 23–25 verstehen, und gerade dies weist auf die nachexilische Zeit als überzeugendsten historischen Kontext der Buchentstehung hin.[27]

Aus dieser Perspektive stellen Ort und Zeit der Handlung des Buches Rut einen bewussten Archaisierungsversuch dar. Die literarische Technik, eine zeitgenössische literarische Komposition sowohl durch die erzählerische Gestaltung als

---

cording to the sequential order of the legal material in Deuteronomy 24,16–25,10« (Ancient Hermeneutics and the Legal Structure of the Book of Ruth, ZAW 119 [2007] 22–38 [hier: 23]). Berman zieht jedoch aus seinen treffenden Beobachtungen keine expliziten Schlüsse hinsichtlich der Datierung des Buches.

[25] Gegen Zakovitch, Das Buch Rut, 11.

[26] A. Meinhold übersieht diesen maßgeblichen Bezug auf die Rechtstradition und beschränkt sich auf die narrativen Elemente des Ruthbuches; nur so kann er die Komposition des Buches, als Zeugnis bethlehemitischer Tradition, in der frühen vorexilischen Zeit (vor der Entstehung des Deuteronomiums) verorten (Theologische Schwerpunkte im Buch Ruth und ihr Gewicht für seine Datierung, ThZ 32 [1976] 129–137).

[27] »Rut ist das einzige Beispiel dafür, daß *ein ganzes Buch* durch Anspielungen verschiedener Art *Gesetze des deuteronomischen Kodex systematisch einer sozial- (Rut 1–2) und sexualkritischen (Rut 3–4) relecture unterzieht* [...]« (Braulik, Das Deuteronomium und die Bücher Ijob, Sprichwörter und Rut, 278 [Hervorhebung im Original]).

auch durch Nachbildung älterer sprachlicher Formen als alt darzustellen, ist ein wohlbekanntes Phänomen der Zeit des Zweiten Tempels. Ein Musterbeispiel dafür sind die Chronikbücher.[28] Ähnliche Techniken sind auch in Literatur der klassischen Antike zu beobachten.[29] Das Thema des Buches (die Eingliederung einer Moabiterin in Israel durch Heirat) wird in Gestalt der umfassenderen Frage nach Ethnizität und Identität in der Literatur der Zeit des Zweiten Tempels vielfältig diskutiert. Andere Texte, die ausdrücklich in der persischen Zeit angesiedelt sind, zeigen, wie umstritten und polarisierend diese Fragen in der Zeit waren, als die Rückkehrer aus dem Exil sich als ein neues Israel organisieren wollten, mit dem wiedererbauten Tempel als Mittelpunkt der Gemeinschaft. In den Büchern Esra und Nehemia z.B. wird eine strikte ethnische Grenzlinie um die entstehende Gemeinschaft gezogen; sie nehmen einen exklusivistischen Standpunkt ein, indem sie auf den Ausschluss von Ausländern drängen und Eingliederung durch Heirat ablehnen (Esr 9–

[28] Die Erzählung über die Reorganisation der Rechtsprechung in 2Chr 19 z.B. haben viele Exegeten lange für einen alten Text gehalten. Tatsächlich aber wird hier eine späte Konzeption in eine frühe Zeit zurückprojiziert; dies zeigen A. ROFÉ, The Strata about the Organization of Justice in Deuteronomy (16:18–20; 17:8–13), Beth Miqra 65 (1976) 199–210 (Hebräisch, mit englischem Abstract); und G.N. KNOPPERS, Jehoshaphat's Judiciary and »the Scroll of YHWH's Torah«, JBL 113 (1994) 59–80. Der auf Hebräisch publizierte Beitrag von Rofé ist in der Forschung weitgehend übersehen worden; er wurde inzwischen aktualisiert und ins Englische übersetzt: The Organization of the Judiciary in Deuteronomy (16.18–20; 17.8–13; 19.15; 21.22–23; 24.16; 25.1–3), in: DERS., Deuteronomy. Issues and Interpretation, OTSt, London 2002, 103–119.

[29] Zu ähnlichen Phänomenen in griechischer Literatur, vgl. J.I. PORTER, Feeling Classical. Classicism and Ancient Literary Criticism, in: DERS. (Hg.), Classical Pasts. The Classical Traditions of Greece and Rome, Princeton, N.J. 2006, 301–352 (insbesondere: 316–323).

10).[30] Die Position des Esrabuches wird dabei tendenziös als Intention der alten Schrifttradition ausgeben. Ähnlich aber streben auch die Autoren des Rutbuches nach dem Gütesiegel alter Tradition: Sie lassen ihre Position im Gewand eines alten Volksmärchens daherkommen, das in der Zeit der israelitischen Landnahme angesiedelt wird. Im Unterschied zum exklusivistischen Standpunkt im Esrabuch jedoch betrachten die Autoren des Buches Rut die Grenzen der Gemeinschaft als durchlässiger und halten eine Eingliederung durch Heirat für möglich.[31] Diese Position erhält eine abschließende Rechtfertigung durch die Genealogie, die das Buch abschließt: David – der Gründer der Dynastie und Israels größter König – ist der Sohn Isais und damit letztlich das Ergebnis der Ehe zwischen Boas aus Israel und Rut aus Moab (Rut 4,17–22). Der literarische Schauplatz des Buches Rut stellt somit einen Beitrag zur Diskussion um die Grenzen der Gemeinschaft dar, der an eine nachexilische Leserschaft gerichtet ist. Die Zeit der Handlung ist hier eine literarische Konstruktion, die eine be-

---

[30] Vgl. FISHBANE, Biblical Interpretation, 114–129. Eine weiterführende Betrachtung dieser Position aus sozialwissenschaftlicher Perspektive bietet D. JANZEN, Witch-Hunts, Purity, and Social Boundaries. The Expulsion of the Foreign Women in Ezra 9–10, JSOT.S 350, Sheffield 2002.

[31] Auch innerhalb der prophetischen Literatur wird diese Diskussion geführt. Ezechiel 44 vertritt die exklusivistische Position, während in Tritojesaja für die Eingliederung des Ausländers in die Gemeinschaft plädiert wird (Jes 56,3–8). Zu diesem »clash of interpretations«, wie er im Vergleich von Ez 44,6–9 und Jes 56,4–7 deutlich wird, vgl. FISHBANE, Biblical Interpretation, 138–143; und J. SCHAPER, Rereading the Law. Inner-Biblical Exegesis of Divine Oracles in Ezekiel 44 and Isaiah 56, in: B.M. Levinson / E. Otto (Hgg.) (unter Mitwirkung von W. Dietrich), Recht und Ethik im Alten Testament. Studies in German and English in Honor of Gerhard von Rad, ATM 13, Münster 2004, 125–144.

stimmte Stellungnahme zum Thema Ethnizität und kulturelle Identität unterstützen soll.

An einem entscheidenden Punkt der Handlung wird die historische Distanz zwischen dem literarischen Schauplatz des Buches und dem tatsächlichen historischen Ort seiner Verfasser (und damit auch seiner Leserschaft) deutlich. Boas kann Rut nicht rechtmäßig heiraten, bevor ein näherer Verwandter nicht öffentlich seinen Anspruch aufgegeben hat. Boas bestellt also den Verwandten zu einer Rechtszeremonie, die vor Ältesten im Tor des Ortes abgehalten wird, dem traditionellen Ort öffentlicher Rechtssprechung im Alten Orient.[32] Die Details der Zeremonie gleichen in ihrer Darstellung Schachzügen: Boas fordert zunächst den Verwandten auf, sein Recht auszuüben, ein Grundstück, dass sich in Erbbesitz befand, zurückzukaufen. Dabei sagt aber Boas zunächst nichts über die Existenz von Rut. Seine Aufforderung weckt zunächst das Interesse des Verwandten (Rut 4,3–4a). Erst nachdem der Verwandte seine Absicht, das Land zu erwerben, bestätigt hat, deckt Boas auf, wo der Haken an diesem Ge-

---

[32] Zum Tor als Platz öffentlicher Rechtsprechung (vgl. auch Dtn 21,19; 22,15; 25,7), vgl. V.H. Matthews, Entrance Ways and Threshing Floors. Legally Significant Sites in the Ancient Near East, Fides et Historia 19 (1987) 25–40; und E. Otto, שער *Ša'ar*, ThWAT, Stuttgart 1995, Bd. 8, 358–403. Zur Bedeutung der Ältesten im Rechtswesen, vgl. M. Weinfeld, Elders, in: Encyclopaedia Judaica, Jerusalem 1972, Bd. 6, 578–580; L.J. Hoppe, The Origins of Deuteronomy, Ann Arbor, Mich. 1978; ders., Elders and Deuteronomy, EeT(O) 14 (1983) 259–272; J. Buchholz, Die Ältesten Israels im Deuteronomium, GTA 36, Göttingen 1988; J. Ch. Gertz, Die Gerichtsorganisation Israels im deuteronomischen Gesetz, FRLANT 165, Göttingen 1994, 173–225; H. Reviv, The Elders in Ancient Israel. A Study of a Biblical Institution, Jerusalem 1989, 61–70 (Reviv vernachlässigt allerdings die diachrone Betrachtung); B.M. Levinson, Deuteronomy and the Hermeneutics of Legal Innovation, New York 1997, 124–126; und T.M. Willis, The Elders of the City. A Study of the Elders-Laws in Deuteronomy, SBL.MS 55, Atlanta 2001.

schäft ist: Würde der Verwandte sein Recht geltend machen und das Land, das sich in Erbbesitz befand, zurückkaufen, dann wäre er auch, den Bestimmungen zur Leviratsehe entsprechend, dazu verpflichtet, Noomis Schwiegertochter Rut zur Frau zu nehmen (Rut 4,5). Aber das Grundprinzip der Leviratsehe ist es, dass die Nachkommen die Abstammungslinie und den Grundbesitz des verstorbenen Ehemanns erhalten, nicht des neuen Ehemanns, des *levir*.

Der Verwandte steht somit vor einer ökonomischen Bedrohung: Durch den Kauf des Landes würde er sich schädigen und paradoxerweise seinen Grundbesitz nicht vermehren, sondern vermindern. Deshalb lehnt er den Kauf ab. Wie von Boas beabsichtigt, überlässt der Verwandte ihm das Recht des Rückkaufs und somit auch der Heirat.[33] Gerade auf diesem Höhepunkt der Verhandlungen unterbricht ein Redaktor die Dramatik und fügt folgende Beobachtung an:

---

[33] Die Verbindung zwischen den Gesetzen zum Rückkauf von Land (Lev 25,25–28; vgl. Jer 34,8–22) und zur Leviratsehe (Dtn 25,5–10; vgl. Gen 38,1–11) liegt in dem gemeinsamen Anliegen, ererbtes Land im Besitz des Clans zu halten und den Verlust durch Verkauf oder Heirat zu verhindern. Diese Probleme werden in der Erzählung in Rut 4 behandelt. Wenn der nähere Verwandte das Land zurückkauft, würde er es zwar zurück in Familienbesitz bringen und so die Möglichkeit aufrecht erhalten, die Linie des Verstorbenen fortzusetzen. Weil Rut, die Witwe des Verstorbenen, noch am Leben ist, würde von dem Verwandten als nächstem Angehörigen erwartet, dass er die Rolle des *levir* übernimmt, um für den Verstorbenen Kinder zu zeugen (Gen 38,9), denen dann das zurückgekaufte Land als rechtmäßiges Erbe zustehen würde. Obwohl der Verwandte sogar vor dem Rückkauf des Landes grundsätzlich als *levir* gilt, ergibt es keinen Sinn, Kinder für den Verstorbenen aufzuziehen, wenn es für sie kein Land zu erben gibt. Der »Name« des Verstorbenen (vgl. Dtn 25,6–7) ist verbunden mit dem Erbbesitz und geht ohne ihn verloren. Eine hervorragende Untersuchung zu diesem Thema bietet R. WESTBROOK, Property and the Family in Biblical Law, JSOT.S 113, Sheffield 1991, 65–67.

Früher (לפנים) bestand in Israel folgender Brauch: Um ein Löse- oder Tauschgeschäft rechtskräftig zu machen, *pflegte* man den Schuh auszuziehen und ihn seinem Partner zu geben. Das galt in Israel als Bestätigung. (Rut 4,7)

Unmittelbar im Anschluss an diesen Metakommentar zum dramatischen Geschehen – wodurch der Erzähler mutig seine eigene Stimme zu Gehör bringt – kommt der Plot rasch zu seiner Konklusion. Er führt alle Akteure zusammen und schreibt ihnen eine neue Identität zu, genauso wie es am Ende einer Shakespeareschen Komödie nach der Rückkehr der Protagonisten aus dem Wald geschieht: Boas willigt ein, das Land auszulösen (4,9), und er stimmt zu, als *levir* zu dienen und Rut zur Frau zu nehmen (4,10). Äußerst bemerkenswert ist die Tatsache, dass die Ältesten diese Verbindung segnen. Aus ganzem Herzen heißen sie die Moabiterin Rut willkommen – die nach dem mosaischen Gesetz ohne Einschränkung und für immer vom Eintritt in die Gemeinde Israel ausgeschlossen wäre (Dtn 23,4). Darüber hinaus bestätigen sie Rut als künftige Stammesmutter Israels und Erbauerin der Gemeinde. »JHWH lasse die Frau, die in dein Haus kommt, wie Rachel und wie Lea werden, die zusammen das Haus Israel gebaut haben« (Rut 4,11). Der Wunsch der Ältesten wird schnell – mit göttlicher Unterstützung, wie der Erzähler betont – erfüllt (4,13). Nachdem vier Kapitel nötig waren, um zu diesem Punkt in der Erzählung zu gelangen, so bedarf es lediglich vierer Verse, um zu erzählen, dass Rut und Boas heiraten, einander beiwohnen, aus dieser Vereinigung ein Kind bekommen und ihm einen Namen geben. Dieses Kind wird in der Tat von weitreichender Bedeutung für das Haus Israel sein. Sein Enkelsohn ist dazu bestimmt, der Gründer der Vereinigten Monarchie zu werden. Dem Erzähler ist an der Klarstellung dieses Punktes so sehr gelegen, dass er sich in die Szene einmischt und seinen eigenen Charakteren die Worte aus dem Munde stiehlt. Kaum hat er erzählt, dass »die Frauen« (vermutlich Nachbarinnen, die bei der Geburt geholfen hatten, wie in 4,14 beschrieben) die glückliche Niederkunft priesen und dem Kind einen Namen geben wollten, da schneidet er den Fortgang ihrer Rede ab, um seinerseits – völlig außer Atem – sowohl Namen als auch Ruhm des Kindes zu verkünden: »Und die Frauen [Nachbarinnen] gaben ihm einen Namen und sagten: Der Noomi wurde ein Sohn geboren. *Und sie gaben ihm den Namen Obed. Er ist der Vater von Isai, dem Vater von David*« (4,17).

Die schnelle Auflösung der Handlung ist die Folge aus dem oben zitierten Metakommentar des Erzählers zum zeremoniellen Ablösen der Sandale (4,7); dieser Moment fungiert als Wendepunkt im Handlungsverlauf. Der Kommentar des Erzählers zieht die Aufmerksamkeit auf sich: Er kennzeichnet seinen Eingriff in die Geschichte wie auch das Eindringen einer zeitlichen Perspektive, die mit der Zeit der erzählten Geschichte unvereinbar ist. Der Kommentar richtet sich an eine andere Zuhörerschaft, an eine, die nicht zum לפנים, »früher«, der Erzählung gehört, sondern *nach* deren Zeit lebte und bei der Besiegelung von Verträgen einem anderen protokollarischen Ablauf folgte. Aber wenn der Kommentar so sehr auf das Nachfolgende zusteuert, dann stellt sich die Frage, warum er überhaupt eingefügt ist. Warum greift der Erzähler in die erzählte Zeit der Geschichte aus einer anderen Perspektive ein? Warum bringt er den Plot zum Stillstand, um die symbolische Rechtshandlung als museales Relikt darzustellen, das nach einer historischen Erklärung verlangt – ein Unterfangen, das den Zusammenbruch eines jeglichen Gefühls für Wahrscheinlichkeit und chronologische Konsistenz der Erzählung riskiert?

Es gibt zwei mögliche Erklärungsmodelle. Das erste Modell interpretiert den Text wörtlich; es betrachtet den Einschub als

Erklärung eines realen Brauchs aus alten Zeiten. Das ganze Buch schildert offensichtlich eine Geschichte aus alten Zeiten, aber dieser eine Punkt war vermutlich unbekannt und bedurfte einer besonderen Klärung. Dieser Ansatz, den auch ich früher verfolgt habe, betrachtet den Vers als Einschub eines späteren Redaktors.[34] Er geht davon aus, dass es einst ein symbolisches Rechtsritual gegeben hat, in dem das Ablösen der Sandale ein Zeichen für den Abschluss eines mündlichen Vertrags war, und dass dieses Ritual später nicht mehr üblich war.[35] Die Erläuterung wurde demnach im Interesse des zeitgenössischen Lesers in die Erzählung eingefügt, für den das archaische Ritual andernfalls unverständlich gewesen wäre. In der Tat bestätigt eine linguistische Analyse der Erläuterung ihr spätes Entstehungsdatum und ihre Inkonsistenz mit dem literarischen Setting der Erzählung.[36]

Die zweite Interpretation betrachtet den Text als einen vielschichtigen Korpus, eine Art Matrjoschka. Es ist der Erzähler, der durch seine Erzählkunst den Brauch als einen absolut veralteten konstruiert. Auch hier wird dem Leser dargelegt, was

---

[34] Vgl. W. Rudolph, Das Buch Ruth; das Hohe Lied; die Klagelieder, KAT 17.1–3, Gütersloh 1962, 67 f; Frevel, Rut, 138 (Frevel erkennt allerdings den archaisierenden Charakter des Verses); und B. M. Levinson, »You Must Not Add Anything to What I Command You«. Paradoxes of Canon and Authorship in Ancient Israel, Numen 50 (2003) 1–51 (hier: 22 f).

[35] Den rechtsspezifischen, »technischen« sprachlichen Charakter von Rut 4,7, der sich v. a. im Vergleich mit 1Sam 9,9 zeigt, betont E. F. Campbell Jr., Ruth, AncB 7, Garden City, N. Y. 1975, 147 f.

[36] Zur exilischen / nachexilischen Datierung von Rut 4,7 als redaktioneller Ergänzung und den linguistischen Argumenten für diese These, vgl. A. Hurvitz, On the Term שלף נעל in Ruth 4:7, in: J. C. Greenfield / M. Weinfeld (Hgg.), Shnaton I. An Annual for Biblical and Ancient Near Eastern Studies, Jerusalem / Tel Aviv 1975, 45–49 (Hebräisch; Abstract in englischer Sprache: S. xiii–xiv).

offenbar ein alter Brauch ist. Aber im Unterschied zur ersten Hypothese handelt es sich nicht um einen scholastischen Kommentar zu einem antiken Museumsstück, den der Erzähler hier anführt, und er tritt auch nicht von einem »Nachher« in die Welt der erzählten Geschichte hinein. Stattdessen bringt er eine freie literarische Fiktion hervor, die darauf angelegt ist, seine Rechtsrevisionen als legitime alte Traditionen zu fassen. Auch in diesem Ansatz benötigt er in Vers 4,7 eine Erklärung für den Brauch, der seiner Zuhörerschaft nicht vertraut ist, aber aus dieser Perspektive ist der Brauch reine Fiktion. Der Vorteil dieses komplexeren Modells besteht darin, dass es besser zu dem passt, was meines Erachtens richtigerweise über die Komposition des Buchs Ruth als Ganzes gesagt werden kann: dass das ganze Buch eine Komposition aus der Zeit des Zweiten Tempels darstellt.

Geht man von dieser Sicht der Buchentstehung aus und versteht die gesamte Erzählung als späte Komposition, dann ergibt es keinen Sinn, den Kommentar in Rut 4,7 als literarisch spätere, redaktionelle Ergänzung zu sehen. Es ist methodisch naiv, nur diese Bemerkung allein der Zeit des Zweiten Tempels als späte Ergänzung zuzuweisen, als ob die typischen literarischen Merkmale dieser Zeit nur auf diesen Vers im Buch Rut beschränkt wären. Wie schon oft bemerkt wurde, hat das im Buch Rut beschriebenen Ritual keinerlei direkten Bezug zu einer konkreten Vorschrift im Pentateuch. Nach dem Leviratsgesetz in Dtn 25,5–10 zieht die Witwe ihrem Schwager, der seine Pflicht abgelehnt hat, die Sandale vom Fuß, spuckt ihm ins Gesicht und gibt eine feierliche Erklärung ab.[37] Die Situation im Buch Rut ist aber eine »diametral

---

[37] Einen guten Überblick bieten Å. VIBERG, Symbols of Law. A Contextual Analysis of Legal Symbolic Acts in the Old Testament, CB.OT 34, Stockholm 1992, 145–148; und, ausgehend von anthropologischen For-

entgegengesetzte«:[38] Hier ist es der Mann selbst, der seine Sandale auszieht (an den beiden Stellen werden im Hebräischen unterschiedliche Verben gebraucht), um den Verzicht auf ein Recht (und nicht die Ablehnung einer Pflicht) zu bestätigen, und es fehlt das Element des Spuckens.

Rut ist eine nachexilische Komposition, deren Handlung in der vormonarchischen Zeit angesiedelt ist. Es ist daher sinnvoller, die Bemerkung in Rut 4,7 als Element der durchgehenden Technik der Archaisierung zu verstehen, die der Autor anwendet, und nicht als eine Einfügung eines späteren Redaktors in eine vorgegebene Erzählung. Die Bemerkung befördert die Vorstellung eines zeitlichen Grabens, und zwar zwischen der literarischen Zeit des Erzählers und der Leserschaft auf der einen Seite und der vorgeblich vorliterarischen Zeit der Figuren in der Erzählung auf der anderen Seite. Der wesentliche Punkt hier ist die Literargeschichte, nicht die Rechtsgeschichte. Das pentateuchische Gesetz, das die Moabiter und Ammoniter für immer aus der israelitischen Gemeinschaft ausschließt (Dtn 23,4), wird umgangen, und dieser Einspruch wird in einer ehrwürdigen Vergangenheit verortet. Die formale Beschreibung des Rituals, die den Eindruck der Altertümlichkeit erweckt, insbesondere durch die betonte Feststellung, dass das Ritual »heute« nicht mehr gebräuchlich sei, erhöht den Eindruck der Authentizität. Der stufenweise Prozess, mit dem aus der Ausländerin (Moabiterin) Rut zunächst die israelitische Frau des Boas und dann die Stamm-

---

schungen, P.A. Kruger, The Removal of the Sandal in Deuteronomy XXV 9. »A Rite of Passage«? VT 46 (1996) 534–539.

[38] Braulik, Das Deuteronomium und die Bücher Ijob, Sprichwörter und Rut, 277. Vgl. auch den anregenden Kommentar von I. Fischer, Rut, HThKAT, Freiburg i.Br. 2005², 61.241–244; und jetzt den wichtigen Artikel von A. Berlin, Legal Fiction. Levirate cum Land Redemption in Ruth, Journal of Ancient Judaism 1 (2010) 3–18.

mutter Isais und so auch Davids wird (Rut 4,17–22), erhält so das Gewicht ehrwürdiger Tradition. Zwar reicht diese Zeit nicht zurück bis zum literarischen Schauplatz der mit Mose verknüpften Tradition des Deuteronomiums (im Land Moab!), aber sie wird immerhin verortet in der Zeit der Landnahme und assoziiert mit einer Verbindung, von der behauptet wird, sie habe direkt zu König David geführt. Dass der legendäre Gründer des geeinten Reiches von einer solchen Verbindung abgeleitet wird, macht deutlich, in welchem Ausmaß sich die Vorstellungen über israelitische Identität (hinsichtlich der Fragen des juristischen und religiösen Status von Ausländern, der Ethnizität und der Mischehen) im Buch Rut unterscheiden von der Sicht der Gemeinschaft und ihrer Grenzen in den Büchern Esra und Nehemia. Dennoch stellt die Erzählung selbst sich niemals als Gegenerzählung dar oder argumentiert gar ausdrücklich gegen die deuteronomische Gesetzgebung (über Mischehen und die Zulassung der Moabiter zur Gemeinschaft).

Das Beispiel aus dem Buch Rut stellt das einzige explizite Eingeständnis einer juristischen Modifikation in der Hebräischen Bibel dar. Die technische Formulierung unterscheidet dabei zwischen dem, was früher der Fall war, und dem, was implizit heute der Fall ist: »*Früher* bestand in Israel folgender Brauch: Um ein Löse- oder Tauschgeschäft rechtskräftig zu machen, *pflegte* man den Schuh auszuziehen und ihn seinem Partner zu geben. Das galt in Israel als Bestätigung« (Rut 4,7). Diese Bemerkung erinnert an die fast identisch formulierte Gegenüberstellung in den bereits oben behandelten hethitischen Gesetzen: »*Früher pflegte* man jeweils eine Mine Silber zu geben. Und jetzt gibt er 20 Scheqel Silber«. Die Analyse des letztgenannten Falles hatte es ermöglicht, zu zeigen, auf welche Weise unvermeidbare juristische Veränderungen ihren unmittelbaren Niederschlag in Rechtssammlungen finden können, wenn diese nicht mit einer Erzählstimme versehen sind und keinem prestigereichen königlichen oder göttlichen Sprecher zugewiesen werden. Der Fall des Rutbuches, obwohl formal vergleichbar, stellt sich nochmals anders dar. Die in Rut 4,7 beschriebene symbolische juristische Handlung ist, wie auch das Bild der Vergangenheit, in das sie eingezeichnet wird, als strategische literarische Fiktion zu bezeichnen. Die Darstellung der Vergangenheit ist, zusammen mit den Anspielungen auf juristische Vorgänge und Sachverhalte (Leviratsehe, Landerwerb und formaler Ablauf von Rechtsgeschäften), eine romantisierte Konstruktion, die praktisch keinen Bezug zur realen Rechtsgeschichte hat. Diese Konstruktion ist eingebettet in eine Erzählung zum Thema Recht, und dies zeigt schon, wie komplex sich die Neuformulierung des pentateuchischen Rechts darstellte. Rechtsgeschichte kommt hier geradezu in der Form von literarischen Konstruktionen und Stilmitteln auf, die der Autor benutzt, um seine Botschaft in verdeckter Form an sein Publikum zu bringen. Von der tatsächlichen Literargeschichte des Buches Rut, insofern hier neues Recht gesetzt und altes Recht abgewandelt wird, wird abgelenkt. Denn nach der Darstellung des Buches ist es lediglich ein ungeschriebenes Gesetz oder altes Brauchtum, das nicht mehr zur Anwendung kommt, aber eben ganz sicher nicht eine Vorschrift des Deuteronomiums zur Volkszugehörigkeit und Identität der Gemeinschaft.

Die Wirkung des Konzepts der göttlichen Offenbarung

Mit dem Selbstanspruch des pentateuchischen Gesetzes, Ergebnis göttlicher Offenbarung zu sein, hängen eine ganze Reihe neuer Fragen literarischer und religiöser Natur zusammen. Es fällt auf, dass biblische Autoren Gott manchmal als fehlbar darstellen. Er ist so erstaunt über die Unmoral seiner Schöpfung, dass er, in einem bemerkenswerten Monolog am Beginn der biblischen Sintflutgeschichte, seine Fehlbarkeit zum Ausdruck bringt: »Und JHWH sprach: ›Ich will den Menschen, den ich geschaffen habe, vom Erdboden vertilgen, den Menschen samt dem Vieh, den Kriechtieren und den Vögeln des Himmels, denn es reut mich, dass ich sie gemacht habe‹« (Gen 6,7; vgl. 6,6).[39] Auch an anderen Stellen gibt Jahwe seine Fehlbarkeit oder wenigstens mangelnde Allwissenheit zu und ist gezwungen, seine Pläne aufgrund menschlichen Frevels zu ändern (1Sam 2,30; 15,11; vgl. dagegen aber 1Sam 15,29). Sogar von den Propheten verkündete Gerichtsworte blieben manchmal unerfüllt oder gerieten in Widerspruch zum Verlauf der Geschichte; ein Problem, mit dem sich die Redaktoren der prophetischen Bücher auseinanderzusetzen hatten.[40] So gelang es z. B., im Widerspruch zu Aussagen früherer Gerichtsworte gegen Tyros und Sidon (Ez 26,1–28,24; vgl. insbesondere 26,7–14), dem babylonischen König Nebukadnezar nicht, Tyros zu zerstören, trotz der Belagerung der Stadt. Der Prophet Ezechiel räumt die Fehlerhaftigkeit des ursprünglichen Gerichtswortes ein, indem er sich auf die fehlgeschlagene Belagerung von Tyros in einem neuen, korrigierenden Gerichtswort bezieht, in dem Ägypten »seinem

[39] Vgl. meine Untersuchung »The Right Chorale«. From the Poetics of Biblical Narrative to the Hermeneutics of the Hebrew Bible, in: DERS., »The Right Chorale«. Studies in Biblical Law and Interpretation, FAT 54, Tübingen 2008, 7–39 (hier: 17f); und J.-P. SONNET, God's Repentance and »False Starts« in Biblical History, in: A. Lemaire (Hg.), Congress Volume Ljubljana 2007, VT.S, Leiden 2010, 469–494.

[40] Dieses Thema wurde zuerst untersucht von R. P. CARROLL, When Prophecy Failed. Reactions to Failure in the Old Testament Prophetic Traditions, London 1979.

[Nebukadnezars] Heer als Lohn [...] als seinen Lohn, für den er gearbeitet hat [...]« (Ez 29,19–20) versprochen wird.[41]

Aus einer anderen Perspektive lässt sich die These aufstellen, dass innerhalb des Pentateuchs das biblische Gesetz mit rhetorischen Mitteln als unfehlbar und fehlerfrei dargestellt wird. Über das Gesetz hat sich im Buch des Propheten Ezechiel eine bemerkenswerte Vorstellung erhalten, im Kontext einer göttlichen Anklage gegen Israel wegen seines Fremdgötterkults: »Auch gab ich ihnen Gesetze, die nicht gut waren, und Satzungen, durch die sie nicht leben konnten, verunreinigte sie durch ihre Gaben, indem sie jeden Erstgeborenen opferten, so daß ich sie vernichtete, damit sie vielleicht erkennen, daß ich Jhwh bin!« (Ez 20,25–26) Aber selbst hier scheint, bei aller Schärfe der prophetischen Polemik, der Gedanke im Hintergrund zu stehen, dass Gott, als Strafe für die Zurückweisung der ursprünglich guten Gesetze durch das Volk, das Gegenteil in Kraft gesetzt hat, als eine Art Bestrafung nach dem Prinzip »Maß für Maß«. Moshe Greenberg hat den Sachverhalt gut ausgedrückt: »Durch dieses Gegen-Geschenk bestätige Gott nur das Volk in seiner Wahl von Gesetzen, die Gott zuwider sind«.[42]

In keinem dieser Fälle jedoch, und darum geht es hier, steht jemals die Unfehlbarkeit der göttlichen Gesetze und ethischen Forderungen an sich in Frage. In gewissem Sinne besteht Got-

---

[41] Zu diesem und anderen Beispielen, vgl. Fishbane, Biblical Interpretation, 476f.

[42] M. Greenberg, Ezechiel 1–20 (übersetzt von M. Konkel), HThKAT, Freiburg i.Br. 2001, 410 (Übersetzung von Ez 20,25–26) und 433 (Zitat). Weiterführend ist die Untersuchung von R. Kessler, »Gesetze, die nicht gut waren« (Ez 20,25) – eine Polemik gegen das Deuteronomium, in: F. Hartenstein / J. Krispenz / A. Schart (Hgg.), Schriftprophetie. Festschrift für Jörg Jeremias zum 65. Geburtstag, Neukirchen-Vluyn 2004, 253–263.

tes Fehlbarkeit, wie die Sintflutgeschichte zeigt, darin, dass er eine fehlbare Menschheit erschaffen hat. Genau deshalb enthalten prophetische Visionen eines nachexilischen »neuen Zeitalters« häufig Vorstellungen von der Einführung einer neuen moralischen und religiösen Ordnung. Dabei finden sich oft Formulierungen, mit denen gegenwärtige Praxis und zukünftige Veränderung voneinander unterschieden werden, z. B.: »In jenen [zukünftigen] Tagen wird man nicht mehr sagen [...], sondern [...]« (Jer 3,16; 23,7–8; 31,29–30; vgl. 16,14–15; Ez 18,2). Die neue Ordnung setzt aber gleichwohl voraus, dass die göttlichen Gesetze weiterhin gültig sind. Die Veränderung besteht in der »Umprogrammierung« der menschlichen Natur durch Gott. So werden fehlbare Menschen in die Lage versetzt – oder vielleicht gezwungen – Gottes unfehlbares Gesetz zu befolgen: »Meine Weisung habe ich in ihr Inneres gelegt, und in ihr Herz werde ich sie ihnen schreiben« (Jer 31,33; ähnlich: Ez 36,27).[43]

Obwohl also Gott nach der Darstellung der biblischen Erzähler seine Meinung ändern, Fehler machen, Berichtigungen vornehmen und Bedauern ausdrücken kann, wollten die Autoren der Rechtstexte Gottes Weisheit und Autorität als absolut verstanden wissen. Sobald ein Gesetz Gott zugeschrieben wird, kann es nicht mehr in Frage gestellt oder relativiert werden. Wie sollte dann aber ein Redaktor, wie er im Buch Rut klar erkennbar ist, deutlich ausdrücken, dass ein göttliches Gebot obsolet geworden ist? Den biblischen Gesetzen wohnt also eine deutliche Spannung inne, die sich mit den Begriffen Erneuerung und Bewahrung beschreiben lässt: Eine Spannung zwischen der Notwendigkeit, im Angesicht unvermeidbaren historischen Wandels Gesetze zu verändern oder neue

---

[43] Vgl. M. Weinfeld, Jeremiah and the Spiritual Metamorphosis of Israel, ZAW 88 (1976) 17–55.

zu schaffen, und dem Bedürfnis, die Autorität von Gesetzen zu bewahren durch Rückgriff auf die Vorstellung eines göttlichen Ursprungs der Gesetze.[44]

Aus dieser Spannung ergab sich die Notwendigkeit, eine Reihe ausgeklügelter literarischer Techniken zu entwickeln, um neues Recht nicht als Korrektur oder Abrogation älterer Gesetze erscheinen zu lassen. Die biblischen Autoren entwickelten dabei etwas, was sich am besten als »Rhetorik des Verschweigens« beschreiben lässt. Sie diente dazu, die tatsächliche Literargeschichte der Gesetze zu verschleiern. Überarbeitungen alten Rechts und Schaffung neuen Rechts fanden weiterhin statt, ähnlich wie im Fall der Hethitischen Gesetze. Aber statt explizite Vermerke wie »dieses Gesetz trifft nicht mehr zu« zu verwenden, fanden die Redaktoren göttlicher Gesetzte indirekte Wege, um altes Recht an neue Umstände anzupassen, ohne das Prestige oder die Autorität der Gesetze zu verletzen, die die Tradition göttlicher Offenbarung zuschrieb. Im vorausgehenden Abschnitt wurde gezeigt, wie im Rutbuch in einer Erzählung mit juristischem Thema eine romantisierte Vorstellung der Rechtsgeschichte literarisch konstruiert wird, um neues Recht zu autorisieren. Im Folgenden werde ich eine Reihe literarischer Techniken demonstrieren, die biblische Autoren anwandten, um solche Überarbeitungen zu autorisieren – und zu verbergen.

Der Dekalog, der als Musterbeispiel des israelitischen Offenbarungskonzepts gelten kann, stellt einen guten Ausgangspunkt für die Untersuchung dieser Techniken dar.[45] Im Zwei-

---

[44] Vgl. M. Noth, Die Welt des Alten Testaments. Einführung in die Grenzgebiete der alttestamentlichen Wissenschaft, Sammlung Töpelmann 2/3, Berlin 1962[4], 267. Vgl. auch Ch. Levin, Die Verheißung des neuen Bundes in ihrem theologiegeschichtlichen Zusammenhang ausgelegt, FRLANT 137, Göttingen 1985, 68 f.

[45] Einen solchen Ausgangspunkt stellt der Dekalog freilich nicht in

ten Gebot bekräftigt Gott seinen Eifer für eine innige und exklusive Beziehung mit Israel.[46] Im jetzt vorliegenden Kontext beginnt das Gebot mit einem Verbot: »Du sollst dir kein

---

historischer, sondern nur in heuristischer Hinsicht dar. Der Dekalog kann in seiner vorliegenden Form nicht am Beginn der Religionsgeschichte Israels stehen oder als alt gelten. Diese schwierige Annahme wird allerdings vorausgesetzt in der ansonsten exzellenten Studie von M. WEINFELD, The Decalogue. Its Significance, Uniqueness, and Place in Israel's Tradition, in: E.B. Firmage / B.G. Weiss / J.W. Welch (Hgg.), Religion and Law. Biblical-Judaic and Islamic Perspectives, Winona Lake, Ind. 1990, 3–47. Sein Ansatz, nach dem der Dekalog als alt und im Ursprung mosaisch zu gelten habe, bedarf der Ergänzung durch die Argumente für eine spätdeuteronomistische Redaktion der Sinaiperikope z.B. bei R.G. KRATZ, Der Dekalog im Exodusbuch, VT 44 (1994) 205–238; E. ZENGER, Wie und wozu die Tora zum Sinai kam. Literarische und theologische Beobachtungen zu Exodus 19–34, in: M. Vervenne (Hg.), Studies in the Book of Exodus. Redaction-Reception-Interpretation, BEThL 126, Leuven 1996, 265–288; E. ZENGER, Der Stand der Dekalogforschung, in: B.M. Levinson / E. Otto (Hgg.) (unter Mitwirkung von W. Dietrich), Recht und Ethik im Alten Testament, ATM 13, Münster / London 2004, 57–65; und M. KÖCKERT, Wie kam das Gesetz an den Sinai? in: Ch. Bultmann / W. Dietrich / Ch. Levin (Hgg.), Vergegenwärtigung des Alten Testaments. Beiträge zur biblischen Hermeneutik für Rudolf Smend zum 70. Geburtstag, Göttingen 2002, 13–27. Einen anderen Zugang wählt CH. LEVIN, Der Dekalog am Sinai, in: DERS., Fortschreibungen. Gesammelte Studien zum Alten Testament, BZAW 316, New York 2003, 60–80.

[46] In der Antike wurden verschiedene Zählweisen der Gebote des Dekalogs im rabbinischen Judentum, im hellenistischen Judentum und von den Kirchenvätern angewandt. Deshalb gibt es auch heute noch entsprechende Unterschiede zwischen der jüdischen, katholischen, orthodoxen und protestantischen Zählweise. In der jüdischen Tradition selbst gibt es zwei verschiedene Systeme der Punktation und der Gliederung des hebräischen Textes des Dekalogs (das obere und das untere System). Vgl. zu diesen Problemen M. BREUER, Dividing the Decalogue into Verses and Commandments, in: B.-Z. Segal (Hg.), The Ten Commandments in History and Tradition, Jerusalem 1990, 291–330. Einen knappen Überblick bietet B.M. LEVINSON, Deuteronomy. Introduction and

Gottesbild machen noch irgendein Abbild von etwas, was oben im Himmel, was unten auf der Erde oder was im Wasser unter der Erde ist« (Ex 20,4). Nach der Nennung des grammatischen Objekts im Singular wird das Verbot dann im folgenden Vers näher ausgeführt; dort wird aber, grammatisch scheinbar widersprüchlich, ein Plural statt eines Singulars vorausgesetzt: »Du sollst dich nicht niederwerfen vor *ihnen* und *ihnen* nicht dienen« (Ex 20,5).[47] Die grammatische Inkongruenz ist ein Hinweis auf eine mögliche redaktionelle Bearbeitung des Textes. Offenbar beziehen sich die Pronomen im Plural in Vers 5 zurück auf das Erste Gebot des Dekalogs, das die Verehrung anderer Gottheiten, im Plural, verbietet: »Du sollst keine anderen *Götter* haben neben mir« (Ex 20,3). Höchstwahrscheinlich war Vers 5 einmal die direkte Fortsetzung von Vers 3. In einer späteren Phase der israelitischen Religionsgeschichte, als die Monolatrie sich zum Monotheismus entwickelte, wurde es problematisch oder unverständlich, dass hier die Existenz anderer Gottheiten als Jahwe anerkannt wird. Dies wurde deshalb durch die Einfügung von Vers 4 »korrigiert«, um so stattdessen einen Bezug zum Thema des Götzendienstes herzustellen. Die spätere jüdische Tradition beschäftigte sich implizit mit dem Problem, das die unzweifelhafte Erwähnung »anderer Götter« in Vers 3 aufwirft, und löste es durch harmonisierende Exegese.[48]

Commentary, in: A. Berlin / M.Z. Brettler (Hgg.), The Jewish Study Bible, New York 2003, 356–450 (hier: 374–376).

[47] Dieses redaktionskritische Problem wurde erstmals behandelt von W. Zimmerli, Das zweite Gebot [1950], in: ders., Gottes Offenbarung. Gesammelte Aufsätze zum Alten Testament, TB 19, München 1969, 234–248 (hier: 236–238).

[48] Im tannaitischen Midrasch zu Ex 20,3 wird die Frage aufgeworfen, warum Gott im Dekalog von »*anderen* Göttern« spricht, obwohl doch eigentlich gilt: »das waren keine Götter« (Jes 37,19). Im Lichte der späteren Polemik aus dem Jesajabuch wird dann die hebräische Formulie-

Die ursprüngliche Fassung des Zweiten Gebots wird dann fortgeführt mit der folgenden Begründung für das Verbot der Verehrung anderer Götter:

> Denn ich, Jhwh, dein Gott, bin ein eifersüchtiger Gott, *der die Schuld der Väter heimsucht an den Söhnen* (פקד עון אבת על בנים) bis in die dritte und vierte Generation, *bei denen, die mich hassen* (לשנאי), der aber Gnade erweist tausenden, *bei denen, die mich lieben* (לאהבי) und *meine Gebote halten* (ולשמרי מצותי). (Ex 20,5–6)

Die hebräischen Partizipien, die hier mit »die (mich) lieben« und »die (mich) hassen« übersetzt sind, sind keine Belege für einen affektiven, sondern für juristischen Sprachgebrauch. Aufgenommen wird hier die Terminologie hethitischer, neuassyrischer und aramäischer Staatsverträge, in denen »lieben« die Umschreibung politischer Loyalität zum Oberherrn darstellt, während »hassen« einen Akt des Verrats bezeichnet.[49] Die israelitischen Autoren übernahmen diese säkulare Vertragsterminologie wie auch die Vorstellung eines verbindlichen Vertragsschlusses, um das Verhältnis des Volkes zu

rung scharfsinnig umgedeutet: »Und was lehrt die Schrift mit *andere*? Nur, daß andere sie Gottheiten nennen«. Vgl. G. Stemberger (Hg. und Übers.), Mekhilta de-Rabbi Jishma'el. Ein früher Midrasch zum Buch Exodus, Berlin 2010, 272 (Hervorhebung im Original). Vgl. auch J.Z. Lauterbach, Mekilta de-Rabbi Ishmael, 3 Bde., Philadelphia 1933, Bd. 2, 239.

[49] Vgl. dazu W.L. Moran, The Ancient Near Eastern Background of the Love of God in Deuteronomy, CBQ 25 (1963) 77–87; nachgedr. in: R.S. Hendel (Hg.), The Most Magic Word. Essays on Babylonian and Biblical Literature, CBQ.MS 35, Washington, D.C. 2002, 170–181. Vgl. auch M. Weinfeld, Deuteronomy and the Deuteronomic School, Oxford 1972; nachgedr., Winona Lake, Ind. 1992, 81–91; und U. Rüterswörden, Die Liebe zu Gott im Deuteronomium, in: M. Witte u.a. (Hgg.), Die deuteronomistischen Geschichtswerke. Redaktions- und religionsgeschichtliche Perspektiven zur »Deuteronomismus«-Diskussion in Tora und Vorderen Propheten, BZAW 365, Berlin 2006, 229–238.

seinem Gott mit dem Konzept des Bundes begrifflich zu fassen. (Ungeachtet des Schauplatzes der Erzählung am Beginn der Geschichte des Volkes Israel ist dieses maßgebliche theologische Konzept des »Bundes« tatsächlich eine späte Entwicklung, die dann an die Anfänge Israels zurückverlegt wurde.[50]) Die Bedeutung der Tradition altorientalischer Verträge für die Entwicklung der Bundestheologie ist seit langem bekannt.[51] Diese altorientalischen Verträge waren auf Dauer angelegt. Sie waren deshalb nicht nur für die unmittelbaren Vertragspartner verbindlich, sondern auch für nachfolgende Generationen. Deshalb war nicht nur die Exekution des unmittelbaren Vertragspartners, sondern auch seiner Nachkommenschaft die festgelegte Strafe bei Nichtbeachtung des Vertrages. Dieses Prinzip der distributiven Gerechtigkeit steht im Hintergrund von Jahwes Drohung, die Schuld der Vorfahren an den Nachkommen heimzusuchen bis in die dritte und vierte Generation, bei denen, die den Bund gebrochen haben.[52] Dass sich die Strafe über drei Generationen er-

---

[50] Vgl. L. Perlitt, Bundestheologie im Alten Testament, WMANT 36, Neukirchen-Vluyn 1969. Einen Versuch, das Konzept des Bundes im Lichte der durch Perlitts Datierung aufgeworfenen Fragen teilweise zu rehabilitieren und neu zu denken, bietet E. W. Nicholson, God and His People. Covenant and Theology in the Old Testament, Oxford 1986. Vgl. auch E. Otto, Die Ursprünge der Bundestheologie im Alten Testament und im Alten Orient, ZAR 4 (1998) 1–84. Einen aktuellen Überblick über die in diesem Zusammenhang diskutierten exegetischen und theologischen Probleme bietet der Sammelband von A.D.H. Mayes und R.B. Salters (Hgg.) (Covenant as Context. Essays in Honor of E.W. Nicholson, Oxford 2003).

[51] Einen guten Überblick bietet D.R. Hillers, Covenant. The History of a Biblical Idea, Baltimore 1969.

[52] Beachtenswert ist die gründliche Untersuchung von M. Weiss, Some Problems in the Biblical Doctrine of Retribution, Tarb. 31 (1961–1962) 236–263; 32 (1962–1963) 1–18 (Hebräisch); nachgedr. in: M. Weinfeld (Hg.), Likkutei Tarbiz. A Biblical Studies Reader, Jerusalem

streckt, ähnelt auffallend bestimmten Formulierungen in einigen Verträgen, die zwischen dem neuassyrischen Herrscher Asarhaddon und seinen östlichen Vasallen im Jahr 672 v. Chr. abgeschlossen wurden. Um sich ihrer Treue zu Assurbanipal, seinem auserwählten Kronprinzen, zu versichern, ließ er sie einen Eid schwören, der Loyalität und entsprechende Verantwortlichkeit über drei Generationen hinweg festlegte:

> [S]olange *wir, unsere Söhne und unsere Enkel* (*anēnu mar'ēni mar'ē mar'ēni*) leben, soll Assurbanipal, der Kronprinz vom »Nachfolgehaus«, unser König und unser Herr sein. Wenn wir einen anderen König und einen anderen Prinzen über *uns, unsere Söhne und unsere Enkel* (*ina muḫḫīni mar'ēni mar'ē mar'ēni*) einsetzen, [dann] sollen alle Götter, die [hier] namentlich genannt sind, *uns, unsere Nachkommen und die Nachkommen unserer Nachkommen* (*ina qātēni zar'*[*īn*]*i zar'i zar'īni*) zur Rechenschaft ziehen.[53]

Indem diese altorientalische Tradition aus dem politischen in den theologischen Kontext übertragen wird, entsteht im bi-

---

1979, 71–98.99–116 (Hebräisch). Seine These jedoch, dass »dritte und vierte« nichts anderes bedeute als »eine große Zahl von Generationen« und also gleichbedeutend sei mit der »tausendsten Generation«, ist harmonisierend und lässt die Parallelen zu den neuassyrischen Verträgen (s. dazu i.F.) außer Acht.

[53] Eigene Übersetzung aus dem Akkadischen; die Konstruktion mit doppelter Negation im Akkadischen wurde hier als positive Aussage übersetzt, um die Bedeutung klarer erkennbar zu machen. Vgl. auch R. Borger, Die Vasallenverträge Asarhaddons mit medischen Fürsten, in: O. Kaiser u. a. (Hgg.), Texte aus der Umwelt des Alten Testaments, Bd. 1, Rechts- und Wirtschaftsurkunden, Lieferung 1, Historisch-chronologische Texte, Rechtsbücher, Gütersloh 1982, 160–176 (hier: 172); und die Texteditionen von S. Parpola und K. Watanabe (Hgg.) (Neo-Assyrian Treaties and Loyalty Oaths, SAA 2, Helsinki 1988, 50 [Esarhaddon's Succession Treaty, § 57, Zeilen 507–512]) und K. Watanabe (Die adê-Vereidigung anlässlich der Thronfolgeregelung Asarhaddons, BaghM Beih. 3, Berlin 1987, 166 f [mit normalisiertem Text]). Vgl. auch den ähnlichen Beleg für dieses Thema der Generationen in § 25, Zeilen 283–291.

blischen Text eine Lehre von den Konsequenzen der Sünde über die einzelne Generation hinaus: Obwohl meine Eltern Unrecht vor Gott getan haben, werden ich, meine Kinder und Enkel für das Unrecht der Eltern bestraft, unabhängig davon, ob wir selbst ein konkretes Vergehen begangen haben.[54] Der Text ist bemerkenswert unbestimmt hinsichtlich der Frage, ob der Mensch, der tatsächlich die Sünde begangen hat, auch für seine / ihre Tat bestraft wird oder ob die erwartete Strafe ausschließlich die Nachkommen trifft.[55] Der Fall der Vergehen des Königs David ist ein Beispiel für genau diese Abweichung vom allgemeinen Gerechtigkeitsprinzip: Gott nimmt die Todesstrafe zurück, die David eigentlich in zweifacher Weise verdient hätte – für den Ehebruch mit Batseba und für den arrangierten Tod ihres hethitischen Ehemanns Urija –

---

[54] Anders J. Scharbert, der ohne philologische Begründung das maßgebliche Verb פקד auf eine Grundbedeutung »kontrollieren; überprüfen« reduziert und so natürlich dem Theodizee-Problem aus dem Weg geht (Das Verbum PQD in der Theologie des Alten Testaments, BZ 4 [1960] 209–226 [hier: 219]). Ähnlich problematisch ist der Ansatz von A. Schenker, dessen Übersetzung nahezu Wort für Wort – allerdings offenbar unabsichtlich – der nachbiblischen exegetischen Harmonisierung im Targum Onqelos entspricht (s. »Die Interpretation der Gerechtigkeit Gottes im Targum« im Kap. 4 dieses Buches). Schenkers Vorschlag zur ursprünglichen Bedeutung des Verses trägt Züge der Harmonisierungen von Rechtstexten (Midrasch Halacha), wie sie in der rabbinischen Eisegese vorgenommen werden. Vgl. ders., Versöhnung und Widerstand. Bibeltheologische Untersuchung zum Strafen Gottes und der Menschen, besonders im Lichte von Exodus 21–22, SBS 139, Stuttgart 1990, 85 (mit Anm. 156) und 87.

[55] Die These, dass der Aufschub der Strafvollstreckung als Ausdruck göttlicher Gnade für den reumütigen Sünder zu deuten sei, vertritt Y. Muffs, Love & Joy. Law, Language and Religion in Ancient Israel, New York 1992, 19 (zu Ex 32,34). Seine These wirft aber natürlich die Frage auf, ob tatsächlich in jedem Fall der Sünder durch Bußfertigkeit diese göttliche Gnade verdient hat. Muffs' Argumentation wirkt deshalb zirkulär.

und legt sie stattdessen dem unschuldigen neugeborenen Sohn auf, den eine tödliche Krankheit trifft (2Sam 12,1–15; ähnlich: 1Kön 21,29).

Hier bricht natürlich ein fundamentales ethisches und theologisches Problem auf: Ist die Vorstellung nicht anrüchig, dass Gott unschuldige Personen bestraft, nur weil sie Nachkommen von Sündern sind? Abraham stellte Gott genau wegen dieser Verletzung des Gerechtigkeitsprinzips zur Rede und verhandelte über das Leben der Bewohner Sodoms: »Willst du wirklich den Gerechten zusammen mit dem Frevler wegraffen? [...] Der Richter der ganzen Erde, sollte der nicht Recht üben?« (Gen 18,23.25) Dieses Theodizeeproblem ergibt sich aus der Vorstellung des Dekalogs, dass Gott Sünde generationenübergreifend bestraft,[56] und israelitische Auto-

[56] A. WÉNIN bestreitet, dass sich aus der Vorstellung im Dekalog, dass Gott Sünde generationenübergreifend bestraft, ein Theodizeeproblem ergibt; vgl. seine Rezension »Dieu qui visite la faute des pères sur les fils« (Ex 20,5). En marge d'un livre récent de B. M. Levinson, RTL 38 (2007) 67–77. Nach ihm ist Ex 20,5 wie folgt zu übersetzen: »Dieu [...] vient voir que la faute des pères a des conséquences sur les fils pour plusieurs generations« [Gott kommt, um es zu sehen, falls die Übertretung der Väter Konsequenzen für mehrere Generationen von Söhnen hat] (70). Nach Wénin geht es hier nicht um die Bestrafung von möglicherweise Unschuldigen, sondern um eine bloße historische Überprüfung, ob sie Bestrafung verdienen. Es ist schwer zu entscheiden, wie auf diesen Vorschlag zu reagieren ist. Im Hintergrund scheint eine theologische Überzeugung zu stehen, für die nach einer philologischen Verankerung gesucht wird. Wénins Argumentation ist kaum stichhaltig, und zwar weder auf der philologischen noch auf der theologischen Ebene. Was die Philologie betrifft: Wénin will eine präzisere Übersetzung für das hebräische Verb פקד finden, übersieht aber die eben zitierten Beiträge von SCHARBERT (»Das Verbum PQD«) und SCHENKER (Versöhnung und Widerstand), deren Vorschläge er nahezu wiederholt. Die von Wénin vorgeschlagen Übersetzung hat wenig Anhalt an der Grammatik und Syntax der hebräischen Formulierung: Sie belässt עון אבת, »(die) Schuld der Väter«, nicht als direktes Objekt beim Verb פקד, »besuchen«, sondern macht

ren sahen dies sehr deutlich. Es handelte sich auch nicht um ein bloß abstraktes oder modernes theologisches Problem; es hatte vielmehr handfeste Implikationen für die Geschichte des Volkes. Das Alte Israel erlebte im Jahr 587 v. Chr. eine Katastrophe, als nach zweijähriger Belagerung die babylonische Armee die Stadtmauern Jerusalems durchbrach, die Stadt verbrannte, den Tempel zerstörte und die Mehrheit der Bevölkerung nach Babylon deportierte. Der Redaktor der Königsbücher, der diese Geschichte zu erzählen hatte, erklärt die Zerstörung als Ergebnis göttlicher Bestrafung für beispiellosen Frevel, begangen nicht durch die Generation, die die Zerstörung erlebte, sondern durch König Manasse (696–641 v. Chr.), der drei Generationen zuvor herrschte (2Kön 21,1–15; 23,26–27; 24,3–4; vgl. dagegen 24,19–20).[57] Der biblische Au-

daraus einen Konditionalsatz, der im Hebräischen nicht vorgegeben ist (*falls* die Übertretung der Väter *Konsequenzen* für mehrere Generationen von Söhnen *hat*). Das Verb kann, wenn eine Person als direktes Objekt genannt wird, tatsächlich mit »besuchen« in neutraler Bedeutung übersetzt werden: »Simson besuchte seine Frau«, ויפקד שמשון את אשתו (Ri 15,1). Wenn hingegen das direkte Objekt ein Nomen mit Bedeutungen wie »Übertretung« oder »Sünde« ist, verändert sich die Bedeutung stark: יזכור עונם יפקוד חטאותם, »Er denkt an ihre Schuld, sucht sie heim ihrer Sünden wegen« (Hos 9,9). Diese semantische Konstruktion liegt auch in der Formel des Dekalogs zur generationenübergreifenden Bestrafung vor. Zur theologischen Frage: Dies scheint bei Wénin der eigentliche Ausgangspunkt zu sein. Seiner Meinung nach wird der Gott des Dekalogs nicht zornig. Ihm fehlt die Eigenschaft des Zorns, um jemanden zu bestrafen, der sich nicht tatsächliche einer Übertretung schuldig gemacht hat. Obwohl solche höfliche Zurückhaltung sicher zu einer politisch-korrekten Vorstellung von Gott passen könnte, scheint mir so eine Gottheit wenig mit dem Gott des Alten Israels oder mit dem Text von Ex 20,5 zu tun zu haben.

[57] Von Manasse bis zu der Zeit, als die Babylonier die ägyptische Kontrolle über Juda beendeten und König Jehojakim zu ihrem Vasallen machten, sind es drei Generationen: Amon, Josia und die beiden Söhne Josias, Jehoachas und Eljakim / Jehojakim. Die erste Wegführung nach

tor hatte kaum eine Wahl: Wie sonst sollte er die Zerstörung und Brandschatzung Jerusalems erklären, die so kurze Zeit nach der Herrschaft des gerechten Königs Josia erfolgte, der für seine vollständige Unterordnung unter das Gesetz des Mose so sehr herausgehoben worden war (2Kön 23,25)?

Babylon geschah dann in der nächsten (vierten) Generation mit der Deportation von König Jehojachin (2Kön 24,8–17).

4 Die biblischen Auseinandersetzungen mit dem Prinzip der generationenübergreifenden Strafe: Vier Fallstudien

Kritische Prüfung des Prinzips in den Klageliedern

Die Erklärung des babylonischen Exils mithilfe der Formel zur generationenübergreifenden Strafe war möglicherweise schon zu Beginn der exilischen Periode ein Allgemeinplatz. Offenbar haben Flüchtlinge aus Jerusalem wichtige Elemente dieser Formel auf Felswände in Höhlen geschrieben, in denen sie Zuflucht suchten.[1] Auf sie wird auch in einer Reihe von Bi-

---

[1] Inschrift B aus dem Höhlengrab von Khirbet Beit Lei (6. Jh. v. Chr.) greift die Ausdrücke für Gottes Gnade (Ex 34,6–7; dieser Textabschnitt enthält auch die Formulierung zur generationenübergreifenden Strafe) im Kontext einer Bitte um Verschonung vor Strafe auf. Vgl. F. M. CROSS JR., The Cave Inscriptions from Ḫirbat Bayt Layy [Khirbet Beit Lei], in: J. A. Sanders (Hg.), Near Eastern Archaeology in the Twentieth Century. Essays in Honor of Nelson Glueck, Garden City, N. Y. 1970, 299–306; nachgedr. in: F. M. CROSS JR., Leaves From an Epigrapher's Notebook. Collected Papers in Hebrew and West Semitic Palaeography and Epigraphy, HSS 51, Winona Lake, Ind. 2003, 166–170. Als eine kreative Überarbeitung der biblischen Formulierung der Gottesprädikationen (in Ex 34,6–7) sieht die Inschrift P. D. MILLER JR., Psalms and Inscriptions, in: J. A. Emerton (Hg.), Congress Volume, Vienna, 1980, VT.S 32, Leiden 1981, 311–332 (hier: 328–331); nachgedr. in: P. D. MILLER JR., Israelite Religion and Biblical Theology. Collected Essays, JSOT.S 267, Sheffield 2001, 210–232. Vgl. die aktuelle Bewertung der Beweislage bei R. SCORALICK, Gottes Güte und Gottes Zorn. Die Gottesprädikationen in Exodus

beltexten aus exilischer und nachexilischer Zeit Bezug genommen. Wie diese Bibeltexte allerdings belegen, erzeugte diese Formel als historiographische »Lösung« so viele theologische Probleme, wie sie zu lösen versuchte. Die biblischen »Klagelieder« z.B. enthalten eine bewegende, poetische Klage über die Zerstörung Jerusalems und das Leiden der Bevölkerung. Gegen Ende des Buches sieht es so aus, als teile der Sprecher die Einstellung des Geschichtsschreibers aus den Königsbüchern: Auch er erklärt die Zerstörung als göttliche Bestrafung für den Abfall früherer Generationen von Gott. Diese Rationalisierung wird dann allerdings kritischer Prüfung unterzogen.

Unsere Väter (אבתינו) haben gesündigt und sind nicht mehr,[2]
ihre Verschuldungen (עונתיהם) tragen wir! (Klgl 5,7)

Genannt werden sowohl die »Väter« (אבות) als auch die (Strafe für) »Verschuldungen« (עונות). Es wird also eindeutig angespielt auf die Vorstellung der generationenübergreifenden Folgen der Sünde im Dekalog, in dem sich Gott selbst beschreibt als Gott, »der *die Schuld der Väter* heimsucht an den Söhnen«, פקד עון אבת על בנים (Ex 20,5).[3] Der Sprecher hat die ursprüngliche Genetivkonstruktion aus dem Dekalog (»Schuld der Väter«) aufgebrochen und über beide Schlüsselwörtern jeweils eine eigenständige Aussage gemacht. So ist

---

34,6f und ihre intertextuellen Beziehungen zum Zwölfprophetenbuch, HBSt 33, Freiburg i.Br. 2002, 58–60.

[2] Mit dem Qere des MT.

[3] Weiterführende Kriterien, um literarische Abhängigkeit von bloßen sprachlichen Ähnlichkeiten und somit Anspielungen (als gewollte Wiederaufnahmen) von Intertextualität (für die strenggenommen die Fragen der Intention und der Abhängigkeit irrelevant sind) zu unterscheiden, entwickelt B. D. SOMMER, Exegesis, Allusion and Intertextuality in the Hebrew Bible. A Response to Lyle Eslinger, VT 46 (1996) 479–489; vgl. auch DERS., A Prophet Reads Scripture. Allusion in Isaiah 40–66, Stanford, Calif. 1998, 6-72.

hier aus Gottes Strafdrohung eine vollendete Tatsache geworden – nun aber aus der Sicht der Nachkommen, die auf ihrer Unschuld bestehen und die Verantwortung allein der vorhergehenden Generation zuweisen. Indem er die Unschuld der eigenen Generation voraussetzt, erklärt der Sprecher Gottes Gerechtigkeit für ungerecht. Außerdem sind im Hebräischen die Entsprechungen für »Väter« (אבות) und »Verschuldungen« (עונות) eng miteinander verknüpft durch Assonanz und Reim. Die pronominalen Suffixe hingegen, die die Nomina bestimmen als »*unsere* Väter« (אבתינו) und »*ihre* Verschuldungen« (עונתיהם), zerstören diese Ähnlichkeit des Klangs. Die zerbrochene Assonanz stellt die zerbrochene Logik heraus: Die Sprecher werden nicht für den eigenen, sondern für den Abfall *der Väter* bestraft. Die indirekte intertextuelle Bezugnahme läuft letztlich auf eine Kritik eines Textes hinaus, in dessen unhintergehbarer Autorität das Problem besteht.

Die Ungerechtigkeit der Vorstellung von generationenübergreifender Bestrafung führt auch zu manchen praktischen Schwierigkeiten. Sie führt unweigerlich zu dem Eindruck, dass jedes Handeln zwecklos ist, da die Nachkommen sich ohnehin nicht von den Konsequenzen der Vergangenheit frei machen können. In der trostlosen Situation, in der sich Israel nach der Katastrophe der Zerstörung und des Exils befand, musste die Zukunft als völlig verschlossen erscheinen, und zwar als Ergebnis nicht des eigenen Handelns, sondern der Taten der vorhergehenden Generation. Jahwe selbst nimmt die Hoffnungslosigkeit der ersten Gruppe von Deportierten (die mit Jehojachin im Jahr 597 v. Chr. in die Verbannung gingen) vorweg und drückt ihre Klage aus: »Wie könnten wir am Leben bleiben?« (Ez 33,10) Jeder Schritt nach vorne – sei es hin zu einem persönlichen Neuanfang oder nationalem Wiederaufbau – musste sinnlos erscheinen. Es ist deshalb aus theologischen und aus existential-historischen Gründen zu erwarten, dass biblische Autoren unnachgiebig gegen die Ungerechtigkeit der Vorstellung aus dem Dekalog ankämpften.[4]

Die Neukonzeption der Gerechtigkeit Gottes bei Ezechiel

Genau zu dem Zeitpunkt, als Juda kurz vor dem nationalen Zusammenbruch stand, dachte der Prophet Ezechiel, der von 593 bis 573 v. Chr. wirkte, grundsätzlich über den Einfluss der Zeitlichkeit auf das menschliche Handeln nach. Ezechiel gehörte zu der judäischen Oberschicht, die im Jahr 597 v. Chr. nach Babylon deportiert worden war (also vor der Zerstörung Jerusalems und des Tempels und vor der Exilierung der Bewohner der Stadt im Jahr 587 v. Chr.). Dort wandte er sich an die anderen Exilierten, die in dieser Zeit der Unsicherheit immer noch auf auf ihre Rückkehr nach Jerusalem hofften, und berichtete ihnen über ein Wort, das gerade als Orakel an ihn ergangen ist:

> Das Wort Jhwhs erging an mich: »Wie kommt ihr dazu, dieses Sprichwort im Land Israel zu verbreiten, ›*Väter* (אבות) essen unreife Trauben und die Zähne ihrer *Söhne* (הבנים) werden stumpf?‹ Bei meinem Leben! verkündet der Herr Jhwh, ihr werdet keine Gelegenheit mehr haben, dieses Sprichwort in Israel zu verbreiten! Seht, jede Seele gehört mir; wie die Seele des Vaters so gehört mir auch die Seele des Sohns. Die Seele, die sündigt, wird sterben!« (Ez 18,1–4).[5]

---

[4] Vgl. M. Fishbane, Torah and Tradition, in: D. A. Knight (Hg.), Tradition and Theology in the Old Testament, Philadelphia 1977, 275–282; und M. Fishbane, Biblical Interpretation in Ancient Israel, Oxford 1988[2], 335–350. Die folgenden exegetischen Überlegungen verdanken der Arbeit Fishbanes viel.

[5] Übersetzung im Anschluss an M. Greenberg, Ezechiel 1–20 (übersetzt von M. Konkel), HThKAT, Freiburg i. Br. 2001, 370.387 f.

Das zitierte Sprichwort drückt sehr anschaulich das Prinzip generationenübergreifender Strafe aus. Wie der Widerspruch des Propheten nahelegt, geht es in dem Sprichwort nicht um saure Trauben im wörtlichen Sinne, sondern um moralische »Früchte« im übertragenen Sinne, um Sünde und ihre Folgen. Der Prophet weist das Sprichwort zurück und setzt an seine Stelle eine klare Aussage über individuelle Verantwortlichkeit: Künftig soll der Vater für seine eigenen Übertretungen leiden, der Sohn aber wird für ererbte Schuld nicht zur Verantwortung gezogen. Eines fällt auf: Zwar empfindet der Prophet das Sprichwort als anstößig und weist es zurück, er stellt aber keineswegs infrage, dass diese moralische Ordnung tatsächlich bisher Geltung hatte. Dieses Prophetenwort hat eine Parallele im Buch Jeremia; auch hier wird das Sprichwort zurückgewiesen: »In jenen [zukünftigen] Tagen wird man nicht mehr sagen: ›Väter (אבות) essen unreife Trauben und die Zähne der Söhne (בנים) werden stumpf!‹, sondern jeder wird für seine eigene Schuld sterben; jedem Menschen, der die unreifen Trauben isst, werden die eigenen Zähne stumpf« (Jer 31,29–30).[6] Nach der Version des Prophetenwortes aus dem Jeremiabuch wirkt das Prinzip der individuellen Verantwortlichkeit nur im Kontext des Anbruchs einer neuen moralischen und religiösen Ordnung, irgendwann in einer nicht näher bestimmten Zukunft (Jer 31,27.31.33). Jeremia gesteht also zu, dass das Sprichwort in der Gegenwart und unmittelbaren Zukunft noch zutrifft. Nur nach Ezechiel soll dass neue Prinzip sofort das zurückgewiesene alte ersetzen.

Die Nähe des zurückgewiesenen Sprichworts zur Vorstellung generationenübergreifender Strafe ist kaum zufällig. Das

[6] Vgl. dazu Ch. Levin, Die Verheißung des neuen Bundes in ihrem theologiegeschichtlichen Zusammenhang ausgelegt, FRLANT 137, Göttingen 1985, 38f.

abgelehnte Sprichwort und die Vorstellung aus dem Dekalog setzen beide voraus, dass Strafe im Sinne einer Stellvertretung von einer Generation auf die nächste übertragen wird. Ein Zusammenhang ergibt sich auch hinsichtlich der Terminologie mit der prägnanten Rede von »Vätern« (אבות) und »Söhnen« (בנים). Gleichzeitig besteht die Übereinstimmung aber auch nur teilweise: Sie ist deutlich genug, um mit dem Sprichwort auch die Vorstellung aus dem Dekalog anklingen zu lassen, aber auch so unspezifisch und wenig ausgeführt, dass man kaum von einem expliziten Zitat oder einer Wiederaufnahme sprechen kann. Könnte diese Unbestimmtheit bei Ezechiel beabsichtigt sein? Das Sprichwort dient hier höchstwahrscheinlich als »Strohmann«. Das Problem, das Ezechiel bearbeitet, besteht ja nicht nur im Empfinden der Bevölkerung seiner Zeit, wie es bissig im Sprichwort ausgedrückt wird: Die Wahrnehmung der Exilierten, dass sie unschuldig leiden und dass die Gerechtigkeit Gottes in Wirklichkeit Willkür ist (vgl. Ez 18,25.29; 33,17). Es kommt erschwerend hinzu, dass diese Wahrnehmung der Ungerechtigkeit Gottes einen Bezug zum grundlegenden Kanon des Alten Israels hat. Wollte Ezechiel das Prinzip der generationenübergreifenden Bestrafung explizit zurückweisen, so müsste er eine autoritative, durch Jahwe offenbarte Lehre ablehnen.[7] Und dennoch:

[7] J.S. Kaminsky hält das Prinzip der individuellen Verantwortung, wie es in Ez 18 vertreten wird, für eine *ad hoc* formulierte, situationsspezifische Stellungnahme und nicht für eine konzertierte Zurückweisung des Prinzips der generationenübergreifenden Bestrafung überhaupt oder gar für die Zurückweisung eines besonderen Textes oder einer spezifischen Tradition (Corporate Responsibility in the Hebrew Bible, JSOT.S 196, Sheffield 1995, 189). Während Kaminsky den Einfluss der Formel zur säkularen Gerechtigkeit (Dtn 24,16) zugesteht, schließt er einen solchen Einfluss für die Formel zur Gerechtigkeit Gottes aus. Kaminsky will mit seinem Ansatz einem Problem der früheren Forschung aus dem Weg gehen: Allzu oft wurde eine externe Agenda an den in Frage stehen-

Ohne diese Zurückweisung würde er die Wahrnehmung der Exilierten, dass Jahwe ungerecht ist und ihnen eine gute Zukunft verschlossen bleibt, weiter stützen.

Ezechiel rückt also das Sprichwort aus strategischen Gründen in den Vordergrund, um ein theologisch sehr viel brisanteres Problem angehen zu können: Er will letztlich ein göttliches Gesetz außer Kraft setzen. Dazu trennt er die Verbindung zwischen der Vorstellung generationenübergreifender Sprache und der göttlichen Erzählstimme und assoziiert dieses Konzept mit »Volkes Stimme«, stellt es also nur noch als bloße volkstümliche Weisheit dar. Auf diese Weise wird verdeckt, wie im Prophetenwort die göttliche Weisung aus dem Dekalog unterlaufen wird. Die Antithese zwischen den beiden Bibeltexten wurde schon im Talmud erkannt.[8] Es ist sehr viel einfacher, eine Volksweisheit zurückzuweisen, als dem Konzept der generationenübergreifenden Strafe aus dem

---

den Abschnitt herangetragen, indem er als Schlüsseltext in der Entwicklung einer Theologie der individuellen Erlösung im Alten Israel angesehen wurde. Es ist daher verständlich, vorsichtig damit zu sein, dem Kapitel das ganze Gewicht eines formalen Wechsels der Lehre aufzubürden. Ebenso bedenklich ist aber das andere Extrem: Bei Kaminsky erscheint es ausgeschlossen, dass theologische Ideen eine diachrone Entwicklung durchlaufen oder ein Prophet eine existierende Lehre zur Gerechtigkeit Gottes in Frage stellen könnte. Beide Möglichkeiten abzustreiten bedeutet aber, dem Propheten jede Handlungsmöglichkeit und Kreativität abzusprechen. Zudem entspricht Kaminskys Verfahren, die Texte voneinander zu isolieren und jede literarische Anspielung und jeden inhaltlichen Widerspruch abzustreiten, genau der Methode der klassischen harmonistischen Rechtsauslegung. So werden die Ergebnisse von Kaminskys eigentlich nuancierten theologischen Lektüre relativiert.

[8] »R. Jose ben Ḥanina sagte: ›Unser Meister Mose verfügte vier Urteile gegen Israel, aber vier Propheten kamen und hoben sie auf (וביטלום) [...] Mose sagte: »der die Schuld der Väter heimsucht an den Kindern« [Ex 20,5b = 34,7b]. Aber Ezechiel kam und hob es auf (ביטלה): Derjenige, der sündigt, nur er muss sterben!‹« (b. Mak. 24a).

Dekalog zu widersprechen, weil man es für unmoralisch hält. Das Schaubild 1 zeigt, wie die Formulierung des neuen Konzepts der Gerechtigkeit Gottes die bestehende gesetzliche Regel aus dem Zusammenhang des Zivil- und Strafrechts mit ihrem Grundsatz individueller Verantwortlichkeit aufnimmt. In diesem Bereich des Rechts nämlich verbietet das biblische Gesetz stellvertretende Bestrafung und legt fest, dass nur der Täter zur Verantwortung gezogen werden soll:

Die Väter (אבות) sollen nicht mit den Söhnen (בנים) getötet werden,	A
und die Söhne (ובנים) sollen nicht mit den Vätern (אבות) getötet werden,	B
ein jeder soll für seine eigene Sünde getötet werden	C
(Dtn 24,16)	

Diese juristische Grundvoraussetzung der individuellen Verantwortlichkeit im Bereich des Zivil- und Strafrechts hat Ezechiel höchstwahrscheinlich genutzt, um seinen neuen Maßstab für die Bestrafung von Schuld im theologischen Sinne zu entwickeln. Ezechiels Formulierung zitiert das Prinzip aus dem säkularen Recht chiastisch, um es so neu auch auf Sünde gegen Gott zu beziehen:[9]

Der Mensch, der sündigt, der muss sterben!	C′
Ein Sohn (בן) trägt nicht die Schuld des Vaters (האב),	B′
und ein Vater (ואב) trägt nicht die Schuld des Sohns (הבן).	A′
(Ez 18,20)	

Schaubild 1. Ezechiels Übertragung des Strafmaßstabs aus dem Strafrecht

[9] Es ist deshalb nicht korrekt, dass »[u]nter dem Einfluss der in Ez 18 durchgesetzen individuellen Vergeltung [...] die kollektive Bestrafung

Die Formulierung des Prinzips individueller Verantwortlichkeit im Zivil- und Strafrecht diente also dem Propheten höchstwahrscheinlich als juristischer und literarischer Präzedenzfall.[10] Sie ermöglichte es ihm oder dem späteren Redaktor dieses Abschnitts, mit einer analogen juristischen Beweisführung Gerechtigkeit im theologischen Sinne in Einklang mit der säkularen Gerechtigkeit zu bringen.[11]

[...] korrigiert« wurde (so M. Köckert, Die Zehn Gebote, Münich 2007, 52). Dieser Ansatz ist zu einlinig gedacht. Es ist vielmehr so, dass beide Grundprinzipien der Bestrafung nebeneinander bestanden, und zwar in verschiednen Rechtssphären. Die in der vorliegenden Studie vertretene Analyse folgt Greenberg, Ezechiel 1–20, 392 f.; und Fishbane, Biblical Interpretation, 337–341. Zur invertierten Zitierung als Merkmal für eine Wiederaufnahme (so auch Greenberg) s. unten zur Exegese von Dtn 7,9–10. Die Wahrscheinlichkeit, dass hier eine Wiederaufnahme von Dtn 24,16 vorliegt, wird noch durch die Beobachtung erhöht, dass Ez 18 überhaupt in seinem Ablauf Überarbeitungen einiger vorgegebener Rechtstexte enthält (Ez 18,7–8.13.16.18 nehmen Dtn 23,20–21; 24,6.10–15.17 wieder auf).

[10] Die These, dass die literarische Abgängigkeit in umgekehrter Richtung verlaufe, vertreten weiterhin Levin, Verheißung des neuen Bundes, 40–43 (nach Levin ist Dtn 24,16 abhängig von Jer 31,29), und G. Braulik. Braulik sieht in Dtn 19–25 eine sehr späte Ergänzung zum Rechtskorpus des Deuteronomiums, die schon von Ezechiel und dem Heiligkeitsgesetz (Lev 17–26) anhängig sei. In diesem Sinne geht er davon aus, dass Dtn 24,16 abhängig ist von Ez 18; vgl. G. Braulik, Ezechiel und Deuteronomium. Die »Sippenhaftung« in Ezechiel 18,20 und Deuteronomium 24,16 unter Berücksichtigung von Jeremia 31,29–30 und 2 Kön 14,6, in: ders., Studien zum Deuteronomium und seiner Nachgeschichte, SBAB 33, Stuttgart 2001, 171–201. Braulik zitiert gewissenhaft Einwände gegen seine redaktionelle Analyse, die mir einleuchtend erscheinen. Vgl. dazu E. Otto, Das Deuteronomium. Politische Theologie und Rechtsreform in Juda und Assyrien, BZAW 284, Berlin 1999, 296–298.

[11] Die Formulierung »oder dem späteren Redaktor dieses Abschnitts« ist zugegebenermaßen wenig elegant. Wenn ich von »Ezechiel« rede, meine ich die literarische Figur in Ez 18, und will nicht behaupten, dass das ganze Kapitel eine literarisch einheitliche Komposition darstellt, die

Im restlichen Text des genannten Kapitels behandelt Ezechiel das Sprichwort erschöpfend und bringt eine Reihe kom-

---

auf den historischen Propheten zurückzuführen wäre. Auf die sehr komplexe Redaktionsgeschichte des Ezechielbuches kann hier nicht näher eingegangen werden. Zwei Hauptalternativen sind zu nennen. M. GREENBERG vertritt den Ansatz einer »holistischen Interpretation« und sieht das Buch als Ausdruck einer einzigen Autorenintention, die er mit dem historischen Propheten assoziiert (Ezechiel 1–20, 35–45). Die meisten Exegeten jedoch sehen das Buch als Ergebnis einer sehr viel längeren Redaktionsgeschichte und machen literarische Spannungen aus, die auf unterschiedliche redaktionelle Schichten hindeuten. Nach diesem Ansatz hätte der Prophet eine sehr viele geringere Rolle für die Buchentstehung gespielt. Nach K.-F. POHLMANN gehört Ez 18,1–13 zur ältesten literarischen Schicht des Buches; im Laufe eines Jahrunderts seien dann VV.14–32 ergänzt worden, um auf neue historische und theologische Realitäten zu reagieren (Ezechielstudien. Zur Redaktionsgeschichte des Buches und zur Frage nach den ältesten Texten, BZAW 202, Berlin 1992, 219–244; und DERS., Das Buch des Propheten Hesekiel [Ezechiel], Kapitel 1–19, ATD 22.1, Göttingen 1996, 257–276).

Einige der exegetischen Entscheidungen Pohlmanns erscheinen willkürlich. Er macht eine literarische Spannung in VV.1–20 aus, weil das Sprichwort in V.2 nur zwei Generationen erwähnt (»Väter« und »Söhne«), obwohl es im Folgenden dann um drei Generationen geht: um die Situation des Vaters (VV.5–9), des Sohnes (VV.10–13) und des Enkels (VV.14–20). Aufgrund dieser angeblichen Spannung weist Pohlmann den Abschnitt zur dritten Generation einer späteren Schicht zu. Pohlmanns Analyse setzt jedoch voraus, dass sich die schriftprophetischen Bücher ohne jede literarische Interaktion mit der Literatur des Pentateuchs entwickelt haben. Diese Voraussetzung deutet, in ihrer eigenen Art und Weise, wiederum auf ein sehr konventionelles Bild von der Entstehung der Hebräischen Bibel, das die komplexeren Realitäten der Literargeschichte in der exilischen und nachexilischen Zeit nicht beachtet. Betrachtet man jedoch die Formel zur generationenübergreifenden Strafe aus dem Dekalog als »Intertext«, mit dem sich Ez 18 auseinandersetzt, so löst sich die von Pohlmann beobachtete Inkonsistenz auf. Es ist sehr wahrscheinlich, dass die schriftprophetischen Bücher und der Pentateuch im Dialog und im Widerstreit miteinander entstanden sind und dass es viele Streitpunkte gab, die in intertextueller Polemik bearbeitet wurden.

plexer und tiefgehender moralischer Überlegungen vor, um jede moralische Gültigkeit des Sprichworts zu bestreiten: Weder Rechtschaffenheit noch Sünde, weder Lohn noch Strafe können von einer Generation auf die andere übertragen werden (18,10–20). Frühere Exegeten meinten, dass Ezechiel hier einer Religion des Individuums das Wort redet und sich gegen eine kollektive religiöse Identität wendet, und machten aus dem Propheten so einen proto-protestantischen Reformator. Dieser Ansatz ist aber natürlich nicht zu vereinbaren mit den tatsächlichen Prioritäten des Ezechielbuches. Die von Ezechiel vertretene Position zur Buße beansprucht nicht nur für das Individuum Gültigkeit; sie soll vielmehr sowohl im individuellen wie auch im nationalen Kontext Anwendung finden.[12]

Der Prophet lässt schließlich sogar das Thema der Generationen aus dem Sprichwort vollends hinter sich und setzt an seine Stelle die Freiheit des Einzelnen, sein Leben zu ändern und zu erneuern, zu jedem Zeitpunkt seines Lebens, wie groß auch immer die Last seiner Vergangenheit sein mag (18,21–

---

[12] Vgl. die umsichtige Studie von B.J. SCHWARTZ, Repentance and Determinism in Ezekiel, in: D. Assaf (Hg.), Proceedings of the Eleventh World Congress of Jewish Studies, Division A, The Bible and Its World, Jerusalem 1994, 123–130. Andere Exegeten hingegen betonen zu Recht den nationalen Kontext, halten diesen aber für unvereinbar mit dem Bezug zum Individuum; vgl. P.M. JOYCE, Individual Responsibility in Ezekiel 18? in: E.A. Livingstone (Hg.), Studia biblica 1978. Sixth International Congress on Biblical Studies, Oxford, 3–7 April 1978, Sheffield 1979, 185–196; und G.H. MATTIES, Ezekiel 18 and the Rhetoric of Moral Discourse in the Book of Ezekiel, SBL.DS 126, Atlanta 1990, 113–158. An anderer Stelle weist Joyce scharfsinnig die weitverbreitete Ansicht zurück, dass es im Alten Israel eine Entwicklung vom Glauben an eine kollektiven Verantwortung hin zum Glauben an eine indviduellen Verantwortung gegeben habe; vgl. DERS., Ezekiel and Individual Responsibility, in: J. Lust (Hg.), Ezekiel and His Book, BEThL 74, Leuven 1986, 317–332.

29). Ezechiel behauptet: Sogar wenn jemand unablässig gesündigt hat, muss er nicht die Konsequenzen seines bösen Tuns erleiden, sofern er Buße tut (18,21–23.27–29). Der einzelne muss ausschließlich seine moralischen Entscheidungen in der Gegenwart verantworten. Ezechiels Theologie der Freiheit will Vorstellungen von der Vergeblichkeit allen Handelns unter seinen Zeitgenossen entgegenwirken. Der Prophet argumentiert: Die Zukunft ist nicht hermetisch abgeschlossen, sondern hermeneutisch offen. Ezechiel beginnt beim unerbittlichen Schicksal, aber er endet bei Freiheit, moralischem Handeln und Buße als den einzigen Kräften, die menschliches Tun bestimmen sollen. Und es ist bemerkenswert, dass Ezechiel diesen argumentativen Weg geht, ohne irgendein göttliches Gesetz explizit zurückzuweisen.

Obwohl Ezechiel üblicherweise in Theologien des Alten Testaments herausgehoben wird für seinen besonderen Blick auf das Individuum, bleibt Ezechiels Konzept der Freiheit doch ein weitgehend unerkannter Meilenstein der Geistesgeschichte. Dabei ist es trotz der religiösen Terminologie seinem Wesen nach modern. Es enthält eine überaus kritische Auseinandersetzung mit überkommenen Anschauungen und läuft auf eine Ethik menschlichen Handeln hinaus, die den Determinismus ablehnt, die individuelle Verantwortung für den eigenen Lebenszustand betont und die Bedeutung der moralischen Wahl hervorhebt. In der Philosophiegeschichte wird die vergleichbare, grundlegende Neukonzeption moralische Freiheit als Unabhängigkeit von der Last der Vergangenheit dem frühmodernen Philosophen Immanuel Kant zugeschrieben (1724–1804). Ähnlich wie Ezechiel unternimmt Kant eine tiefgehende Kritik der Vorstellung, dass die Vergangenheit die Handlungen eines Menschen in der Gegenwart bestimmt. Er stellt jede Position in Frage, die eine Person auf seine oder ihre Vergangenheit reduziert und die

Ausübung des freien Willens oder die Möglichkeit der Veränderung ausschließt. Er hält daran fest, dass Personen zu jedem Zeitpunkt frei sind, neue moralische Entscheidungen zu treffen. Sein Konzept der Freiheit ist dialektisch: Obwohl es in der Natur keine Freiheit vom Prinzip der Kausalität gibt (von der unmittelbar vorangehenden Ursache), existiert, vom Standpunkt der Ethik und Religion aus betrachtet, für Menschen doch Wahlfreiheit. Mit großem Aufwand untersucht Kant den problematischen Fall eines gewohnheitsmäßigen Lügners und seiner moralischen Verantwortlichkeit:

> Sie, die Vernunft, ist allen Handlungen des Menschen in allen Zeitumständen gegenwärtig und einerlei, selbst aber ist sie nicht in der Zeit, und gerät etwa in einen neuen Zustand, darin sie vorher nicht war [...]. [W]enn wir sagen, daß unerachtet seines ganzen, bis dahin geführten, Lebenswandels, der Täter die Lüge doch hätte unterlassen können, so bedeutet dieses nur, daß sie unmittelbar unter der Macht der Vernunft stehe, und die Vernunft in ihrer Kausalität keinen Bedingungen der Erscheinung und des Zeitlaufs unterworfen ist [...].[13]

Kants Anliegen ist es, zeitgenössische deterministische Lehren in der Philosophie zurückzudrängen: sowohl den psychologischen Determinismus Thomas Hobbes' (1588–1679) als auch den metaphysischen Determinismus, wie er sich in der späteren Rezeption der Lehre Baruch de Spinozas (»Spinozismus«)[14] und insbesondere bei Gottfried Leibniz (1646–1716)

---

[13] Immanuel Kant, Kritik der reinen Vernunft, 2. Auflage 1787, Bd. 3, Kants Werke. Akademie-Textausgabe. Unveränderter photomechanischer Abdruck des Textes der von der Preußischen Akademie der Wissenschaften 1902 begonnen Ausgabe von Kants gesammelten Schriften, Berlin 1968, 376 (hier: B584).

[14] Die Unterscheidung zwischen dem Denker Baruch de Spinoza (1632–1677) und dem Begriff »Spinozismus« als dem Lehrgebäude, das später mit seinem Namen assoziiert wurde (und u. a. auf Begriffe wie Pantheismus und Determinismus gebracht wurde), ist wichtig. Vgl. zu

entwickelt hat. Im Gegensatz zu solchen Positionen unternimmt es Kant, eine Lehre über das menschliche Handeln zu entwickeln, die eine Rechtfertigung für die Willensfreiheit und ein tragfähiges philosophischen Fundament für das Prinzip der menschlichen Verantwortlichkeit liefern kann. Er befreit das Individuum, im Moment der Willensentscheidung, in einer ähnlichen Weise, wie Ezechiel es bereits getan hat: indem er jeden Moment in der Zeit als unabhängig vom vorangehenden versteht, als wäre er ein Neuanfang. Er argumentiert, dass die Stimme der Vernunft – die Möglichkeit, eine freie und moralische Entscheidung zu treffen – der Person immer zugänglich ist. Kant weist den Determinismus mit dem Argument zurück, dass die moralisch handelnde Person immer, in jedem Moment der Willensentscheidung, unabhängig ist vom Gewicht ihrer Vergangenheit. So wie Ezechiel für seine Gemeinschaft ein Konzept des Handelns entwickeln wollte, so stärkt Kant die Verantwortung des Individuums für seine oder ihre gegenwärtigen Handlungen.

---

dieser Entwicklung Y. Y. MELAMED, Solomon Maimon and the Rise of Spinozism in German Idealism, Journal of the History of Philosophy 42 (2004) 67–96. Noch pointierter muss man sagen, dass Spinoza in der Philosophiegeschichte und auch in der akademischen Judaistik weithin missverstanden wurde. Als außerordentlich wertvolles Korrektiv, unter Berücksichtigung sowohl des »Tractatus Theologico-Politicus« (1670) und der »Ethik« (1677), vgl. B. POLKA, Between Philosophy and Religion. Spinoza, the Bible, and Modernity, Bd. 1, Hermeneutics and Ontology, und Bd. 2, Politics and Ethics, Lanham, Md. 2006–2007. Vgl. auch N. K. LEVENE, Spinoza's Revelation. Religion, Democracy, and Reason, Cambridge 2004. Zur nur bruchstückhaften Rezeption Spinozas in den Bibelwissenschaften, siehe meine Studie »The Right Chorale«. From the Poetics of Biblical Narrative to the Hermeneutics of the Hebrew Bible, in: DERS., »The Right Chorale«. Studies in Biblical Law and Interpretation, FAT 54, Tübingen 2008, 7–39 (hier: 11–14).

An anderer Stelle kämpft Kant mit den Folgerungen aus seiner Position und versucht, sein eigenes radikales Konzept moralischer Freiheit in Übereinstimmung zu bringen mit seiner Religionsphilosophie. Wenn ein Krimineller oder Missetäter Buße tut oder »sich bekehrt«, ist er dann völlig freizusprechen von den Konsequenzen seiner Handlungen, verschwinden diese also einfach?[15] Kant ist weniger bereit als Ezechiel, konsequent reinen Tisch zu machen und umfassende Sündenvergebung zuzusprechen. Mir scheint allerdings, dass Kant an diesem Punkt inhaltlich geradezu in eine argumentative Trickkiste greifen muss, wenn seine Argumentation auch wie immer rhetorisch stark ist. Er will beides haben: die Freiheit und das moralische Gesetz, die Möglichkeit eines Neuanfangs und das Festhalten an moralischer Verantwortlichkeit. Er greift zurück auf paulinische Allgemeinplätze (das Individuum »stirbt seinem alten Selbst«), weil er genau das Problem sieht, aber keine überzeugend Lösung beibringen kann. Das Konzept der Umkehr oder Buße ist in der Tat ein philosophisches Rätsel. Allerdings lässt sich kaum einfach sagen, dass Ezechiel mit seiner Position auf eine generelle Amnestie für zivil- und strafrechtliche Verstöße abzielte, im Unterschied zur Sünde im theologischen Sinne. Die komplexen Fragen, die hier eine Rolle spielen, haben auch im biblischen Text schon ihren Niederschlag gefunden, wenn sie auch nicht in der Sprache der Logik ausgedrückt werden.

Aus alldem ergibt sich freilich die Frage: Warum findet Ezechiel so wenig Beachtung in den Darstellungen der Philosophiegeschichte? Oder, um die Frage noch pointierter zu

---

[15] Vgl. Immanuel Kant, Die Religion innerhalb der Grenzen der bloßen Vernunft, Bd. 6, Kants Werke. Akademie-Textausgabe. Unveränderter photomechanischer Abdruck des Textes der von der Preußischen Akademie der Wissenschaften 1902 begonnen Ausgabe von Kants gesammelten Schriften, Berlin 1968, 1–202 (hier: 72–78).

stellen: Wie kommt es, dass die Philosophie hier hinsichtlich ihrer eigenen Entwicklung einen blinden Fleck zu haben scheint, auf einem so wichtigen Gebiet wie der Geschichte des Begriffs der menschlichen Freiheit? Wie kommt es, dass die Philosophie nicht wahrnimmt, dass Athen und Jerusalem doch einiges mehr gemeinsam haben könnten als angenommen und dass es problematisch ist, eine einfache Grenze zwischen heilig und weltlich, zwischen Vernunft und Offenbarung zu ziehen? Sowohl Ezechiel als auch Kant sahen, wie komplex das Problem der menschlichen Freiheit ist, und wollten dem menschlichen Handeln wieder Räume eröffnen, indem sie überkommene Lehren neu dachten, bezweifelten und überarbeiteten. Sicher wird man nicht behaupten können, dass Kant direkt von Ezechiel beeinflusst war. Aber: Kant kannte die Bibel gut, und er zog sie in seiner Arbeit häufig heran. Unglücklicherweise hat die Auffächerung der akademischen Disziplinen dafür gesorgt, dass die Traditionen der Hebräischen Bibel selten von zeitgenössischen Philosophen beachtet werden. Anders und fruchtbarer stellt sich das Verhältnis zwischen Philosophie und Theologie noch in früherer Zeit dar, bei Hobbes oder eben auch bei Kant. Ezechiel Leistung ist somit weitgehend unzugänglich für die Philosophie, so als wäre sie nur eine theologische und nicht überhaupt eine geistesgeschichtliche Leistung. Lässt man diese binäre Gegenüberstellung hinter sich, so zeigt sich erst die Bedeutung des Zugangs der innerbiblischen Schriftauslegung: Er ermöglicht es nicht nur, die Geschichte der Rezeption und Neuinterpretation des biblischen Textes nachzuzeichnen, sondern kann auch zu einem neuen Verständnis der Geschichte der Vorstellung moralischer Freiheit führen.

Die Predigt der Gerechtigkeit Gottes im Deuteronomium

Eine noch bemerkenswertere Bearbeitung der Vorstellung aus dem Dekalog, dass Gott Sünde generationenübergreifend bestraft, findet sich im Rechtskorpus des Deuteronomiums selbst. Das Deuteronomium präsentiert sich selbst als Rede Moses an das Volk Israel, vierzig Jahre nach den Geschehnissen am Sinai, am Vorabend des Eintritts in das Land der Verheißung (Dtn 1,1–3). Der redaktionellen Überschrift zufolge beginnt Mose hier, die von Gott zuvor verkündeten Gesetze »auszulegen« (Dtn 1,5), und ermahnt das Volk zum Gehorsam.[16] An diesem neuen Schauplatz zitiert Mose nach der Selbstdarstellung des Buches, während er auf die Vergangenheit zurückblickt, den Dekalog (Dtn 5) und hält dem Volk eine Predigt über ihn. Mose erklärt dann zur Gerechtigkeit Gottes:[17]

---

[16] In Dtn 5,31 wird Mose von Gott angewiesen, dem Volk die Gebote zu »lehren« (hier wird das Verb למד gebraucht), obwohl die Israeliten ihn ursprünglich bloß gebeten hatten, ihnen zu »erzählen« (דבר), was Gott ihm auf dem Berg sagt (Dtn 5,27). Die Erzählung erteilt also Mose eine göttliche Vollmacht, die Tora kreativ auszulegen. Vgl. J.-P. SONNET, The Book within the Book. Writing in Deuteronomy, Biblical Interpretation Series 14, Leiden 1997, 29–32.37 f. Nach Sonnets Analyse projizieren die Schreiber ihre eigene Autorentätigkeit auf die literarische Figur des Mose, dessen Aktivität hier eine Rechtfertigung durch Gott erfährt. (Zu beachten ist, dass in einigen hebräischen Drucken und Bibelübersetzungen Dtn 5,27.31 als Dtn 5,24.28 erscheinen. Die hebräische Tradition kennt ganz einfach zwei alternative Systeme der Verszählung sowohl in Ex 20 als auch in Dtn 5.)

[17] Als aktuelle exegetische Analyse, vgl. T. VEIJOLA, Das fünfte Buch Mose, Deuteronomium. Kapitel 1,1–16,17, ATD 8.1, Göttingen 2004, 206–208.

> So sollst du erkennen, dass JHWH, dein Gott, Gott ist, der treue Gott, der den Bund hält und die Gnade bewahrt denen, die ihn lieben und seine Gebote halten, bis zur tausendsten Generation. Denen aber, die ihn hassen (לשנאיו), vergilt er (ומשלם) ins Angesicht (אל פניו), und er vernichtet jeden; und er zögert nicht bei dem, der ihn hasst, ins Angesicht (אל פניו) vergilt er ihm (ישלם לו). (Dtn 7,9–10)

Das Vokabular dieses Abschnitts zeigt, dass der Sprecher gezielt auf den Dekalog anspielen will, den er zuvor (Dtn 5) zitiert hat. Für diesen Rückgriff auf den Dekalog wird das Stilmittel der invertierten Zitation angewandt, einer alte Schreibertechnik (auch unter der technischen Bezeichnung »Seidels Gesetz« bekannt):[18] In der Bibel oder in nachbiblischer Literatur wird häufig eine Quelle in umgekehrter Reihenfolge zitiert, so dass die Textabfolge A B an anderer Stelle wieder als B′ A′ erscheint. So wird im vorliegenden Fall die Abfolge in der 1. Person aus dem Dekalog umgekehrt und in der dritten Person wieder aufgenommen: Aus (A) »die mich hassen« (לשנאי) und (B) »die mich lieben und meine Gebote halten« ([מצותי] לאהבי ולשמרי; Dtn 5,9–10 [Qere]) wird (B′) »die ihn

[18] Das Prinzip der invertierten Zitierung (s. auch oben Anm. 9 in diesem Kapitel) ist nach seinem Entdecker benannt: M. SEIDEL, Parallels between Isaiah and Psalms, Sinai 38 (1955–56) 149–172.229–240.272–280.335–355 (hier: 150); nachgedr. in: DERS., Ḥiqrei Miqra, Jerusalem 1978, 1–97 (Hebräisch). Was Kriterien für die Bestimmung der Richtung einer literarischen Abhängigkeit betrifft, sind Seidels Thesen oft nur ungenügend abgesichert. Methodisch besser ausgearbeitet sind u.a. die Beiträge von SH. TALMON, The Textual Study of the Bible – A New Outlook, in: F.M. Cross / Sh. Talmon (Hgg.), Qumran and the History of the Biblical Text, Cambridge 1975, 321–400 (hier: 362 f.); P.C. BEENTJES, Inverted Quotations in the Bible. A Neglected Stylistic Pattern, Bib. 63 (1982) 506–523; und B.D. SOMMER, A Prophet Reads Scripture. Allusion in Isaiah 40–66, Stanford, Calif. 1998, 35 und 219 mit Anm. 11 f. Dazu und zu ähnlichen Kennzeichen redaktioneller Arbeit, vgl. B.M. LEVINSON, Deuteronomy and the Hermeneutics of Legal Innovation, New York 1997, 17–20.

lieben und seine Gebote halten« (לאהביו ולשמרי [מצותיו]) und (A′) »die ihn hassen« (לשנאיו; Dtn 7,9–10 [Qere]). Der mosaische Sprecher gibt vor, in seiner auslegenden Predigt die Formulierung des Prinzips der Gerechtigkeit Gottes aus dem Dekalog zu paraphrasieren.[19] Tatsächlich aber wird das Original in der Predigt in einem Ausmaß bearbeitet, das einer Verwerfung gleichkommt. Der Sprecher geht so vor, dass er die Bezüge zu den generationenübergreifenden Konsequenzen von Sünde streicht und stattdessen erklärt, dass Gott nun dem Sünder »ins Angesicht« vergilt. Dies impliziert, dass göttliche Strafe für Sünde ausschließlich den Sünder selbst trifft. Im Unterschied zur Darstellung im Dekalog werden die Nachkommen – es fällt auf, dass sie hier überhaupt nicht erwähnt werden – nicht explizit mit göttlicher Strafe heimgesucht.[20]

---

[19] Wenn לשנאו / לשנאיו, »die ihn hassen / der ihn hasst« (Dtn 7,10) auf לשנאי, »die mich hassen« (Ex 20,5 = Dtn 5,9) verweist, so würde dies auch einen indirekten Beweis für die Ursprünglichkeit von לשנאי in der Formulierung der Gottesprädikationen darstellen. Diese indirekte Bezeugung ist wichtig, weil einige Forscherinnen und Forscher eine andere Version der Formulierung für ursprünglicher halten, in der die Spezifikation »die mich hassen« fehlt (Ex 34,6–7; Num 14,18). Dieser Ansatz bietet aber keine Erklärung für die Einfügung von »die mich hassen« in Dtn 7,10. Anders J. Scharbert, Formgeschichte und Exegese von Ex. 34,6f und seiner Parallelen, Bib. 38 (1957) 130–150 (hier: 145–147); M. Weinfeld, Deuteronomy and the Deuteronomic School, Oxford 1972; nachgedr., Winona Lake, Ind. 1992, 318; Fishbane, Biblical Interpretation, 345 Anm. 72; und K. Schmid, Kollektivschuld? Der Gedanke übergreifender Schuldzusammenhänge im Alten Testament und im Alten Orient, ZAR 5 (1999) 192–222. Gegen Schmid argumentiert in diesem Punkt auch Scoralick, Gottes Güte und Gottes Zorn, 31 f.

[20] A. Wénin gesteht sowohl zu, dass Dtn 7,9–10 ein chiastisches Zitat der Formel aus dem Dekalog ist, als auch, dass Dtn 7 eine Antithese zu Dtn 5 darstellen will. Dennoch ist nach ihm Dtn 7 keine Überarbeitung der Aussage aus dem Dekalog, vielmehr seien beide Texte bedeutungsgleich. Dtn 7,9–10 solle lediglich das mögliche Missverständnis des De-

Die Lehre von der individuellen Vergeltung wird hier nicht, wie bei Ezechiel, als eine Abweichung vom Status quo dargestellt. Vielmehr wird mit der autoritativen Erzählstimme des Mose das ursprüngliche Theologumenon zitiert und dabei der Eindruck erweckt, als stimmte die neue Lehre ausgerechnet mit derjenigen Vorstellung überein, der sie doch widerspricht. Schaubild 2 zeigt, wie der revisionistische Sprecher des Deuteronomiums die einzelnen Lemmata der Formulierung des Prinzips generationenübergreifender Bestrafung gegen sie selbst wendet. Die Schlüsselbegriffe werden geschickt umgruppiert und neu angeordnet, so dass das Prinzip generationenübergreifender Bestrafung bestritten und stattdessen der Grundsatz individueller Vergeltung vertreten wird.

A	er vergilt	ומשלם
B	die ihn hassen – *in ihr Angesicht,*	לשנאיו אל פניו
X	*und er vernichtet sie.*[21]	להאבידו
X	*Er zögert nicht*	לא יאחר
B′	bei dem, der ihn hasst – *in sein Angesicht*	לשנאו אל פניו
A′	vergilt er ihm.	ישלם לו

Schaubild 2. Die Neuanordnung der Lemmata dient der Neufassung der Lehre (Dtn 7,10)

---

kalogs korrigieren, dass Gott hier womöglich nach dem Prinzip generationenübergreifender Strafe handeln könnte. Dass der Dekalog jemals so verstanden wurde, wie Wénin es vorschlägt, ist unwahrscheinlich. Zu dieser »theologisch korrekten« Interpretation Wénins, vgl. DERS. (und die Diskussion seiner These in Anm. 56 in Kap. 3 dieser Studie), »Dieu qui visite la faute des pères sur les fils« (Ex 20,5). En marge d'un livre récent de B. M. Levinson, RTL 38 (2007) 67–77.

[21] Im Hebräischen wird hier der Singular des Pronominalsuffixes gebraucht, obwohl der Plural zu erwarten wäre; vgl. dazu S. R. DRIVER, A Critical and Exegetical Commentary on Deuteronomy, ICC, Edinburgh 1902[3], 102.

Das chiastische Muster der Wiederholung rahmt und betont die ethische Erneuerung im Deuteronomium (gekennzeichnet durch *X*): Die Einführung der Vorstellung, dass Gott vergeltende Gerechtigkeit nicht aufschiebt (לא יאחר), heißt, dass Bestrafung nicht länger generationsübergreifend vollzogen wird. Diese Erneuerung der Lehre wird durch das Mittel der textlichen Reformulierung erreicht. Wie die Unterstreichungen im Schaubild zeigen, wird ein Schlüsselbegriff des ursprünglich problematischen Textes zitiert: Die Vergeltung gegen diejenigen, »die ihn hassen« (לשנאיו), bezieht sich auf diejenigen, »die mich hassen« (לשנאי), im Dekalog (Ex 20,5 = Dtn 5,9).[22] Aber direkt im Anschluss an das Zitat des Begriffs wird er anders als zuvor ergänzt: durch die neue Lehre der individuellen Verantwortung (wie der kursiv gesetzte Text im Schaubild zeigt).[23] Die zweifache Erläuterung setzt fest, dass

---

[22] Anders H. Spieckermann, der von der umgekehrten Richtung der literarischen Abhängigkeit ausgeht: Barmherzig und gnädig ist der Herr, ZAW 102 (1990) 1–18 (hier: 6–8); nachgedr. in: ders., Gottes Liebe zu Israel. Studien zur Theologie des Alten Testaments, FAT 33, Tübingen 2001, 3–19 (hier: 7–9). Diese Umkehrung des literarischen Abhängigkeitsverhältnisses durch Spieckermann wurde auch von Veijola bemerkt (Das fünfte Buch Mose, 207 Anm. 509). Spieckermanns Deutung von Dtn 7,9 – »die Gnade hat jetzt die Form des Gesetzes« (5 Anm. 8) – kann sich kaum auf den Text stützen und erinnert eher an paulinischen Antinomismus. Die engen (von Spieckermann nicht beachteten) Verbindungen zwischen der Formel zur generationenübergreifenden Bestrafung und den neuassyrischen Staatsverträgen stellen einen solchen Ansatz in Frage.

[23] Die scheinbare syntaktische Redundanz von »in ihr Angesicht« / »in sein Angesicht« löst sich schnell auf, wenn man die Aussageabsicht und die literarische Kohärenz des ganzen Abschnitts beachtet. Diese Einfügungen in den Text machen stellen gerade das Ziel der Aussage dar: Sie dienen der Umformung des Prinzips generationenübergreifender Strafe zum Prinzip der individuellen Verantwortung. Aus diesem Grund ergibt es keinen Sinn, sie als sekundäre Ergänzungen aus dem Zusammenhang zu lösen. Anders R. Achenbach, Israel zwischen Verheißung

Gott dem Sünder wörtlich »in sein Angesicht« (אל פניו) vergilt.[24] Eine äquivalente Formulierung findet sich an anderer Stelle: »Haran aber starb *zu Lebzeiten* (על פני) seines Vaters Terach« (Gen 11,28a, wörtlich: »im Angesicht von«). Ähnlich heißt es: »Elasar und Itamar dienten als Priester *zu Lebzeiten* (על פני) ihres Vaters Aaron« (Num 3,4). Wie der mittelalterliche Kommentator Raschi (1040–1105 n.Chr.) präzise sah, meint diese Wendung »zu seinen Lebzeiten« (בחייו).[25] In den

---

und Gebot. Literarkritische Untersuchungen zu Deuteronomium 5–11, Europäische Hochschulschriften 422, Frankfurt a.M. 1991, 227; und, im Anschluss an Achenbach, Veijola, Das fünfte Buch Mose, 206.208.

[24] Gegen verschiedene moderne Übersetzungen kann diese Formulierung nicht »sofort« oder »auf der Stelle« bedeuten. Es gibt in der Bibel keine Belege für ein Prinzip der sofortigen Bestrafung von Übertretungen durch Gott. Abzulehnen sind deshalb die Formulierungen von Th. Meek (»immediately«); vgl. Deuteronomy, in: J.M. Powis Smith u.a. (Hgg.), The Complete Bible. An American Translation, Chicago 1939, 158–191 (hier: 165), und der neuen Übersetzung der Jewish Publication Society (»instantly«); vgl. Tanakh. The Holy Scriptures, Philadelphia 1988, 286. Die Tanakh Übersetzung geht offenbar zurück auf A.B. Ehrlich, Mikra ki-Pheschuto, 3 Bde., Berlin 1899–1901, Bd. 1, 323. Derselbe Fehler zeigt sich auch in der Formulierung »sofort« in der deutschen *Einheitsübersetzung* und im auf ihr beruhenden Kommentar: »Seine Strafe tritt nun sofort ein« (G. Braulik, Deuteronomium 1–16,17, NEB 15, Würzburg 1986, 65). Aufgrund einer früheren Fassung der hier vorgestellten Exegese (Levinson, »Du sollst nichts hinzufügen und nichts wegnehmen« [Dtn 13,1]. Rechtsreform und Hermeneutik in der Hebräischen Bibel, ZThK 103 [2006] 157–183 [hier: 176]), hat Prof. Braulik diese Übersetzungshinweise angenommen und in aller Form vorgeschlagen, dass die Einheitsübersetzung an dieser Stelle entsprechend korrigiert werden sollte (persönliche E-Mail vom 6. März 2007).

[25] Raschi zieht häufig klassische rabbinische Exegese für seinen Kommentar zum Pentateuch heran, insbesondere Midrasch Halacha. In diesem Fall geht seine Kommentierung direkt auf den aramäischen Targum Onqelos zurück. Dieser übersetzt die Formulierung aus Dtn 7,10 nicht im eigentlichen Sinne, sondern überträgt sie ausschmückend im Sinne eines Midrasch: Gott »vergilt die guten Taten derer, *die ihn hassen,*

eingefügten Erläuterungen wird göttliche Bestrafung neu definiert und auf eine Weise eingeschränkt, dass sie sich nicht mehr über Generationen erstreckt. Stattdessen erfolgt die Bestrafung der Schuldigen nur noch an »ihrer eigenen Person«

---

zu ihren Lebzeiten (בחייהון), *so dass er sie umkommen lässt*«. Ironischerweise dient hier die Einsicht in die korrekte wörtliche Bedeutung der Formulierung – die Deutung von »in sein Angesicht« als »zu seiner Lebzeit« – der Umgestaltung des Verses im Sinne eines Midrasch. Der Vers wird neu interpretiert, um der unvermeidbaren Frage der Theodizee zuvorzukommen, die durch die wörtliche Bedeutung des Verses aufgeworfen wird. Wenn Gott tatsächlich die Gerechten belohnt und die Schuldigen betraft, wieso scheint dann die Lebenserfahrung das Gegenteil nahezulegen: Dass es den Bösen in der Welt scheinbar wohlergeht, während die Gerechten leiden? Der Midrasch will das Problem lösen, indem das Jenseits in die Betrachtung mit einbezogen wird. Die Bösen werden nur in diesem Leben für ihre guten Taten belohnt, während die Vergeltung für ihren Frevel dadurch erfolgt, dass sie keinen Anteil an der kommenden Welt haben werden. Umgekehrt leiden die Gerechten nur in diesem Leben für böse Taten, die sie gegebenenfalls begangen haben, werden aber damit für ihre guten Taten belohnt, dass ihnen ein Platz in der kommenden Welt zugesichert wird. Diese zeitliche Ausdehnung auf ein mutmaßliches Jenseits widerspricht freilich voll und ganz dem eindeutigen Beharren auf einer Gerechtigkeit Gottes in Dtn 7,10, die sich innerhalb der Geschichte durchsetzt. Dieses Problem übersieht I. Drazin, wenn er behauptet: »The Aramaic paraphrase is a reasonable interpretation of the verse's *peshat* [wörtlicher Sinn]«; ders., Targum Onkelos to Deuteronomy. An English Translation of the Text with Analysis and Commentary (Based on A. Sperber's Edition), Hoboken, N.J. 1982, 115. In der Übersetzung von Dtn 7,10 steht der Targum Onqelos der palästinischen Targum tradition nahe, die eine wohlbekannte Vorliebe für ausführliche haggadische Ausschmückungen zeigt. Vgl. die Übersetzung von Dtn 7,10 in: M. L. Klein, The Fragment-Targums of the Pentateuch According to their Extant Sources, 2 Bde., AnBib 76, Rome 1980, Bd. 1, 213; Bd. 2, 171. Zum sozialen und theologischen Kontext dieser Ergänzungen, vgl. A. Shinan, The Aggadah in the Aramaic Targums to the Pentateuch, 2 Bde., Jerusalem 1979, Bd. 2, 301 (Hebräisch). Die sorgfältigste und genauste Edition von Raschis Pentateuch-Kommentar, mit Angaben zu seinen antiken Quellen (wie z. B., an dieser Stelle, dem Targum Onqe-

(so, korrekt, die Wiedergabe in der »Menge-Bibel«).[26] Die Paraphrase der Quelle setzt diese also außer Kraft und vertritt stattdessen die Lehre von der individuellen Verantwortlichkeit.

Formal gesprochen besteht diese Neuordnung aus einer wohlüberlegten Abfolge von Erläuterungen zur ursprünglichen Lehre. Diese wird fast wie ein Lemma der Heiligen Schrift zitiert, das einer Glosse bedarf. Inhaltlich gesehen jedoch ist der Autor der Glosse weit davon entfernt, das Lemma bloß zu erläutern, vielmehr untergräbt er es in seiner inhaltlichen Substanz. Zudem gibt es keine formale Abgrenzung zwischen dem Lemma und seiner Erläuterung, vielmehr wird die Glosse zum Lemma vom Lemma selbst nicht unterschie-

---

los), bietet Ch. B. [Ḥayim Dov] Chavel (Hg.), Perushe Rashi ʿal ha-Torah, Jerusalem 1985–1986[3], 532 (Hebräisch). Vgl. A. Berliner (Hg.), Raschi. Der Kommentar des Salomo ben Isak über den Pentateuch, Frankfurt a.M. 1905[2]; nachgedr., Hildesheim 1999, 366. Vgl. auch Rashi, al ha-Torah. Raschis Pentateuchkommentar (übersetzt von S. Bamberger), Basel 1975[3] (hier »bei Lebzeiten«: 471). Die in dieser Studie aufgeworfenen exegetischen Fragen werden freilich dort nicht diskutiert.

[26] Ein Mitglied der spanischen Schule mittelalterlicher rabbinischer Exegese, Abraham ibn Esra (1089–1164 n.Chr.), wies Raschis midraschischen Deutungsansatz zurück. Ibn Esra erkannte, dass es in Dtn 7,10 nicht um einen Gegensatz zwischen dieser Welt und dem Jenseits geht, sondern zwischen indiviueller Verantwortung und stellvertretender Bestrafung. Er erkannte richtig, wenn auch unausgesprochen, dass der Vers der Vorstellung aus dem Dekalog widerspricht, indem er Bestrafung auf den Handelnden »selbst« (לעצמו) beschränkt. Vgl. Abraham ibn Esra, Commentary on the Torah (hg. von A. Weiser), 3 Bde., Jerusalem 1977, Bd. 3, 238 (Hebräisch). Ähnlich wird die Einsicht, dass die Strafe hier nur den Sünder »selbst« trifft, formuliert bei A. Dillmann, Die Bücher Numeri, Deuteronomium, und Josua, Kurzgefasstes exegetisches Handbuch zum Alten Testament 13, Leipzig 1886[2], 274. Es ist bemerkenswert, dass der Bezug auf das Individuum in der erstmals 1926 erschienenen »Menge-Bibel« bereits in der mittelalterliche Übersetzung Ibn Esras einen Vorläufer hat.

den. Die revisionistische Stimme des Glossators führt die göttliche Stimme der Quelle weiter und ist von derselben Autorität wie diese.

Dieses gelehrte Umgestalten autoritativer Texte, um sie mit den Bedürfnissen späterer Generationen in Übereinstimmung zu bringen oder um spätere Interpretationen des Religionsgesetzes vorgeblich mit dem Gütesiegel der Schrifttradition zu versehen, wird als Methode im Allgemeinen in einer deutlich späteren Zeit der Geschichte des Judentums verortet (ca. 200 v. Chr. bis 150 n. Chr.). Greifbar ist dieses Vorgehen z. B. im Umgang mit der Bibel in den Schriftrollen vom Toten Meer, im Jubiläenbuch und in den exegetischen Midraschim der rabbinischen Zeit.[27] In der klassischen Antike gab es zudem das Genre des gelehrten Kommentars, der formal aus den Bestandteilen Lemma und Glosse bestand.[28] Wie die Umwandlung der Vorstellung generationenübergreifender Strafe in eine Lehre individueller Verantwortlichkeit im Deuteronomium zeigt, wurden solche Techniken im Alten Israel bereits kunstvoll angewendet.

Die Autoren des Deuteronomiums nutzen zwei Techniken, um ihr Anliegen zu formulieren und gleichzeitig die Neufor-

---

[27] Die Literatur zu diesem Thema ist natürlich sehr umfangreich. Zu den Kontinuitäten der exegetischen Techniken zwischen biblischen und nachbiblischen Überarbeitungen von Texten, vgl. M. FISHBANE, Use, Authority, and Interpretation of Mikra at Qumran, in: M. J. Mulder (Hg.), Mikra. Text, Translation, Reading, and Interpretation of the Hebrew Bible in Ancient Judaism and Early Christianity, CRI 2.1, Assen / Maastricht / Philadelphia 1988, 339–377. Zu expliziten und impliziten Zitierungen innerhalb und außerhalb von Pescher-Texten, vgl. R. G. KRATZ, Innerbiblische Exegese und Redaktionsgeschichte im Lichte empirischer Evidenz, in: DERS., Das Judentum im Zeitalter des Zweiten Tempels, FAT 42, Tübingen 2004, 126–156.

[28] Vgl. H. G. SNYDER, Teachers and Texts in the Ancient World. Philosophers, Jews, and Christians, London 2000, 75–82.

mulierung zu verdecken. Die erste Technik besteht in der lemmatischen Zitierung und Neuformulierung: Was vorgibt, bloße Paraphrase zu sein, stellt tatsächlich eine radikale Subversion der Autorität des Dekalogtextes dar. Die neue Lehre individueller Vergeltung greift wörtlich zurück auf genau die Vorstellung, die sie ersetzen soll. Dies geschieht aber ganz kleinteilig: Einzelne Worte werden selektiv umgruppiert; sie dienen dabei zwar noch als Hinweise auf die Tradition, gleichzeitig aber wird der ursprüngliche semantische Bezug zwischen den Worten aufgebrochen.[29] Indem die ursprünglichen Formulierungen zu einer bloßen Anhäufung von einzelnen Lemmatas werden, die dann in einem anderen Kontext neu zusammengefügt werden, wird der älteren Lehre ein neuer Inhalt eingeflößt. Die Zitierung scheint hier kaum die Anerkennung der Bedeutung der Quelle auszudrücken, vielmehr dient sie dazu, die Quelle umzugestalten, indem sie in einen neuen Kontext eingeschrieben wird, der in Tat und Wahrheit ihre ursprüngliche Autorität stark einschränkt.[30] Die zweite Technik ist die Pseudepigraphie: Ein Text wird auf einen be-

---

[29] Anders J. SCHAPER, der aus der Prämisse, dass eine tendenziöse »exegetische« Bearbeitung eines prestigereichen oder autoritativen Textes entweder diesen Text abrogiert oder seine Autorität begrenzt, eine logische Absurdität macht (Schriftauslegung und Schriftwerdung im alten Israel. Eine vergleichende Exegese von Ex 20.24–26 und Dtn 12.13–19, ZAR 5 [1999] 111–132). Die Auslegungsgeschichte zeigt, dass ein stärker dialektisches hermeneutisches Modell notwendig ist. In diesem Fall, der Ersetzung des Prinzips generationenübergreifender Bestrafung durch die Vorstellung individueller Vergeltung, bestimmt die neuere Vorstellung schließlich die Art und Weise, in der die ältere verstanden und gelehrt wird, wie die Targumtradition zeigt (s. auch den nächsten Abschnitt, »Die Interpretation der Gerechtigkeit Gottes im Targum«).

[30] Zu Beispielen für dieses Phänomen im Rechtskorpus des Deuteronomiums, vgl. LEVINSON, Deuteronomy, 46–48.

rühmten Sprecher der Vergangenheit zurückgeführt, um so sein Prestige zu erhöhen.[31] Die Autoren des Deuteronomiums sind nicht direkt mit ihrer eigenen Erzählstimme zu erkennen. Stattdessen lassen sie Mose für sich sprechen, stellen ihn so als Autor dar und nutzen seine Autorität für ihre Neuformulierung der Vorstellung aus dem Dekalog. Dem Eindruck fehlender Kontinuität zur Tradition wird so auf paradoxe Weise entgegengewirkt: Die Neubearbeitung der Vorstellung aus dem Dekalog wird auf denselben mosaischen Sprecher zurückgeführt, dem auch schon ihre ursprüngliche Verkündung zugeschrieben wurde. Ebenso tiefgehende Überarbeitungen des grundlegenden Kanons im Alten Israel lassen sich im Deuteronomium auch an anderer Stelle nachweisen, insbesondere im Rechtskorpus (Dtn 12–26).[32]

---

[31] Vgl. die anregende Analyse von M. SMITH, Pseudepigraphy in the Israelite Literary Tradition, in: K. von Fritz (Hg.), Pseudepigrapha I. Pseudopythagorica, Lettres de Platon, Littérature pseudépigraphique juive, Entretiens sur l'antiquité classique 18, Vandœuvres-Genf 1972, 191–215 (mit einer Dokumentation der anschließenden Podiumsdiskussion: 216–227). Beide Techniken sind belegt in den Schriftrollen vom Toten Meer; vgl. M.J. BERNSTEIN, Pseudepigraphy in the Qumran Scrolls. Categories and Functions, in: E.G. Chazon / M.E. Stone (Hgg.), Pseudepigraphic Perspectives. The Apocrypha and Pseudepigrapha in Light of the Dead Sea Scrolls, Proceedings of the International Symposium of the Orion Center, 12–14 January 1997, STDJ 31, Leiden 1999, 1–26. Zu den theologischen Fragen, sie sich aus falschen Autorenzuschreibungen ergeben, vgl. D.G. MEADE, Pseudonymity and Canon. An Investigation into the Relationship of Authorship and Authority in Jewish and Earliest Christian Tradition, WUNT 39. Tübingen 1986. Zu einer Diskussion der Bedeutung der Pseudepigraphie für den Autoritätsanspruchs rabbinischer Literatur, vgl. M.S. JAFFEE, Torah in the Mouth. Writing and Tradition in Palestinian Judaism, 200 BCE–400 CE, New York 2001, 23–25.

[32] Zur Analyse dieser Überarbeitungen auf dem Gebiet des Opfers, des Kalenders und der öffentlichen Verwaltung, vgl. E. OTTO, Von der Gerichtsordnung zum Verfassungsentwurf. Deuteronomische Gestal-

Mit der radikalen revisionistischen Erzählstimme des Mose im Deuteronomium bringen, entgegen dem Augenschein, israelitische Autoren ihr Anliegen zum Ausdruck, die in unmittelbarer zeitlicher Nähe zu Ezechiel aktiv waren (593–573 v. Chr.).[33] Das Deuteronomium verortet sich selbst in einer weit zurückliegenden Vergangenheit, vor Israels Landnahme in Kanaan (ca. 1200 v. Chr.). Die meisten Exegeten jedoch datieren die Komposition des literarischen Kerns des Deuteronomiums in das späte 7. Jh., da das Gebot der Kultzentralisation im Deuteronomium als Auslöser der Kultreform Josias gesehen wird (622 v. Chr.; 2Kön 22–23; vgl. 2Chr 34–35).[34] Si-

---

tung und deuteronomistische Interpretation im »Ämtergesetz« Dtn 16,18–18,22, in: I. Kottsieper u. a. (Hgg.) »Wer ist wie du, HERR, unter den Göttern?« Studien zur Theologie und Religionsgeschichte Israels für Otto Kaiser, Göttingen 1995, 142–155; und LEVINSON, Deuteronomy.

[33] Vgl. WEINFELD, Deuteronomy, 158–178.244–319.

[34] Als erneute Begründung des Zusammenhangs zwischen der Kultzentralisationsforderung im Deuteronomium und der Josiareform, vgl. N. LOHFINK, Kultzentralisation und Deuteronomium. Zu einem Buch von Eleonore Reuter, ZAR 1 (1995) 115–148; nachgedr. in: DERS., Studien zum Deuteronomium und zur deuteronomistischen Literatur IV, SBAB 31, Stuttgart 2000, 131–161; K. SCHMID, Hatte Wellhausen Recht? Das Problem der literarhistorischen Anfänge des Deuteronomismus in den Königebüchern, in: M. Witte u. a. (Hgg.), Die deuteronomistischen Geschichtswerke. Redaktions- und religionsgeschichtliche Perspektiven zur »Deuteronomismus«-Diskussion in Tora und Vorderen Propheten, BZAW 365, Berlin 2006, 19–43 (hier 33–35); und die inhaltsreiche Untersuchung von N. NA'AMAN, The King Leading Cult Reforms in his Kingdom. Josiah and Other Kings in the Ancient Near East, ZAR 12 (2006) 131–168. R. G. KRATZ bestreitet jede ursprüngliche Verbindung zwischen dem Deuteronomium und Josias Religionsreform aufgrund seiner Rekonstruktion der Redaktionsgeschichte von 2Kön 22–23; er hält die Abschnitte zur Buchauffindung, zum Bundesschlusses und den Bericht über die Kultreform sämtlich für literarisch sekundär; vgl. DERS., Die Komposition der erzählenden Bücher des Alten Testaments. Grundwissen der Bibelkritik, UTB 2157, Göttingen 2000, 136.193.

cherlich erfuhr das Deuteronomium in exilischer und später auch in persischer Zeit umfangreiche Ergänzungen; die Behandlung des Themas der Gerechtigkeit Gottes in Dtn 7 verdankt sich wahrscheinlich dieser späteren literarischen Aktivität.[35] Als die Autoren des Deuteronomiums nacheinander vor den Bedrohungen durch die neuassyrische und dann die neubabylonische Hegemonie standen, gestalteten sie eine auf radikale Weise neue Vision der Religion und der Gesellschaft, um das Überleben der Volksgemeinschaft zu sichern. Um dieser Vision Legitimität zu verschaffen, banden sie sie zurück an genau die Traditionen, die durch sie eigentlich ersetzt werden sollten. Mose, der prophetische Mittler und Träger der Erzählstimme im Text, verkörpert hier die innovative Stimme der Autoren des Deuteronomiums.

Dieses Phänomen ist nicht auf das Deuteronomium beschränkt. Wenn man ihn erst einmal genau liest, zeigt der Pentateuch durchgehend, dass er das Ergebnis einer lebendigen Rechts- und Geistessgeschichte ist, eines Prozesses, in dem immer wieder spätere Autoren und Redaktoren auf die früheren Schichten der Rechtstradition reagieren, sie in Frage stellen, neu interpretieren, nach Übereinstimmungen suchen, Ergänzungen und Harmonisierungen vornehmen. Die spätesten Schichten des Pentateuchs zeigen dann in vielen Beispielen überdeutlich das Bestreben der Redaktoren, eine einheitliche Schrift und kohärente Tradition aus dieser Vielfalt zu schaffen.[36] Hermeneutik ist also kein Konzept, das nur der

---

[35] Vgl. A. D. H. Mayes, Deuteronomy, NCeB, London 1979, 181.186. Für eine nachexilische statt einer exilischen Datierung des Kapitels plädiert Veijola, Das fünfte Buch Mose, 206–208.

[36] Vgl. E. Otto, Theologische Ethik des Alten Testaments, ThW 3.2, Stuttgart 1994, 230–234; und ders., Innerbiblische Exegese im Heiligkeitsgesetz Levitikus 17–26, in: H.-J. Fabry / H.-W. Jüngling (Hgg.), Levitikus als Buch, BBB 119, Berlin 1999, 125–196. Vgl. auch J. Ch. Gertz,

Rezeptionsgeschichte der Heiligen Schrift zuzuordnen wäre, wie oft angenommen wird. Hermeneutik spielte vielmehr schon im Entstehungsprozess des Heiligen Schrift eine entscheidende Rolle.

Die Interpretation der Gerechtigkeit Gottes im Targum

Mit dem Abschluss des Kanons hatten Texte wie Ez 18 und Dtn 7, deren Autoren zuvor mit der Autorität des Dekalogs auf verdeckte Weise gerungen hatten, selbst im gleichen Ausmaß autoritativen Charakter gewonnen. Tatsächlich verdecken diese Textpassagen im jetzt vorliegenden Kanon die Vorstellung der generationenübergreifenden Bestrafung aus dem Dekalog, weil die Rezeption und Interpretation dieser Vorstellung bei späteren Gemeinschaften von Leserinnen und Lesern über genau diese Passagen vermittelt wurde. Der tatsächliche Verlauf der Literargeschichte wird so geradezu auf den Kopf gestellt. Ein Text aus dieser nachbiblischen Epoche zeigt, zu welchem Abschluss die Entwicklung der literarischen Techniken für die Neu- und Umformulierung der Offenbarung kam. Dieser Beispieltext findet hier Berücksichtigung, weil er auf den bereits vorgestellten literarischen Techniken aufbaut: Eine Neubearbeitung gibt sich selbst als treue, autoritative Übersetzung aus. Zudem wird auf Wandlungen rea-

---

Tradition und Redaktion in der Exoduserzählung. Untersuchungen zur Endredaktion des Pentateuch, FRLANT 186, Göttingen 2000, 29–73; und DERS., Die Stellung des kleinen geschichtlichen Credos in der Redaktionsgeschichte von Deuteronomium und Pentateuch, in: R.G. Kratz / H. Spieckermann (Hgg.), Liebe und Gebot. Studien zum Deuteronomium–Festschrift zum 70. Geburtstag von Lothar Perlitt, FRLANT 190, Göttingen 2000, 30–45.

giert, wie sie auch in der innerbiblischen Interpretationsgeschichte der Vorstellung aus dem Dekalog beobachtet werden konnten. Unter persischer und dann hellenistischer Herrschaft hörte das Hebräische auf, die gesprochene Sprache der Juden zu sein. Es wurde schrittweise ersetzt durch die aramäische bzw. durch die griechische Sprache als Lingua franca. Deshalb wurden Übersetzungen der Bibel in diese neuen Umgangssprachen nötig, um den liturgischen Bedürfnissen der Gemeinschaft nachzukommen.[37]

Diejenige aramäische Übersetzung, die schließlich in Babylonien in der talmudischen Zeit (ca. 200–640 n. Chr.) die größte Verbreitung fand, ist der Targum Onqelos. Im Großen und Ganzen stellt er eine einfache und nicht ausschmückende Übersetzung dar und kann als wörtliche Wiedergabe des hebräischen Textes gelten. In der Übersetzung des Dekalogs finden sich jedoch im Targum Onqelos einige aufschlussreiche Ergänzungen in der Formulierung zu den generationenübergreifenden Folgen der Sünde:

> [...] der die Schuld der Väter heimsucht an den *aufrührerischen* (מרדין) Söhnen bis in die dritte und vierte Generation, bei denen, die mich hassen, *wenn die Söhne fortfahren zu sündigen* (כד משלמין בניא למחטי) wie ihre Väter (בתר אבהתהון).[38]

[37] Vgl. E. Tov, The Septuagint, und Ph. S. Alexander, Jewish Aramaic Translations of Hebrew Scriptures, in: M. J. Mulder (Hg.), Mikra. Text, Translation, Reading, and Interpretation of the Hebrew Bible in Ancient Judaism and Early Christianity, CRI 2.1, Assen / Maastricht / Philadelphia 1988, 161–188.217–254. Zu den Targumim, vgl. auch J. W. Bowker, The Targums and Rabbinic Literature. An Introduction to Jewish Interpretations of Scripture, London 1969.

[38] Tg. Onq. Ex 20,5; vgl. A. Sperber, The Bible in Aramaic Based on Old Manuscripts and Printed Texts, Bd. 1, The Pentateuch according to Targum Onkelos, Leiden 1959; nachgedr., 3 Bde. in einem, Leiden 2004[3], 122 (meine Übersetzung).

Wie schon im Fall des »Mose« in Dtn 7, so gilt ähnlich auch hier: Der Text des aramäischen Targum versteht sich nicht als Neuinterpretation einer älteren Lehre, sondern als Träger der ursprünglichen Bedeutung der hebräischen Quelle. Dennoch lassen die nachbiblischen Ausleger, die für den Targum Onqelos verantwortlich sind, hier durch ihre Ergänzungen Gott die Bestrafung so begrenzen, dass nur die Schuldigen und auf keinen Fall die Unschuldigen bestraft werden. Nur wenn die Übertretungen generationenübergreifend sind – »wenn die Söhne fortfahren zu sündigen wie ihre Väter« – ist auch die Bestrafung entsprechend generationenübergreifend. Es werden also nur »aufrührerische« Nachkommen bestraft, niemals aber die unschuldigen Nachfahren sündhafter Väter. Die palästinischen Targumim zum Pentateuch (der Fragmententargum, der Targum Neophyti 1 und der Targum Pseudo-Jonathan) bezeugen ähnliche Überarbeitungen des Quellentexts. Sie bezeugen sogar eine zusätzliche Erweiterung, die die Konstanz und Widerspruchsfreiheit der Gerechtigkeit Gottes betonen soll: »[...] der die Schuld der *sündhaften* Väter heimsucht [...]«.[39]

Diese radikale Umformulierung der ursprünglichen Vorstellung läuft auf eine nachbiblische Theodizee hinaus: Die Autoren des Targums wollen jeden Anschein vermeiden, dass Gott einem ungerechten Prinzip das Wort redet. Nach dem Targum bedeutet die fragliche Bibelstelle, dass die Rede von Gottes Gerechtigkeit die Vorstellung individueller Verant-

---

[39] Vgl. M.L. Klein, The Fragment-Targums of the Pentateuch According to their Extant Sources, 2 Bde., AnBib 76, Rom 1980, Bd. 1, 84; Bd. 2, 53. Ähnlich, A. Díez Macho, Neophyti 1. Targum Palestinense Ms de la Biblioteca Vaticana, Bd. 2, Éxodo. Edición príncipe, introducción y versión castellana, Textos y Estudios 8, Madrid-Barcelona 1970, 129; und E.G. Clarke, Targum Pseudo-Jonathan of the Pentateuch. Text and Concordance, Hoboken, N.J. 1984, 91.

wortung bedingt. Es gibt also kein adäquates Verständnis der Gerechtigkeit Gottes, wenn die Stimme Jahwes im Dekalog nicht im Einklang und in Übereinstimmung mit ihrem vorgeblich mosaischen Nachklang in Dtn 7 sowie mit Ezechiels prophetischer Neuformulierung in seiner Lehre zur Buße gehört wird. Indem sie diese Texte aneinander anpassen, stellen die Autoren des Targums ihre exegetische Anpassung des Dekalogs an seine verschiedenen innerbiblischen Neuformulierungen als die wörtliche und ursprüngliche Bedeutung des Dekalogs selbst dar. »The Rabbis' skillful dealing with Scripture makes it evident that they were not slaves but masters of the letter«.[40] Die menschliche Stimme der Schriftauslegung im Targum erschafft also die göttliche Stimme des Dekalog neu zu ihrem eigenen Bilde.

Indem die Autoren des Targum mit ihrer Überarbeitung ein Problem lösten, schufen sie allerdings andere. Wenn Gott nur diejenigen in jeder Generation bestraft, die selbst schuldig werden, dann ist die Lehre von den generationenübergreifenden Konsequenzen der Sünde in vollem Umfang hinfällig. Obwohl die korrigierte Fassung Gott von jeder Ungerechtigkeit freispricht, macht sie auch den ursprünglichen Text redundant. Welchen Sinn hat es, das Thema der verschiedenen Generationen überhaupt anzusprechen, wenn individuelle Verantwortung das allein maßgebliche Prinzip ist, und nicht mehr generationenübergreifende Strafe? Obwohl die Beibehaltung der Formulierung vielleicht als Warnung und Ansporn für die Nachgeborenen dienen sollte – denn: »der Apfel fällt nicht weit vom Stamm« – scheint das eigentliche Motiv hinter der Neuformulierung nicht Ermahnung gewesen zu

---

[40] R. Neudecker, Does God Visit the Iniquity of the Fathers upon Their Children? Rabbinic Commentaries on Exod 20,5b (Deut 5,9b), Gr. 81 (2000) 5–24 (hier: 22).

sein, sondern die nachträgliche Beseitigung jedes Anscheins, dass im Dekalog eine offensichtlich ungerechte Vorstellung vertreten werden könnte. Es gab einen starken Drang, den Widerspruch zwischen den Prinzipien der generationenübergreifenden Bestrafung (Ex 20,5 = Dtn 5,9) und der individuellen Vergeltung (Ez 18; Jer 31,29–30; Dtn 7,10) zu beseitigen und gleichzeitig die Integrität des Schriftkanons zu erhalten. Dies führte dazu, dass im vorliegenden Targumtext die fragliche Vorstellung formal noch enthalten ist, obwohl sie durch die strategische Einfügung substanziell zurückgewiesen wird. Aus der ursprünglichen Vorstellung ist eine Worthülse geworden, ohne ihren ursprünglichen Inhalt.

Die Autoren des Targums haben so einen dritten Weg beschritten: Generationenübergreifende Strafe ist im Dekalog nun abhängig davon, ob die jeweilige Generation es versäumt, durch Buße die Strafe abzuwenden. Mit der Neuformulierung ergibt sich ein weiteres Paradox. Der Versuch, den Widerspruch zwischen dem Dekalog und Ez 18 zu beseitigen, hat zu einer Neufassung des Dekalogs geführt, die nun weder mit dem ursprünglichen Dekalog (hinsichtlich des Inhalts, da in der Fassung des Targum das Prinzip der individuellen Vergeltung vertreten wird) noch mit Ez 18 (hinsichtlich der Form, da das Prophetenwort nun mit der göttlichen Erzählstimme versehen wird, während Ezechiels Bußlehre unerwähnt bleibt) übereinstimmt. Dennoch fand diese revisionistische Umarbeitung des Dekalogs mit ihrer Vorstellung individueller Vergeltung breite Akzeptanz in der rabbinischen Theologie, sowohl in der talmudischen als auch in der mittelalterlichen Exegese.[41] Ironischerweise hat gerade das Bemühen, die hermeneutische Kohärenz des Kanons zu bewahren, zu Ergän-

---

[41] Vgl. b. Ber. 7a; b. Sanh. 27b; b. Šebu. 39a; mit Fishbane, Biblical Interpretation, 345 Anm. 72.

zungen und Streichungen und damit zu einer Aushöhlung der grundlegenden Maßgabe des Kanons geführt, literarische Innovation, sei es durch Ergänzungen oder Streichungen, zu verhindern.

5 Die Förderung von Innovation durch den Kanon

Die Autorität der maßgeblichen Texte wurde im Alten Israel häufig in Frage gestellt und breit diskutiert. Diese Debatte fand allerdings im Medium des Textes statt. Die Erfindungsgabe (»ingenuity«), wegen der nach Jonathan Z. Smith die Exegese ein zentraler Gegenstand der religionswissenschaftlichen Forschung sein sollte, erscheint somit als eine Form von Kreativität, die von der Religionswissenschaft unzureichend zur Kenntnis genommen wurde. Die im Rahmen dieser Studie vorgebrachten Argumente ermöglichen es aber, Smiths Theoriemodell um eine differenziertere Sicht auf seine zu einfache Gegenüberstellung des vorgegebenen grundlegenden Kanons und der nur nachgeordneten Exegese zu bereichern. Schon innerhalb all der Texte, die viel später ausgewählt, gesammelt und in den Kanon eingegliedert wurden, sind literarische Techniken erkennbar, die von einem gewandten Umgang mit Texten und ihrer Interpretation zeugen. Die unvermeidliche Verbindung zwischen religiöser Erneuerung und der Umarbeitung von Texten rückt die Rolle des professionell ausgebildeten Schreibers als zentraler Figur des kulturellen Wandels in den Mittelpunkt. Der qualifizierte Schreiber war sowohl Denker als auch religiöser Visionär, und der Geist manifestierte sich in der Überarbeitung eines Textes durch den Schreiber. Was das Alte Israel betrifft, ist Offenbarung also nichts, was dem Text vorgegeben oder außerhalb des Textes zu verorten ist. Offenbarung liegt im Text und geschieht durch ihn.

Dem konzeptionellen Durchbruch liegt der Text zugrunde, die Originalität des Gedankengangs ist ein Ergebnis der Auseinandersetzung mit den maßgeblichen Texten, und der Bruch mit der Tradition wird dargestellt als Fortführung der Tradition. Die Erfindungsgabe hat hier die Form literarischer Gewandtheit: Die Kunstfertigkeit, durch die verschiedene aufeinander folgende Autoren den Widerspruch zwischen ihrer neuen Lehre der individuellen Vergeltung und dem autoritativen Prinzip der generationenübergreifenden Bestrafung verbergen konnten. Diese Erfindungsgabe hatte bemerkenswerte literarische Techniken zur Voraussetzung: literarische »Tricks« hinsichtlich der Erzählstimme (wie den Wechsel der Erzählstimme und Pseudepigraphie) und besondere Techniken der Schreiberkunst (wie »Seidels Gesetz« und lemmatische Zitierung und Wiederverwendung). Dieses umfangreiche Repertoire an Kunstgriffen der Schreiber weist erneut darauf hin, welches Problem Innovation im Alten Israel darstellte.

Auf paradoxe Weise unterstreicht diese literarische Gewandtheit auch die weitreichenden Möglichkeiten der Schreiber, literarisch kreativ zu sein. Israels grundlegender Kanon beförderte selbst die Innovation, obwohl er sie zu verbieten schien. Dieser Prozess kam auch nicht mit dem Abschluss des Kanons zum Stillstand, wie der Targum zeigt, der sein Verständnis individueller Verantwortlichkeit in den Dekalog hineinliest. Die Bearbeitung der Tradition stellt sich selbst als deren ursprüngliche Bedeutung dar, die Infragestellung der Quelle wird in die Quelle selbst hineingelesen, und der Autor verdeckt seine eigene Stimme und gebraucht stattdessen die Stimme der autoritativen Quelle, um gerade so noch machtvoller als Autor, Denker und Bearbeiter der Tradition auftreten zu können. Die Tora wird grundlegend umgeformt durch die Interpretation der Tora.

Die Tradition selbst erscheint hier als hermeneutische Konstruktion, da das Zitieren von Tradition ein Mittel zu ihrer Überarbeitung darstellt. Zitierungen führen nicht zu passiver Unterwerfung unter eine vorgeblich autoritative – kanonische – Quelle, sondern zur kritischen Auseinandersetzung mit ihr.[1] Diese Beobachtung trifft generell auf die Zeit zu, als die Traditionen des Alten Israels noch im Entstehen waren; ein Beispiel dafür ist die Paraphrase des Abschnitts zur generationenübergreifenden Strafe, in der, mit der Erzählstimme des Mose, über Gott in der dritten Person gesprochen und dabei in Wahrheit das Prinzip der individuellen Vergeltung vertreten wird (Dtn 7). Die Beobachtung trifft auch auf die Zeit nach dem Abschluss des Kanons zu. Der Auslegungsprozess kommt für das hier beschriebene Beispiel zu einem Abschluss, wenn der Dekalog selbst – dem Targum zufolge – das Prinzip individueller Vergeltung vertritt. Über verschiedene Gattungen und Perioden der rabbinischen Literatur hinweg bedeutet ein Zitat einer Quelle aus der Schrift oder aus älterer rabbinischer Tradition, dass der Inhalt dieser Quelle überarbeitet oder sogar durch die neue Interpretation dominiert wird.[2] Ähnliches lässt sich über Zitate aus der Hebräischen Bibel im Neuen Testament oder in Qumran sagen.[3]

---

[1] Vgl. B. M. Levinson, The Hermeneutics of Tradition in Deuteronomy, in: ders., »The Right Chorale«. Studies in Biblical Law and Interpretation, FAT 54, Tübingen 2008, 256–275.

[2] Zur midraschischen Zitierung als Überarbeitung von Bibeltexten, vgl. D. Boyarin, Intertextuality and the Reading of Midrash, Bloomington 1990, 35. Über die Mischna als Text, der durch die Amoraim in einer *Sugya* des palästinischen Talmuds dominiert wird, vgl. M. S. Jaffee, The Pretext of Interpretation. Rabbinic Oral Torah and the Charisma of Revelation, in: R. P. Scharlemann / G. E. M. Ogutu (Hgg.), God in Language, New York 1987, 73–89.

[3] Vgl. J. A. Fitzmyers Diskussion von »accommodated texts« in: The Use of Explicit Old Testament Quotations in Qumran Literature and in

Das Konzept der Autorität von Texten im alten Israel war also zutiefst dialektisch: Der Bruch mit der Tradition drückt sich in der Sprache der Tradition aus. Trotz aller »Rhetorik des Verschweigens«, die wegen der Unmöglichkeit, Innovation explizit auszudrücken oder dafür eine menschliche Erzählstimme einzusetzen, angewandt wurde: Gerade im Akt des Verschweigens, der in den eben vorgestellten, durchdachten literarischen Techniken zum Ausdruck kommt, zeigt sich die Innovation durch den menschlichen Autor. Obwohl die menschliche Erzählstimme scheinbar so machtlos war gegenüber der Autorität des Kanons, wurde sie im Alten Israel keineswegs zum Verstummen gebracht. Sie nahm vielmehr an Bedeutung zu. Auf verschiedenen Umwegen erlangte sie eine Autonomie, die ausreichte, um die Tradition in Frage zu stellen, das überkommene Verständnis von Gottes Strafhandeln zurückzuweisen und durch ein neues Prinzip der Gerechtigkeit zu ersetzen. In der göttlichen Erzählstimme des biblischen Rechts und der biblischen Prophetie zeigt sich in Wahrheit die menschliche Erzählstimme mit ihrer Kraft zum Wandel: Die Stimme von Autoren, Denkern und Schriftstellern, die sich leidenschaftlich mit der Tradition auseinandersetzten.

---

the New Testament [1960–61]; nachgedr. in: DERS., The Semitic Background of the New Testament, Grand Rapids, Mich. / Livonia, Mich. 1997, 3–58 (hier: 33–45); E. QIMRON / J. STRUGNELL, Qumran Cave 4, V: Miqṣat Maʿaśe ha-Torah, DJD 10, Oxford 1994, 51.141 (Qimron und Strugnell zeigen, dass die Zitationsformel »es steht geschrieben« sich auf eine Textparaphrase oder auch auf gar keinen bekannten Bibeltext beziehen kann); und J. M. LUST, Quotation Formulae and Canon in Qumran, in: A. van der Kooij / K. van der Toorn (Hgg.), Canonization and Decanonization. Papers Presented to the International Conference of the Leiden Institute for the Study of Religions (LISOR), Held at Leiden, 9–10 January 1997, SHR 82, Leiden 1998, 67–77.

Die Beobachtungen zur religiösen Kreativität im Alten Israel stellen somit die übliche Auffächerung in der akademischen Disziplin der Religionsgeschichte in Frage. Sie sprechen gegen die einfache Dichotomie zwischen Philologie und Phänomenologie, zwischen Grammatik und Geist, zwischen technischer Schreiberausbildung und religiöser Kreativität. Eine ebenso wichtige Infragestellung richtet sich aber auch an die Bibelwissenschaft. Wenn die Religionswissenschaft sich näher mit dem Phänomen »Text« befassen muss, so muss umgekehrt die Bibelwissenschaft erkennen, dass »Bedeutung« und »Geist« die treibenden Kräfte hinter redaktionellen Vorgängen darstellen, die die Bibelwissenschaft mit ihren Untersuchungen von Grammatik und Syntax nachweisen will. Die hier aufgeworfenen Fragen gehen allerdings noch über das Gebiet der akademischen Beschäftigung mit Religion hinaus.

Die differenzierte, scheinbar widersprüchliche Struktur der Textautorität im Alten Israel stellt methodische und theoretische Konventionen der genannten akademischen Disziplinen in Frage und eröffnet so auch einen neuen Blick auf die Geisteswissenschaften insgesamt. Abgesehen von einem eher unbedarften Interesse am nachbiblischen rabbinischen Midrasch, der als Musterbeispiel textlicher Unbestimmtheit und dekonstruktiver Textrezeption gefeiert wird, hat die zeitgenössische Forschung sich praktisch von der Beschäftigung mit Heiligen Schriften und anspruchvollem Nachdenken über Religion verabschiedet. Insbesondere der Text der Bibel wird als Paradebeispiel eines noch nicht »befreiten« Texts gesehen, der Konzepte wie Macht, Hierarchie, Herrschaft, Privileg, Fremdenhass, Patriarchat und Kolonialismus enthält und zu ihrer Aufrechterhaltung beiträgt. Die Wahrheit ist aber weitaus komplizierter. Unglücklicherweise ist das Wissen um eine kritische, historische und intellektuell angemessene Lektüre der Bibel im akademischen Bereich außerhalb der einschlägigen Disziplinen beklagenswert gering. Den Geisteswissenschaften ist ein historischer und philologischer Zugang zur Bibel verlorengegangen, ebenso wie die Verbindung zu den Bibel- und Religionswissenschaften. Dadurch aber ist der Text der Bibel zu einer Art »Goldenem Kalb« ohne intellektuelle Komplexität geworden, das auf die Forschung wartet, um befreit zu werden.

Betrachtet man den Kanon der Bibel jedoch erst einmal auf angemessene Weise, so lösen sich die falschen Dichotomien auf, die häufig auf ihn projiziert werden. Die Forschung mit ihren Theorien wendet nicht erst Hermeneutik und revisionistische Lektüre auf den Text an, vielmehr lädt der Text den verständigen Leser dazu ein, die theoretischen Prinzipien zu entdecken, die schon latent in ihm vorhanden sind. Der kanonische Text verdankt sich seiner eigenen Rezeptions- und Interpretationsgeschichte und hält diese aufrecht. Die kanonische Quelle hat zwar eine chronologische, nicht aber eine ontologische Priorität, weil die Vergangenheit immer schon aus dem Blickwinkel der Gegenwart neu durchdacht und interpretiert wird. Die autoritative Quelle enthält also eine Hermeneutik. Üblicherweise wird Kanonisierung als Bemühen gesehen, eine Sammlung zum Abschluss zu bringen. Die Texte der Hebräischen Bibel sprechen, recht betrachtet, gerade nicht für einen Abschluss in diesem Sinne. Sie widerstreben jeder einfachen und einseitigen Deutung der kanonischen Autorität oder der Heiligen Schrift als göttlich bestimmt. Sie lassen sich mit solchen hierarchischen Beschreibungen oder binären Oppositionen nicht vereinbaren. Die sogenannte Kanonformel mag sich wie ein einfaches, strenges Gebot lesen, das jede Erneuerung verhindert: »Ihr sollt nichts hinzufügen zu dem, was ich euch gebiete, und sollt auch nichts davon wegnehmen«. Aber schon seit der ersten Verwendung dieser Formel durch Autoren aus dem Alten Israel stellte sie auch schon ein Merkmal kreativer Überarbeitung des Textes dar. Immer dann, wenn das Thema der Treue zum Kanon ins Spiel kommt, stellt sich die Sachlage bei näherer Betrachtung sehr viel komplizierter dar. Die Behauptung eines unveränderlichen Kanons kann letztlich sogar als eine Konstruktion eines Autors eingesetzt werden, um Innovation zu rechtfertigen. So betrachtet, ist der Kanon als radikal offen zu bezeichnen. Er lädt zur Innovation ein, verlangt Interpretation, fordert die Frömmigkeit heraus, stellt Rangfolgen in Frage, rechtfertigt Subversion, gewährleistet Differenz und verkörpert selbst das Prinzip der Kritik. Forscher aus allen geisteswissenschaftlichen Disziplinen würden davon profitieren, sich genauer mit diesem ergiebigen, differenzierten und scheinbar widersprüchlichen Phänomen zu beschäftigen.

6 Schriftauslegung in der Hebräischen Bibel: Ein forschungsgeschichtlicher Essay zur innerbiblischen Exegese

Die nachfolgende kommentierte Bibliographie soll die Auseinandersetzung mit der wissenschaftlichen Literatur in den vorangehenden Kapiteln nicht rekapitulieren oder zusammenfassen. Stattdessen soll hier im umfassenderen Sinne eine Art intellektuelle Genealogie desjenigen Zugangs zu Bibel geboten werden, der für gewöhnlich mit dem Begriff der »innerbiblischen Schriftauslegung« verbunden wird. Auf diese Weise können die maßgeblichen Entwicklungen in der Bibelwissenschaft seit den Ursprüngen in der Literarkritik des 19. Jh. gut nachgezeichnet werden. Dabei sollten Literarkritik und der Zugang der »innerbiblischen Schriftauslegung« nicht als sich gegenseitig ausschließende Ansätze betrachtet werden. Bisher werden beide Zugänge zu wenig miteinander ins Gespräch gebracht. Die nachfolgende Auflistung ist vor allem chronologisch gestaltet, entsprechend der zeitlichen Reihenfolge der vorgestellten Autoren (nicht notwendigerweise ihrer publizierten Arbeiten). Einige der folgenden Autoren können als Initiatoren einer eigenständigen Linie der Forschungsgeschichte gelten (wie z. B. Renée Bloch oder Brevard S. Childs). In solchen Fällen werden, abweichend von der historischen Präsentation, Arbeiten anderer Autoren, die einen deutlichen Bezug zu jenen grundlegenden Werken haben, mit diesen zusammen aufgeführt, um die Kontinuität des Zugangs aufzuzeigen. Der letzte Abschnitt dieses Essays, »Zugänge zur Auslegung der Chronikbücher« weicht in gewisser Weise von diesem Darstellungsprinzip ab; die Autoren wurden in diesem Fall aufgrund ihrer spezifischen Arbeit zu den Chronikbüchern ausgewählt.

WELLHAUSEN, Julius, Prolegomena zur Geschichte Israels, Berlin 1883[2]; Nachdruck der 6. Aufl. (1927), mit einem Index der Bibelstellen, Berlin 2001.

WELLHAUSEN stellte das klassische Modell der Urkundenhypothese auf; dazu verglich er in einer brillanten Argumentation die Rechtssammlungen des Pentateuchs miteinander und mit den erzählenden Texten des Deuteronomistischen Geschichtswerks (Jos, Ri, 1–2Sam, 1–2Kön) und der Chronikbücher. Er ging dabei von der bereits von anderen Wissenschaftlern gemachte Beobachtung aus, dass die Forderung nach der Zentralisation des Opfergottesdienstes an einem Ort (Dtn 12) eine enge Verbindung zwischen dem Rechtskorpus des Deuteronomiums und der Reform Josias im Jahr 612 v. Chr. herstellt (2Kön 22–23), die sich damit als logischer historischer Ort der Rechtssammlung empfiehlt. So betrachtet, stellten die Forderungen des Deuteronomiums in Wahrheit ein Abweichen von der Tradition und nicht einfach eine Reform dar, die die Nation zu älteren Rechtsnormen zurückkehren ließ. Dieser Schluss legte sich nahe, da die Forderung nach Kultzentralisation der Anerkennung des Gottesdienstes an verschiedenen Kultstätten widersprach, die sich sowohl im Recht (z. B. Ex 20,24) als auch in Erzählungen wie Gen 12, 1Sam 1 und 1Kön 18 ausdrückt. Wellhausen datierte deshalb das Bundesbuch vor das Deuteronomium und stellte fest, dass die priesterlichen Bestimmungen des Heiligkeitsgesetzes die

Zentralisation voraussetzen und damit später als das Deuteronomium anzusetzen sind, nämlich in die nachexilische Epoche (5. Jh. v. Chr.). Wellhausens Modell hatte seine Wurzeln in der europäischen Romantik und war deshalb verbunden mit einer Hochschätzung des »spontanen« religiösen Geistes, der für kreativer und bedeutsamer gehalten wurde als verstandesgeleitete, bewusste literarische Aktivität. Die Entwicklung hin zum Gesetz und zum Text konnte vor diesem Hintergrund nur als »Niedergang« gesehen werden, als Vorgang, durch den die angebliche kreative Originalität erstarrt und leblos wird. Dieses Modell brachte eine unangemessene Wertung mit sich, durch welche die kultische Gesetzgebung und das postexilische Judentum stigmatisiert wurden als Ergebnisse eines Niedergangs der israelitischen Religion, deren nobelster Ausdruck in den Propheten gesehen wurde. Tatsächlich aber verbieten die umfangreichen literarischen Hinterlassenschaften des Alten Orients, die bereits in der Zeit Wellhausens mehr und mehr ans Licht der Öffentlichkeit traten, eine solche Sicht: Sie zeugen vom Alter der Schriftkultur und des Rechts und zeigen von Anfang an ein großes Interesse für kultische Gesetzgebung.[1] Jedoch kommt Wellhausens Methode auf paradoxe Weise der Schreiberkul-

---

[1] Vgl. die durchschlagende Kritik an Wellhausen durch J. D. LEVENSON, The Hebrew Bible, the Old Testament, and Historical Criticism. Jews and Christians in Biblical Studies, Louisville, Ky. 1993. Vgl. zur Kritik an Wellhausen, von jeweils unterschiedlichen Ausgangspunkten her, auch K. RUDOLF, Wellhausen as an Arabist, Semeia 25 (1982) 111–155; B. M. LEVINSON, Goethe's Analysis of Exodus 34 and Its Influence on Julius Wellhausen. The *Pfropfung* of the Documentary Hypothesis, ZAW 114 (2002) 212–223; R. G. KRATZ, Reste hebräischen Heidentums am Beispiel der Psalmen, Nachrichten der Akademie der Wissenschaften zu Göttingen, I. Philologisch-Historische Klasse 2, Göttingen 2004; und P. MACHINIST, The Road Not Taken. Wellhausen and Assyriology, in: G. Galil / M. Geller / A. Millard (Hgg.), Homeland and Exile. Biblical and

tur sowohl der sumerisch-akkadischen Literatur als auch des frühen Judentums näher als viele spätere Entwicklungen in der Bibelwissenschaft in den folgenden hundert Jahren (inklusive des klassischen formgeschichtlichen Ansatzes). Mit seiner skrupulösen Aufmerksamkeit für die Frage, wie die Gesetze und Erzählungen der Hebräischen Bibel miteinander in Beziehung und Wechselwirkung stehen, stellt sein Werk einen bedeutsamen Weg dar, die altisraelitische Literatur zu verstehen.

Seeligmann, Isaac [Isac] Leo, The Septuagint Version of Isaiah and Cognate Studies (hg. von R. Hanhart / H. Spieckermann), FAT 40, Tübingen 2004.

–, Gesammelte Studien zur Hebräischen Bibel (hg. von E. Blum), FAT 41, Tübingen 2004.

Seeligmanns Werk ist gerade mit einer Sammlung von Nachdrucken in der bedeutenden Reihe FAT wieder der Öffentlichkeit zugänglich gemacht worden, versehen mit aussagekräftigen Einleitungen, die seine wissenschaftlichen Leistungen würdigen. Seine wichtige Arbeit zum Jesajabuch in der Fassung der Septuaginta (1948; nachgedr. 2004) stellt bereits in Grundzügen ein Modell bereit, das antike Auslegungsarbeit zum Schlüssel für das Verständnis der Entstehung der Septuaginta macht. Dieser Ansatz widersetzt sich somit jeder vereinfachenden Unterscheidung von höherer und niederer Kritik. Seeligmanns Arbeiten zur Hebräischen Bibel, die im diesem Sammelband aus dem Jahr 2004 hervorragend zusammengestellt sind, sind wegweisend für den Ansatz der innerbiblischen Schriftauslegung. Bedeutsam sind insbesonde-

---

Ancient Near Eastern Studies in Honour of Bustenay Oded, VT.S 130, Leiden / Boston 2009, 469–531.

re die Beiträge »Voraussetzung der Midraschexegese« (1953) und »Indications of Editorial Alteration and Adaption in the Masoretic Text and Septuagint« (1961). Der Sammelband enthält auch den Beitrag »Anfänge der Midraschexegese in der Chronik«, eine deutsche Übersetzung eines zuvor in hebräischer Sprache publizierten (1979–1980), besonders richtungsweisenden Essays.

RAWIDOWICZ, Simon, On Interpretation, PAAJR 26 (1957) 83–126; nachgedr. in: DERS., Studies in Jewish Thought. Vorwort von Abram L. Sachar und biographische Einleitung von Benjamin C.I. Ravid, Philadelphia 1974, 45–80. (Für den Nachdruck sind die Anmerkungen gekürzt und die umfangreichen Zitate aus antiken, mittelalterlichen und frühmodernen Quellen gestrichen worden. In der ursprünglichen Publikation sind diese Zitate im hebräischen, aramäischen und lateinischen Original enthalten, ohne englische Übersetzung.)

Nach RAWIDOWICZ hat Hermeneutik als grundlegende Kategorie der jüdischen Geistesgeschichte zu gelten. Er stellt die übliche Dichotomie zwischen der Tätigkeit des Autors und der des Auslegers in Frage, die immer nur erstere als Ausdruck von Originalität gelten lassen kann, während die Interpretation als nur abgeleitet und geistlos gedacht wird. Interpretation ist aber mehr als nur ein Ausdruck dessen, was implizit schon in einem Text enthalten ist. Rawidowicz zieht Literatur des klassischen rabbinischen Judentums heran und entwickelt ein sehr viel leistungsstärkeres Modell einer *interpretatio* als kreatives Hinausgehen über eine Quelle. Er will aufzeigen, dass die religiöse Kultur des Judentums in der Zeit des Zweiten Tempels, die durch die mündliche Tora bestimmt wurde, eben keine epigonenhafte Nachahmung der Literatur und Gedankenwelt des vorexilischen Israels war; vielmehr wurde bleibend kreativ mit dieser Tradition umgegangen. Er stützt die Argumentation an diesem Punkt, indem er aus einem spätmittelalterlichen Midrasch zitiert, nach dem die Rabbis, im Vergleich zur älteren Tradition, eben nicht bloß schales Wasser aus »einer Zisterne« (בור) tranken, sondern wie »eine Quelle« (מעיין) waren, von der frisches und lebendiges Wasser floss. Im betreffenden Dialog erklärt Rabbi Johanan ben Zakkai die gegensätzlichen Metaphern seinem Schüler Rabbi Eliezer ben Hyrkanos: »Du kannst mehr Worte vom Sinai sagen als das, was Mose vom Sinai empfangen hat«.[2]

Rawidowicz begründet also mit dem Bezug auf die prägnante Bildsprache des Midraschs überzeugend den kreativen Charakter der rabbinischen Literatur der Zeit des Zweiten Tempels. Seine Argumentation wirkt dabei wie eine poin-

---

[2] Pirqe Rabbi Eliezer, Kapitel 2, Zeilen 2–6 (eigene Übersetzung). Diese Parabel wird auch auf Hebräisch zitiert bei Rawidowicz, On Interpretation, 97 Anm. 28 (dort aber ein Druckfehler in der Kapitelangabe). Diese wichtige Fußnote fehlt im Nachdruck. Rawidowicz geht an dieser Stelle von einer abweichenden hebräischen Lesart aus (שקבלת בסיני), »was du vom Sinai empfangen hast«, anstelle von שקבל משה מסיני, »was Mose vom Sinai empfangen hat«. Von diesem faszinierenden Werk aus dem 9. Jh. gibt es keine adäquate kritische Ausgabe. Eine elektronische kritische Edition wird von L.M. Barth vorbereitet. Ich folge hier dem hebräischen Text der Faksimile-Ausgabe von C.M. Horowitz, Pirke de Rabbi Eliezer. A Critical Edition, Codex C.M. Horowitz, Jerusalem 1972, 23 (enthalten sind dort auch die handschriftlichen Korrekturen des Herausgebers zu der Druckausgabe von 1544 aus Venedig). Eine englische Übersetzung bietet G. Friedlander, Pirḳê de Rabbi Eliezer (the Chapters of Eliezer the Great) according to the Text of the Manuscript Belonging to Abraham Epstein of Vienna, London 1916; nachgedr., New York 1965, 6. Die jüngste deutsche Ausgabe übergeht an der fraglichen Stelle die Textkorrekturen von Horowitz, obwohl sie vorgeblich auf dieser Faksimile-Ausgabe beruht: D. Börner-Klein, Pirke de-Rabbi Elieser. nach der Edition Venedig 1544 unter Berücksichtigung der Edition Warschau 1852, SJ 26, Berlin 2004, xvi.8–9.

tierte Antwort auf Julius Wellhausen, obwohl dieser in Rawidowicz' Essay nicht einmal erwähnt wird:

> Erkennt man an, daß der Kanon das Judentum vom alten Israel unterscheidet, so erkennt man auch an, daß die schriftliche Thora das Judentum vom alten Israel unterscheidet. Das Wasser, das in der Vergangenheit gequollen war, faßten die Epigonen in Cisternen. (Prologomena zur Geschichte Israels, 409)

Für Wellhausen bezeichnet das Exil den Übergang von lebendiger, mündlicher Tradition hin zum Schriftkanon, und damit von der Kreativität zur Stagnation. Indem Rawidowicz jedoch die *Quelle* in der Zeit des zweiten Tempels statt in der vorexilischen Epoche verortet, stellt er Wellhausens These auf den Kopf. Die Rabbinen sind keine *Epigoni*, und Kanonisierung stellt sogar einen kreativen Neubeginn dar. »Mündliche« Kreativität hörte mit dem Schritt zur Verschriftung in der nachexilischen Zeit nicht auf, als aus der israelitischen Religion das Judentum wurde. Die mündliche Tora, als eine lebendige Tradition der Schriftauslegung, stellt eine beständige Form der kreativen Interpretation dar, die über den Traditionsbestand in der schriftlichen Tora hinausgeht.

Rawidowiczs Auffassung des nachbiblischen Judentums steht im starken Kontrast zur Rede vom »Spätjudentum«, wie sie sich bei Wellhausen und anderen findet. Beachtenswert ist ferner, dass Rawidowiczs Essay weniger als ein Jahrzehnt nach der Gründung des modernen Staats Israel (1948) erschien: Dass er der Zeit des Zweiten Tempels ihren eigenen Wert wiedergeben will, lässt sich auch als Antwort auf die zionistische Geschichtsschreibung dieser Zeit verstehen, die die Epoche nach 70 n. Chr., mit ihrem Verlust der politischen Autonomie, als eine Periode der kulturellen Verödung und des Niedergangs verstehen wollte. Im Gegensatz dazu verleiht die Hochschätzung dieser Epoche bei Rawidowicz dem jüdischen Leben in der Diaspora eine kühne Rechtfertigung und erkennt dessen eigenständige kulturelle Vitalität an, die der im neuen Staat entstehenden Kultur nicht nachgeordnet wird. Rawidowiczs intellektuell gewagter Ansatz vereint philosophische Brillanz mit einem überaus geschulten und kompetenten Umgang mit vielfältigsten primären und sekundären Quellen. Um seine neue Sicht auf die Zeit des »Zweiten Tempels« (er benutzt den Ausdruck *Bayith Sheni*) zu entwickeln, geht er zwei große gedankliche Schritte: (1) Er definiert die betreffende Epoche hinsichtlich der Zeit neu, indem er sie weit in die Zeit nach der Tempelzerstörung durch die Römer (70 n. Chr.) ausdehnt; (2) er dehnt ferner diese Epoche auch konzeptionell aus, in dem er nicht mehr von einem grundlegenden Bezug auf die Tempel-zentrierte Religion ausgeht; vielmehr wird der Begriff der »Zeit des Zweiten Tempels« hier, im Sinne einer Metonymie, assoziiert mit dem kulturellen Zusammenhang von Text und Interpretation, wie er konventionell eher mit der rabbinischen Bewegung in der Zeit *nach* dem Zweiten Tempel zusammengebracht wird. Der Essay ist somit selbst ein Beispiel für das Modell der kreativen Interpretation und der revisionistischen Neudeutung, die er scheinbar nur beschreibt. Die Dynamik, die Rawidowicz aufzeigt, ist grundlegend für das Verständnis innerbiblischer Schriftauslegung.

Bloch, Renée, Midrash, in: L. Pirot / A. Robert / H. Cazelles (Hgg.), Supplément au Dictionnaire de la Bible, Buch 4, Suppl. 5, Paris 1957, 1263–1281.

–, Note méthodologique pour l'étude de la littérature rabbinique, Recherches de Science Religieuse 43 (1955) 194–227.

Die beiden grundlegenden Artikel von Renée Bloch zur Midrasch-Literatur wurden ins Englische übersetzt: Midrash, in: W.S. Green (Hg.), Approaches to Ancient Judaism 1. Theory and

Practice, Brown Judaic Studies 1, Missoula, Mont. 1978, 29–50; und Methodological Note for the Study of Rabbinic Literature, a.a.O., 51–75.

Le Déaut, Roger, A propos d'une définition du midrash (Rezensionsartikel zu A. Wright, *The Literary Genre Midrash* [Staten Island, N.Y. 1967]), Bib. 50 (1969) 395–413.

In Pionierarbeit hat Renée Bloch aufgezeigt, dass umfangreiche Teile der Bibel Charakteristika eines Midraschs zeigen. Nach Bloch sollte ein Großteil der prophetischen, poetischen und weisheitlichen Literatur der Bibel als eine Form der Relektüre (in der Bedeutung des eleganten französischen Begriffs der *relecture*) und Fortenwicklung von früheren, klassisch gewordenen Textkompositionen verstanden werden. Blochs Ansatz liefert einen wichtigen Beitrag zum Verständnis des Wachstums der biblischen Literatur. Im genannten Artikel zeigt Bloch auch, wie französischsprachige Kolleginnen und Kollegen schon ein ähnliches Interesse an Formen der innerbiblischen Schriftauslegung gezeigt haben. Zu Recht hebt sie besonders André Robert, der seit 1934 die These eines *style anthologique* (vgl. seinen Beitrag, Les genres littéraires, Supplement au Dictionnire de la Bible 5 [1957]: 405–421) vertreten hat, und Albert Gélin (La question des »relectures« bibliques à l'intérieur d'une tradition vivante, Sacra Pagina 1 [1959] 303–315) hervor. Eine Schwäche dieses früheren Ansatzes ist jedoch, dass er noch wenig methodisch kontrolliert erscheint: Es fehlen Kriterien, um zwischen literarischer Abhängigkeit und Wiederverwendung eines Textes auf der einen Seite und bloßen sprachlichen Gemeinsamkeiten innerhalb bestimmter Genres (wie der Klage oder der weisheitlichen Instruktion) auf der anderen Seite zu unterscheiden. Nur im ersten Fall – zu erkennen beispielsweise an bestimmten Mustern von spezifischen Wortgruppen oder

Sätzen und an inhaltlichen Zusammenhängen – könnte man im eigentlichen Sinne von einer *relecture* reden. Durch gebührende Aufmerksamkeit für Schreiberpraktiken und hermeneutische Techniken lassen sich solche Beobachtungen erhärten (vgl. Fishbane [1985], 286–289.431–433).

Ein weiterer Pionier der französischsprachigen Forschung ist Roger LE DÉAUT, der bedeutende Übersetzungen der wichtigsten Targumim angefertigt hat und ein großer Kenner rabbinischer Literatur ist. Dabei hat Le Déaut, als Antwort auf Wright (der von einer formalen Definition des Midrasch als »biblical commentary« ausgeht), die imaginative Kraft des Genres und seine Fähigkeit zur Umgestaltung von Texten betont. Idealerweisen sollten diese beiden gegensätzlichen Auffassungen zusammengeführt werden in einem Ansatz, der sowohl die technischen und formalen Aspekte des Genres als seine Kreativität genau in den Blick nimmt.

GREENBERG, Moshe, Some Postulates of Biblical Criminal Law, in: M. Haran (Hg.), Yehezkel Kaufman Jubilee Volume, Jerusalem 1960, 5–28; nachgedr. in: M. GREENBERG, Studies in the Bible and Jewish Thought, JPS Scholar of Distinction Series, Philadelphia 1995, 25–41.

In der Bibelwissenschaft wurde das Hauptaugenmerk meist darauf gelegt, die korrekte zeitliche Abfolge und die Entwicklung der biblischen Rechtssammlungen untereinander und im Verhältnis zu den narrativen Teilen der Bibel zu bestimmen. Im Vergleich zu solchen wichtigen literarhistorischen Bemühungen stellt sich GREENBERGS Beitrag »Some Postulates of Biblical Criminal Law« (1960) als ein wichtiger Versuch dar, die eigenständige Bedeutung und den Sinn des biblischen Rechts zum Ausdruck zu bringen. Greenberg konzentriert sich auf das Bundesbuch (Ex 21–23) als die älteste biblische Rechtsquelle und stellt die in ihr ablesbaren Wertvorstellungen denen der großen altorientalischen Rechtssammlungen wie dem Codex Hammurapi (1752 v. Chr.) gegenüber, mit dem sie große Gemeinsamkeiten sowohl hinsichtlich der Form als auch des Inhalts hat. Beide Rechtssammlungen beruhen im Wesentlichen auf zwei gegensätzlichen Sanktionsprinzipien: Entweder steht der Gedanke der Talion (»Auge um Auge«) oder das Prinzip der finanziellen Kompensation (ein Bußgeld) hinter den vorgesehenen Strafen. Allerdings werden diese Prinzipien in beiden Kulturen unterschiedlich angewandt. Im babylonischen Kontext kann die Talion entweder bei Eigentumsdelikten (wie Diebstahl) oder bei Körperverletzung zur Anwendung kommen; in ähnlicher Weise wird ein Tötungsdelikt entweder mit einer finanziellen Kompensation oder mit dem Tod bestraft, abhängig vom gesellschaftlichen Status des Opfers.[3] Im biblischen Kontext jedoch ist für Eigentumsdelikte niemals die Hinrichtung des Diebs vorgesehen, und Körperverletzung wird niemals finanziell abgegolten. Der Sinn dieses Unterschieds ist, dass im biblischen Recht »Besitz« und »Person« konzeptionell und juristisch als ganz unterschiedliche Kategorien gesehen wer-

[3] Dieser Ansatz wird weiter verfolgt von P. Barmash, Homicide in the Biblical World, New York 2005. Während Greenberg und J. J. Finkelstein ihre Schlussfolgerungen auf eine Analyse der formalen, literarischen Rechtssammlungen gründen (z. B. dem Codex Hammurapi), bietet Barmash eine ausgesprochen systematische Analyse vielfältiger Quellen, wobei insbesondere konkrete Rechtsdokumente Beachtung finden, wie z. B. Briefe und Gerichtsakten. Barmash bietet auch eine umfangreiche Analyse des relevanten biblischen Materials zum Thema Tötungsdelikte, und zwar sowohl der erzählerischen Texte als auch der Rechtstexte. Wenig überzeugend ist allerdings ihre These, dass es zwischen den biblischen Rechtssammlungen keine literarischen Verbindungen und keine Rechtsentwicklung gäbe.

den. Finanzielle Kompensation definiert einen Besitzverlust als begrenzt und kompensierbar, während die Talion der Person einen unendlichen Wert zuschreibt: sie ist unersetzbar oder, anders gesagt, einzigartig. Die kategorische Unterscheidung zwischen diesen beiden Kategorien gibt es im Keilschriftrecht nicht. Greenberg zeigt durch seinen Zugang sowohl die ethischen als auch die hermeneutischen Voraussetzungen des Bundesbuches auf.

So einnehmend diese Herangehensweise ist, wurde das Programm, das durch diesen Essay vorgegeben ist, von Greenberg niemals systematisch ausgearbeitet und mit Inhalt versehen. In mancherlei Hinsicht wäre gegenüber Greenbergs Annahmen zu differenzieren. Viele Bibelwissenschaftler würden die Gesetze des Bundesbuches nicht als die Rechtspraxis bestimmende und bindende Vorschriften sehen, sondern eher, analog zu den literarischen Sammlungen des Keilschriftrechts, als Reflexionen über den Idealzustand einer sozialen Ordnung und der Ethik. In diesem Fall wäre es sehr unwahrscheinlich, dass die formalen Aussagen im Bundesbuch oder im Kodex Hammurapi tatsächliche Rechtspraxis in ihren jeweiligen Kulturen widerspiegeln. Es gibt höchstwahrscheinlich sehr viel mehr Kontinuitäten der tatsächlichen Rechtspraxis als Diskontinuitäten. Tatsächlich gibt es viele Fälle, in denen die biblischen Rechtsnormen dem widersprechen, was sich aus anderen biblischen Textgattungen der Hebräischen Bibel, wie Erzählungen und weisheitlichen Texten, an Hinweisen erheben lässt. So scheint z.B. die bei Ehebruch nach Dtn 22,22 sowohl für den Ehebrecher als auch die Ehefrau vorgesehene Todesstrafe nicht angewandt worden zu sein. Viel wahrscheinlicher ist die Situation, wir sie im Buch der Sprüche vorausgesetzt ist: Hier wird eine Bestrafung der Frau nicht erwähnt, und der Ehemann strebt persönlich und handfest nach Rache am Ehebrecher, in einer Weise, die unterhalb der Schwelle des Tötens zu liegen scheint (Spr 6,32–35).[4]

Sandmel, Samuel, The Haggadah within Scripture, JBL 80 (1961) 105–122.

Sandmel – ursprünglich ein Neutestamentler, der dann zur Exegese der Hebräischen Bibel gekommen ist – hat einen originellen Vorschlag zum klassischen Problem der Dubletten und Wiederholungen gemacht, wie z. B. dem Ehefrau-Schwester-Motiv (Gen 12,10–20; 20,1–18; 26,1–16). Nach der traditionellen Literarkritik sind diese Wiederholungen auf ehemals voneinander unabhängige literarische Dokumente zurückzuführen. Aufgrund dieser Wiederholungen werden dann im Rahmen der »Urkunden-Hypothese« die Quellen des Pentateuchs isoliert. In seiner Untersuchung des oft auch als »Gefährdung der Ahnfrau« bezeichneten Motivs bietet Sandmel eine ungewöhnliche alternative Deutung an: In seinen Augen bilden die Varianten einen kontinuierlichen Prozess des moralischen und theologischen Überdenkens der ursprünglichen Erzählung aus Genesis ab. Aufeinander folgende Autoren wollten Abraham (obwohl er praktisch Kuppelei betreibt, da er seine Frau Sara dem Pharao überlässt, um sich selbst zu retten) von jedem Verdacht der Unehrlichkeit und des moralischen Versagens freisprechen und Saras sexuelle Reinheit während ihres Aufenthalts im Haus des Pharao erzählerisch

---

[4] Diesen Punkt hat B.S. Jackson in einem scharfen Angriff auf Grennbergs Ansichten vorgebracht: Refections on Biblical Criminal Law, in: ders., Essays in Jewish and Comparative Legal History, SJLA 10, Leiden 1975, 25–63. Greenberg antwortete darauf mit: More Reflections on Biblical Criminal Law, in: S. Japhet (Hg.), Studies in Bible, ScrHie 31, Jerusalem 1986, 1–18.

sicherstellen. Diese neuen Fassungen, die auf die frühere Erzählung antworteten und sie »korrigierten«, wurden nach Sandmel in den erzählerischen Gesamtzusammenhang des Pentateuch eingefügt, weil die Schreiber damals Hemmungen hatten, anstößiges Textmaterial aus ihrer Tradition zu streichen. Sandmels Essay wirft unausweichlich einige Fragen auf; z.B. ist es unwahrscheinlich, dass der literarische Ausgangspunkt in Gen 12 so früh datiert werden kann, wie es Sandmel annimmt. Dennoch: Mit der Hinwendung zur Literatur des Zweiten Tempels und dem Modell der fortlaufenden Reflexion und Kommentierung eines Textes im Stil eines Midraschs stellt Sandmels Ansatz einen anregenden Versuch dar, die üblichen literarkritischen Modelle neu zu überdenken.

Scholem, Gershom, Tradition und Kommentar als religiöse Kategorien im Judentum, ErJb 31 (1962) 19–48.

Scholem gehörte zu den Wegbereitern der wissenschaftlichen Beschäftigung mit der jüdischen Mystik, der Literatur der mittelalterlichen Kabbala. Zu seinen wichtigsten Erkenntnissen gehört, dass religiöse Tradition den Charakter einer literarischen und intellektuellen Konstruktion hat. Im seinem Essay, der sehr dicht geschrieben ist und verschiedene Lesarten ermöglicht, zeigt Scholem auf, dass Tradition niemals einfach gegeben oder immanent ist: Sie ist kein Erbe der Vergangenheit, das einfach passiv angenommen wird. Vielmehr sollte Tradition gesehen werden als eine kreative und oft eigenmächtige Auswahl aus der Vergangenheit. Scholem zeigt, in welchem Ausmaß eine solche Auswahl in den verschiedenen Phasen der jüdischen Literaturgeschichte stattfand. So wie die Rabbis des pharisäischen Judentums in der Antike sich als die Erben einer ungebrochenen Tradition vom

Sinai darstellen, so stellt sich die mittelalterliche Kabbala als alte rabbinische Tradition dar. Und in ähnlicher Weise sieht dann später die lurianische Kabbala ihr Verhältnis zur Vergangenheit als ungebrochen. Auf jeder Stufe des Wachstums und der Transformation wird die Übereinstimmung mit der Vergangenheit beteuert, und der kreative Anteil des neuen religiösen oder literarischen Inhalts dargestellt, als sei er implizit schon in den Traditionen der Vergangenheit enthalten und von ihnen abgeleitet. Scholems brillante und dialektische Analyse des Verhältnisses zwischen Tradition und Innovation hat wichtige Konsequenzen für die Geschichte der Bibelinterpretation. Sie gibt vielerlei Anstöße für die Untersuchung des Wachstums der biblischen Traditionen selbst vor dem Abschluss des Kanons.

Sarna, Nahum M., Psalm 89. A Study in Inner Biblical Exegesis, in: A. Altmann (Hg.), Biblical and Other Studies, Brandeis University Studies and Texts 1, Cambridge 1963, 29–46; nachgedr. in: Sarna, N., Studies in Biblical Interpretation, JPS Scholar of Distinction Series, Philadelphia 2000, 377–394.

Sarnas Analyse von Ps 89 macht deutlich, in welchem Ausmaß schon die Entstehung des Psalms sich nur von dem Phänomen der Schriftauslegung her verstehen lässt. Er zeigt die literarische Abhängigkeit des Psalms von der Verheißung für die Davidsdynastie in 2Sam 7 auf und vertritt die These, dass in Ps 89 die Bedingungen der Davidsverheißung vor dem Hintergrund einer historischen Krise neu interpretiert werden. Sarna bietet zudem eine einnehmende Einführung zur Bedeutung von Texten im Alten Orient als dem angemessenen Kontext zum Verständnis israelitischer Literaturproduktion. Obwohl man die einzelnen historischen Schlussfolgerungen in Sarnas wegweisenden Artikel in Frage stellen kann, bietet er einen außerordentlich wertvollen Ansatz.

SANDERS, James A. (Hg.), The Psalms Scroll of Qumrân Cave 11 (11QPs[a]), DJD 4, Oxford 1965.

–, »Adaptable for Life«. The Nature and Function of Canon, in: F.M. Cross / W.E. Lemke / P.D. Miller Jr. (Hgg.), Magnalia Dei. The Mighty Acts of God. Essays on the Bible and Archaeology in Memory of G. Ernest Wright, Garden City, N.Y. 1976, 531–560; nachgedr. in: J. SANDERS (Hg.), From Sacred Story to Sacred Text. Canon as Paradigm, Philadelphia 1987, 9–39.

–, Hermeneutics of Text Criticism, Textus 18 (1995) 1–26.

–, Rezension zur Hebrew University Bible und Biblia Hebraica Quinta, JBL 118 (1999) 518–526.

–, Intertextuality and Dialogue. New Approaches to the Scriptural Canon, in: J. Gorak (Hg.), Canon versus Culture. Reflections on the Current Debate, Wellesley Studies in Critical Theory, Literary History, and Culture 23, New York 2001, 175–190.

–, Torah and Canon, Eugene, Ore. 2005[2].

–, Rezension von David M. Carr, *Writing on the Tablet of the Heart*, RBL (2006), http://www.bookreviews.org/pdf/4703_5599.pdf (recherchiert am 30. Januar 2007).

MCDONALD, Lee Martin / SANDERS, James A. (Hgg.), The Canon Debate, Peabody, Mass. 2002.

»Eine Made kann dich nicht preisen und ein Wurm deine Gnade nicht verkünden«. Zu einem frühen Zeitpunkt in seiner Karriere begegnete James A. SANDERS diesem Vers, der keine biblische Entsprechung hat, in »Plea for Deliverance«, einem nicht-kanonischen Psalm aus der großen Psalmenrolle (11QPs[a]), col. 19, aus Qumran. Sanders war im Jahr 1961 nach Jerusalem eingeladen worden, um die kritische Edition einer der umfangreichsten Schriftrollen vom Toten Meer zu erstellen, die fünf Jahre zuvor gefunden worden war (die ersten

Schriftrollen waren dort im Jahr 1947 gefunden worden). Die Schriftrolle warf unmittelbar grundlegende Fragen über den Charakter des biblischen Texts, die Kanongeschichte und die relative Autorität verschiedener Texttraditionen auf. Die Psalmenrolle weist gegenüber dem üblichen hebräischen, masoretischen Text Abweichungen in der Anordnung, im Inhalt und in der Anzahl der Psalmen auf. Sie bietet zwei kurze Psalmen, die Belege für eine hebräische Vorlage für Ps 151 zu sein scheinen, der noch Teil der Septuaginta-Tradition ist, aber bis dahin als hebräischer Text unbekannt war. Für Sanders stellte sich die Frage nach dem Charakter dieses Textes: War er in Qumran als Teil der Bibel der Gemeinschaft akzeptiert, wurde er also in irgendeiner Weise als autoritativ angesehen? War er nur ein liturgischer Text, bestimmt lediglich zum Gebrauch im Gottesdienst? Oder war er in Höhle 11 geradezu »zur Seite gelegt« worden als eine Art Außenseiter-Text, explizit als nicht-biblisch angesehen? Zu einer Zeit, als viele Wissenschaftler Jahrzehnte brauchten, um die Schriftrollen zu publizieren, schaffte es Sanders, die kritische Edition des Textes in nur vier Jahren fertigzustellen. Sie wurde in DJD im Jahr 1965 veröffentlicht.

Sanders konzentrierte sich auch weiterhin auf die Entstehung des biblischen Textes und untersuchte außerdem die Geschichte, Funktion und Entwicklung des Schriftkanons; besonderes Augenmerk legte er dabei auf die Rolle des Kanons bei der Herausbildung einer gemeinschaftlichen Identität. In beiden Bereichen hat er Beiträge von bleibendem Wert geschaffen. Was den ersten Bereich betrifft, war er ein Teil des ursprünglichen Teams von sechs Wissenschaftlern, die das Hebrew Old Testament Text Project betrieben (dazu gehörten außerdem Dominique Barthélemy aus Fribourg, Hans Peter Rüger aus Tübingen, Norbert Lohfink aus Frankfurt, A.R. Hulst aus Utrecht und W.D. McHardy aus Oxford). Die

Gruppe traf sich für einen Monat in jedem Sommer über ein Zeitraum von mehr als einem Jahrzehnt, um eine umfangreiche Reihe von textkritischen Problemen zu bearbeiten. Die Publikationen, die dieses Projekt hervorbrachte, sind von bleibendem Wert und ermöglichen Einblicke in die Entwicklung des biblischen Textes. Ein besonderer Schwerpunkt ist dabei die Auslegungsgeschichte (inklusive der Auslegung durch die mittelalterlichen jüdischen Grammatiker), die zum besseren Verständnis des Textes hilft.[5] Der Ansatz dieser Gruppe und ihre publizierten Ergebnisse hatten einen bedeutenden Einfluss auf die Entwicklung der »Biblia Hebraica Quinta«, eine der beiden großen wissenschaftlichen Neuausgaben des biblischen Textes, die zurzeit vorbereitet werden (die andere ist das Hebrew University Bible Project). Dieser Prozess wird in Sanders Rezension des ersten Bandes dieses Projektes beschrieben.

Der andere Schwerpunkt in Sanders Arbeit ist die Beschäftigung mit dem Konzept des Kanons. Nach Sanders ist der Kanon nicht eine statische und abgeschlossene Einheit, kein einfaches historisches Faktum, sonder vielmehr etwas, das eng mit den Bedürfnissen derjenigen Gemeinschaft verbunden ist, für die der Kanon zur Identitätsstiftung dient. Er zeigt, in welchem Ausmaß sowohl die äußerlichen Merkmale des Kanons (Anzahl, Abfolge und Anordnung der Bücher) als auch die Textgestalt selbst eng verbunden sind mit verschiedenen Gemeinschaften in der Zeit des Zweiten Tempels. Varianten in der Textüberlieferung sind eng verknüpft mit den

---

[5] D. Barthélemy (Hg.), Critique textuelle de l'Ancien Testament. Rapport final du Comité pour l'analyse de l'Ancien Testament hébreu institué par l'Alliance Biblique Universelle, 4 Bde., OBO 50, Freiburg i.Br. / Göttingen 1982–2005; und D. Barthélemy u.a. (Hgg.), Preliminary and Interim Report on the Hebrew Old Testament Text Project, 5 Bde., New York 1979–1980[2].

Bedürfnissen und Traditionen verschiedener Gemeinschaften. Mehr als viele andere Wissenschaftler war Sanders immer sehr bemüht, seine Forschungsergebnisse einer breiteren Leserschaft bekannt zu machen, um diese Menschen zu einem differenzierteren Verständnis des biblischen Texts anzuleiten. Dieser Ansatz zeigt sich vor allem in seinen Büchern, während er sich in seinen Artikeln und Buchrezensionen in der Länge eines Essays immer wieder auch die Freiheit nahm, theoretische und methodologische Fragen anzugehen. Seine Artikel haben neue Möglichkeiten erschlossen, über verschiedene Phänomene im Zusammenhang der Kanonbildung zu denken: Über antike Literalität, über die Entwicklung von einem Schreibercurriculum zu einer kanonischen Schrift und über die hermeneutischen Vorstellungen, die hinter den in der Textkritik gebräuchlichen Techniken stehen. Der Sammelband »The Canon Debate« (2002), für den er Mitherausgeber war, ist eine wertvolle Ressource. In sechzehn Kapiteln werden hier von führenden Wissenschaftlern maßgebliche Fragestellungen im Zusammenhang mit der Entstehung des alttestamentlichen Kanons bearbeitet, während weitere sechzehn Kapitel das Neue Testament behandeln. Das Buch trägt einen angemessenen Titel, denn die zusammengestellten Artikel reflektieren ganz verschiedene Zugänge und sind so vielfältig wie der Kanon, um den es geht. Vier Anhänge enthalten eine umfangreiche Bibliographie und führen die verschiedenen Kanones der verschiedenen Gemeinschaften auf, die ein gemeinsames Altes Testament und / oder Neues Testament miteinander teilen bzw. nicht teilen.

Vermes, Geza, Bible and Midrash. Early Old Testament Exegesis, in: P.R. Ackroyd / C.F. Evans (Hgg.), The Cambridge History of the Bible, Bd. 1, From the Beginnings to Jerome, Cambridge 1970,

199–231; nachgedr. in: G. VERMES, Post-Biblical Jewish Studies, SJLA 8, Leiden 1975, 59–91.

In VERMES' brillantem Essay wird das Aufkommen derjenigen literarischen und exegetischen Aktivität schon in der Hebräischen Bibel aufgezeigt, die sich später in systematischerer Form im rabbinischen Midrasch beobachten lässt. Vermes stützt sich dabei auf ein in der Judaistik geläufiges Modell, im Sinne einer formalen Kategorie späterer rabbinischer Schriftauslegung, mit dem bestimmte Eigenschaften der Schrift selbst erklärt werden können: »It was no doubt a midrashic process [...] which was partly responsible for the formulation of the more recent legal codes, the Deuteronomic and the Priestly, and its influence becomes even more apparent in postexilic literature (Chronicles and Daniel) and certain of the Apocrypha (Ecclesiasticus)« (199). Vermes zeigt auf, welche Auslöser es für solche midraschische Kommentierung gab: U.a. erklärungsbedürftige Worte im biblischen Text, erzählerische Lücken und Unklarheiten oder Widersprüche in den gesetzlichen Bestimmungen.

CHILDS, Brevard S., Psalm Titles and Midrashic Exegesis, Journal of Semitic Studies 16 (1971) 137–150.

COOPER, Alan M., The Life and Times of King David according to the Book of Psalms, in: R.E. Friedman (Hg.), The Poet and the Historian. Essays in Literary and Historical Criticism, Harvard Semitic Monographs 26, Chico, Calif. 1983, 117–131.

SLOMOVIC, Elieser, Toward an Understanding of the Formation of Historical Titles in the Book of the Psalms, ZAW 91 (1979) 350–380.

Der Forschungsansatz der innerbiblischen Schriftauslegung hat viel dazu beigetragen, die literarische Verbindung zwischen den Titeln der Psalmen (den sogenannten Psalmenüberschriften) und den Psalmen selbst zu erkennen. Die Psalmen entstanden in der Regel als anonyme Literatur, und erst später dann wurde eine Verbindung zum Leben des Königs David hergestellt, der so als Autor der Psalmen verstanden wurde. Auf diese Weise wurden die Psalmen, bereits in biblischer Zeit, wie ein Midrasch gelesen und auf das Leben Davids angewandt. In späterer Zeit freilich wird dann in der Kirche ein ähnlicher Prozess zum Tragen kommen: Die Psalmen werden erneut in der Art eines Midrasch rezipiert, um das Leben Davids, wie es im Psalmenbuch erzählt wird, mit dem Leben Jesu in Verbindung zu bringen, der als Spross Davids verstanden wird. Zur ersten Phase dieses Prozesses sind die Arbeiten von CHILDS, COOPER und SLOMOVIC zu vergleichen.

WEINFELD, Moshe, Deuteronomy and the Deuteronomic School, Oxford 1972; nachgedr., Winona Lake, Ind. 1992.

WEINFELD zeigt auf, in welchem Ausmaß die Verfasser des Deuteronomiums, die die Stellung professioneller Schreiber an Josias Hof innehatten, auf eine umfangreiche Auswahl biblischer Literatur zurückgriffen, und zwar sowohl aus dem Bereich der Rechts- als auch der Weisheitsliteratur. Dieser Ansatz Weinfelds bildete eine Gegenposition zum damals vorherrschenden formkritischen Zugang zum Buch Deuteronomium, nach dem die Ursprünge des Textes in der mündlichen Predigttätigkeit der Leviten im ländlichen Raum lägen. Mit der Erkenntnis, dass das Deuteronomium, technisch gesprochen, keinen (mündlichen) »Sitz im Leben« hat, sondern sich der gelehrten Arbeit von Schreibern an biblischen und altorientalischen literarischen Traditionen verdankt, bedeutete Weinfelds Ansatz einen Neubeginn der Forschung zum Deuteronomium. Zwar sind gewichtige Fragen offen geblieben (wie es etwa Alexander Rofé in einer Rezension hervorgehoben hat; nachgedr. in: DERS., Deuteronomy. Issues and Interpretations, OTS, Edinburgh 2002, 221–230). Dennoch hat Weinfeld ein wichtiges neues Verständnismodell entwickelt und das maßgebliche Fundament gelegt, um die juristische und erzählerische Aktivität zu verstehen, die im Sinne der innerbiblischen Schriftauslegung zur Entstehung des Deuteromiums geführt hat.

WEINGREEN, Jacob, From Bible to Mishna. The Continuity of Tradition, Manchester 1976.

Ein weiterer Wegbereiter des Ansatzes der innerbiblischen Schriftauslegung ist WEINGREEN. Er zeigt auf, dass es eine deutliche kontinuierliche Entwicklung gab vom biblischen Material bis hin zur Entstehung der Mischna, dem klassischen Werk der jüdischen Gesetzgebung (ca. 200 n. Chr.). Wie Weingreen darlegt, wohnt der Heiligen Schrift selbst dieses Moment der Interpretation inne: Interpretation führt zur Entstehung der Heiligen Schrift, und nicht nur umgekehrt die Heilige Schrift zur Notwendigkeit der Interpretation. Insbesondere hat Weingreen dieses Modell mit Gewinn angewandt, um die Entstehung des Buches Deuteronomium verständlich zu machen. Obwohl Anfragen an seine Thesen zur Datierung bestehen bleiben, sind seine Einsichten zu den Texten von bleibendem Wert.

TALMON, Shemaryahu, Double Readings in the Massoretic Text, Textus 1 (1960) 144–185.

–, Synonymous Readings in the Textual Tradition of the Old Testament, in: Ch. Rabin (Hg.), Studies in the Bible, ScrHie 8, Jerusalem 1961, 335–383.
–, The Textual Study of the Bible–A New Outlook, in: F. M. Cross / Sh. Talmon (Hgg.), Qumran and the History of the Biblical Text, Cambridge, Mass. 1975, 321–400.
–, Gesammelte Aufsätze, 3 Bde., Bd. 1 = Gesellschaft und Literatur in der Hebräischen Bibel, Bd. 2 = Juden und Christen im Gespräch, Bd. 3 = Israels Gedankenwelt in der Hebräischen Bibel, Information Judentum 8, 11, und 13, Neukirchen-Vluyn 1988–1995.
–, Die Darstellung von Synchronität und Simultaneität in der biblischen Erzählung, in: DERS., Gesammelte Aufsätze, Bd. 3, 61–81; erweiterte deutsche Übersetzung von: DERS., The Presentation of Synchroneity and Simultaneity in Biblical Narrative, in: J. Heinemann / S. Werses (Hgg.), Studies in Hebrew Narrative Art throughout the Ages, ScrHie 27, Jerusalem 1978, 9–26; nachgedr. in: Sh. TALMON, Literary Studies in the Hebrew Bible. Form and Content, Jerusalem / Leiden 1993, 112–133.

Shemaryahu TALMON wurde 1920 in Skierniewice (Polen) geboren. Er besuchte das Jüdische Reform-Real Gymnasium in Breslau. Im Jahr 1939 wurde er für drei Monate in das Konzentrationslager Buchenwald interniert. Es gelang ihm danach, nach Israel zu emigrieren. Er wurde an der Hebräischen Universität in Jerusalem promoviert, wo er dann auch den J. L. Magnes Lehrstuhl für Bibelwissenschaft innehatte. Vor kurzer Zeit, am 15. Dezember 2010, ist er gestorben. Talmon beteiligte sich aktiv am jüdisch-christlichen Dialog, insbesondere im deutschsprachigen Kontext. Er hielt weiterhin Vorträge und publizierte auch auf deutsch (dies zeigt z. B. der 2. Band seiner Gesammelte[n] Aufsätze). Die bedeutende Forschungsbeiträge dieses Wissenschaftlers beziehen sich v. a. auf folgende Gebiete: Das Verständnis des biblischen Textes und seiner Auslegung, die Erforschung der Entwicklung literarischer Motive im Alten Israel und die Anwendung soziologischer Modelle für das Verständnis der unterschiedlichen religiösen Schulen und des Entwicklung des Festkalenders in der Zeit de Zweiten Tempels. Obwohl er selbst umfangreiche Bände seiner gesammelten Studien herausgegeben hat, blieben dabei einige der ergiebigen frühen Artikel zum Text der Hebräischen Bibel unberücksichtigt; sie verdienen deshalb eine Erwähnung an dieser Stelle. So war der Artikel »Double Readings« angemessenerweise Teil der Erstausgabe von »Textus«, der Zeitschrift, die mit dem bedeutsamen Hebrew University Bible Project verbunden ist – ein Forschungsunternehmen, das von Moshe H. Goshen-Gottstein auf den Weg gebracht wurde und zu dessen Herausgeberkreis Talmon (zusammen mit Chaim Rabin) lange gehörte. Wie der Artikel zeigt, scheint der biblische Text an manchen Stellen zwei unabhängige Lesarten zusammenzubringen. Die Schreiber, die für die Abschrift und Überlieferung des biblischen Textes verantwortlich waren, müssen sich über abweichende Traditionen oder alternative Lesarten in verschiedenen Manuskripten bewusst gewesen sein und haben beide bewahrt, anstatt sich für eine zu entscheiden.

Es ist nicht klar, ob diese Praxis durch den systematischen und bewussten Vergleich verschiedener Manuskripttraditionen – mit der Absicht, beide Traditionen zu bewahren – angeleitet war, oder ob sie eher den Charakter eines ad-hoc-Verfahrens hatte, indem etwa ein Schreiber die Erinnerung an eine alternative Lesart bewahrte. Der Ansatz Talmons kann aber eine Reihe von grammatisch und syntaktisch schwierigen Stellen im Text der Hebräischen Bibel erklären, für die Exegeten ansonsten eine literarische Einfügung oder eine spätere redaktionelle Schicht als Erklärung für scheinbare Redundanzen annehmen müssen. Als Beispiel kann die Bestimmung im Bundesbuch für den Fall gelten, dass ein Sklave auf das Recht, freigelassen zu werden, verzichtet: »Sein Herr führe ihn vor Gott und führe ihn an das Tor oder an den Türpfosten« (Ex 21,6). Der Vers besteht aus zwei gleichrangigen Sätzen, die hinsichtlich des Verbs und der Präposition identisch sind. Beide Sätze enthalten ferner Bestimmungen über den Ort, an dem der Eid geschworen werden soll, mit dem der Sklave seine Freilassung ablehnt. Es ist unnötig, an dieser Stelle aufgrund der scheinbaren Redundanz eine spätere literarische Schicht oder Einfügung anzunehmen.[6] Das »Tor« des Tempels oder des Heiligtums war ein liminaler Ort, an dem ein solcher rechtsverbindlicher Eid abgelegt werden konnte, wie auch aus Parallelen im Keilschriftrecht deutlich ist.[7]

Talmons Artikel aus dem Jahr 1975 stellte eine frühe Infragestellung der v.a. von Frank Moore Cross vertretenen Theorie der drei lokalen Textfamilien dar, die zwischen dem fünften und ersten Jahrhundert v.Chr. in Palästina, Ägypten und Babylon entstanden seien. Er hinterfragte auch, ob es für viele biblische Bücher tatsächlich jemals ein »Originalexemplar« gab, dessen Wiederherstellung dann das Ziel der Textkritik wäre. Nach Talmon ist eine solche Annahme kaum begründbar. Er schlägt stattdessen ein komplexeres Modell verschiedener Ausgaben z.B. des Jeremiabuches vor, die sich an jeweils unterschiedliche Gemeinschaften richten. Talmon hat auch einen wichtigen Forschungsbeitrag geleistet zur Verwendung von Schreibertechniken in der Bibel, wie z.B. der Wiederaufnahme.[8] Dieses Technik wurde von den Schreibern

---

[6] Anders L. SCHWIENHORST-SCHÖNBERGER, Das Bundesbuch (Ex 20,22–23,33). Studien zu seiner Entstehung und Theologie, BZAW 188, Berlin 1990, 308.

[7] Dazu und insbesondere zu der Parallele in den Gesetzen von Eschnunna § 37, vgl. B.M. LEVINSON, Deuteronomy and the Hermeneutics of Legal Innovation, New York 1997, 114 Anm. 44.

[8] In der modernen Bibelwissenschaft wurde diese Technik zuerst als

im Altertum angewandt, um eine literarische Einfügung oder einen Exkurs in einen Text einzubringen. Sie hat ein charakteristisches Format: Eine ursprüngliche Abfolge A – B – C, die Einfügung X, die Wiederholung C′, und dann die Fortführung der ursprünglichen Abfolge mit D – E – F. Dieses Struktur aus der Literatur des Altertums entspricht einer Technik aus dem modernen Kino: Ein Szenenwechsel wird im Film häufig mit einem »Fadeout« eingeleitet (etwas wenn die Erinnerung eines Filmcharakters dargestellt wird), während ein »Fadein« dann zurück in die Gegenwart der Handlung führt. Talmon argumentiert in seinem wichtigen Artikel von 1995, dass die Wiederaufnahme nicht nur als Hinweis auf sekundäre redaktionelle Schichten gesehen werden sollte, sondern vielmehr eine kompositorische Technik darstellt, die von den Autoren im Altertum verwendet wurde, um die Gleichzeitigkeit der Handlung anzuzeigen. Für diese These führt er eine Reihe von Beispielen an, so z. B. auch die Erzählung über die Offenbarung der Zehn Gebote am Berg Sinai (Ex 20). Sein Paradebeispiel könnte aber natürlich angesichts der komplexen Redaktionsgeschichte der Sinaiperikope auch als Argument für die gegenteilige Auffassung dienen. Bemerkenswerterweise zeigt Talmons Artikel, dass mittelalterliche rabbinische Ausleger die Technik der Wiederaufnahme bereits erkannt und ihre Funktion beschrieben hatten (S. 67). Ob-

---

Schreibertechnik erkannt von H. Wiener, The Composition of Judges II 11 to 1 Kings II 46, Leipzig 1929, 2. Viele Forscher übersehen diesen Vorläufer und schreiben diese Erkenntnis dann C. Kuhl zu (Die »Wiederaufnahme« – ein literarisches Prinzip? ZAW 64 [1952] 1–11). Tatsächlich aber hat Kuhl durch die Arbeit Wieners von dieser Technik erfahren, als er dessen Buch für die Theologische Literaturzeitung rezensierte: ThLZ 54 (1929) 346 (diese Abhängigkeit gibt Kuhl auch ausdrücklich an; vgl. ZAW 64 [1952] 2 Anm. 2). Zur Wiederaufnahme und ähnlichen Kennzeichen redaktioneller Arbeit, vgl. Levinson, Deuteronomy, 17–20.

wohl die mittalterlichen jüdischen Gelehrten natürlich von anderen Vorstellungen der Textkomposition ausgingen als die modernen Wissenschaftlerinnen und Wissenschaftler, zeigt Talmons Artikel doch, in welcher Weise die Bibelwissenschaft bereichert werden kann, wenn sie die rabbinische Schriftauslegung in Betracht zieht. Talmons Forschungsbeiträge haben dazu beigetragen, die methodische Vielfalt der Textkritik zu vergrößern, und zwar im Lichte von Methoden der Schriftauslegung.

Blenkinsopp, Joseph, Prophecy and Canon. A Contribution to the Study of Jewish Origins, University of Notre Dame Center for the Study of Judaism and Christianity in Antiquity 3, Notre Dame, Ind. 1977.

In einer Zeit, als in der Forschung, aus oftmals apologetischen Gründen, ein starkes Interesse am »Canonical Critisism« vorherrschte, präsentierte Blenkinsopp in dem genannten Band seinen neuartigen und intellektuell herausragenden Ansatz. Sein Modell der Entwicklungsstufen des biblischen Kanons versteht diesen als Ergebnis eines dynamischen Prozesses, dem die Konkurrenz verschiedener Gemeinschafen innerhalb Israels und deren Machtkämpfe zugrunde liegen. Diese Prozesse haben nach Blenkinsopp auf vielfältige Weise im Kanon ihren Niederschlag gefunden: In seinen inhaltlichen Abweichungen und in der Art und Weise, wie die Texte innerhalb des Kanons aufeinander Bezug nehmen. Eine weitere Stärke seines Ansatzes ist die kritische Reflektion über die Geschichte der eigenen Forschungsdisziplin und das Bewusstsein für die Gefahr des theologischen Vorurteils: »And it is still the case that Christian Old Testament scholars, when they venture beyond a purely descriptive approach to their work, tend to collapse the question of canon into the other question of the relation between the testaments. Nothing has contributed so much as this to the evasion of the ongoing existence of Judaism as a problem for Christian theology« (139).

ESLINGER, Lyle, Hosea 12:5a and Genesis 32:29. A Study in Inner Biblical Exegesis, JSOT 18 (1980) 91–99.

ESLINGERS anregende Studie über die Aufnahme der Jakobtraditionen der Genesis im Buch des Propheten Hosea (wobei diese Aufnahme hier den Charakter einer exegetischen Transformation annimmt) hat einen bleibenden Wert. Insbesondere zu ihrer Erscheinungszeit stellte sie eine neue Art des Verständnisses der Rezeption dieses Materials dar. Gleichzeitig kam hier ein neues Modell des prophetischen Textes als literarischer Auslegung zur Anwendung.

FINKELSTEIN, Jacob J., The Ox That Gored, Transactions of the American Philosophical Society 71.2, Philadelphia 1981.

In seiner brillanten, erst posthum veröffentlichten Monographie geht FINKELSTEIN entscheidende konzeptionelle und methodologische Fragen an. Er argumentiert, dass das in der modernen westlichen Kultur so bedeutsame Konzept der Menschenwürde im biblischen Recht eine Entsprechung hat und auf sie zurückgeht. Auf diese Weise ist das biblische Recht, trotz seines historischen Alters, hermeneutisch gesehen bereits modern. Finkelstein, ein ausgewiesener Assyrologe, stellt die These auf, dass scheinbar geringfügige Differenzen in der Abfolge von Gesetzen oder in der Art der Bestrafung zwischen biblischem und altorientalischem Recht einen Versuch des Verfassers dokumentieren, zwischen Person und Besitz zu unterscheiden. In einer äußerst anregenden Analyse argumentiert Finkelstein, dass die Anordnung des Stoffes im Bundesbuch eine Betonung der Kategorie der Person durch den Verfasser bezeugt. Auf diese Weise lassen sich dann auch Themenwechsel erklären, die ansonsten als gezwungen oder sekundär betrachtet wurden. Der Autor des Bundesbuches nimmt so eine Relektüre der juristischen Normen und literarischen Konventionen des Keilschriftrechts vor. So gesehen stellt das biblische Recht so etwas wie eine philosophische Argumentation dar. Es bringt das Konzept der Autonomie und der Souveränität der Person zum Ausdruck. Finkelstein verfolgt weiterhin die Geschichte ähnlicher Vorstellungen bis in die Rechtssysteme der Antike, des mittelalterlichen Europas und des zeitgenössischen amerikanischen Rechts hinein.

Lemaire, André, Les écoles et la formation de la Bible dans l'ancien Israël, OBO 39, Fribourg, Switzerland / Göttingen 1981.

André Lemaire gebührt das Verdienst, in einer Zeit, als viele Bibelwissenschaftler am Modell der Bibel als Niederschlag mündlicher Überlieferung festhielten, die Frage nach der Literalität im Alten Israel grundsätzlich gestellt zu haben. Es war sein Anliegen, Erkenntnisse der Epigraphie, für die er aufgrund seiner Forschungen zu semitischen Inschriften ein ausgewiesener Fachmann ist, in die Auslegung des biblischen Textes zu integrieren. Seine Argumentation beruht darauf, dass viele Inschriften im Altertum den Charakter von Lehrtexten hatten, die zu Ausbildungszwecken in Schreiberschulen Verwendung fanden; die Existenz solcher Schulen im königszeitlichen Israel setzt Lemaire dabei voraus. Nach seinem Modell ist die Hebräische Bibel ursprünglich eine Abfolge von Texten, die in solchen Schulen kopiert, weitergegeben und studiert wurden. Diese Texte wurden dann gesammelt und erhielten den Rang eines literarischen Kanons. Obwohl einzelne Aspekte dieser These aufgrund der jüngeren Forschung der Überarbeitung bedürfen, hat Lemaire mit seiner Infragestellung des Konzepts eines ausschließlich mündlichen »Sitzes im Leben«, auf den die israelitische Literatur zurückzuführen sei, einen wichtigen, bleibenden Forschungsbeitrag geleistet. Es ist bedauerlich, dass seine Arbeit zuweilen von anderen Bibelwissenschaftlern, die Forschungen zur Frage der Literalität im Alten Israel betreiben, übersehen wurde (vgl. Schniedewind 2004).

FISHBANE, Michael, Torah and Tradition, in: D.A. Knight (Hg.), Tradition and Theology in the Old Testament, Philadelphia 1977, 275–300.

–, Biblical Interpretation in Ancient Israel, Oxford 1985; neue Ausgabe mit Addenda, 1988.

–, Use, Authority, and Interpretation of Mikra at Qumran, in: M.J. Mulder (Hg.), Mikra. Text, Translation, Reading, and Interpretation of the Hebrew Bible in Ancient Judaism and Early Christianity, CRI 2.1, Assen/Maastricht/Philadelphia 1988, 339–377.

–, The Hebrew Bible and Exegetical Tradition, in: J.C. de Moor (Hg.), Intertextuality in Ugarit and Israel, OTS 40, Leiden 1998, 15–30.

–, Biblical Myth and Rabbinic Mythmaking, Oxford 2003.

FISHBANE hat, im Rückgriff auf Einsichten einiger anderer Bibelwissenschaftler, ein neues Modell zum Verständnis der Komposition und Entwicklung der biblischen Literatur entwickelt. Er zeigt, im welchen Ausmaß Schreiber und Autoren im Alten Israel sich darauf beschränkten, ältere Texte, die einen privilegierten Platz in ihrer Kultur hatten, zu kommentieren, zu erläutern und mit Anmerkungen zu versehen, sie zu überarbeiten, sich auf sie zu beziehen und sie auszuschmücken. Auf diese Weise macht Fishbane deutlich, wie sehr die Dynamik von Tradition und Interpretation nicht erst ein nachbiblischen Phänomen darstellt, sondern bereits innerbiblisch nachweisbar ist. Die Kontinuität literarischer Formen und exegetischer Techniken, die von der Keilschriftliteratur über die biblischen Texte bis zu den Schriftrollen vom Toten Meer zu beobachten ist, impliziert, dass die exegetischen Methoden in der rabbinischen Literatur eine immanente Tradition des Textstudiums voraussetzen und nicht erst eine späte Übernahme aus der griechisch-römischen Kultur der Spätantike darstellen. Das Buch arbeitet auch Kontinuitäten der Form und der Schreibertechniken heraus, die sich in allen biblischen Gattungen nachweisen lassen. Fishbanes Analyse der Neuinterpretation der Hebräischen Bibel in den Schriftrollen vom Toten Meer, die er im mit »Mikra« (dem hebräischen Wort für Bibel, abgeleitet von der wörtlichen Bedeutung »was gelesen wird«) betitelten Band vorgelegt hat, stellt eine verständliche und einnehmende Einführung dar. Fishbane zeigt dabei die Neubearbeitungen von gesetzlichem, prophetischen und erzählerischem Material in Qumran auf, indem er den Zusammenhang mit exegetischen Methoden darstellt, wie sie in der Keilschriftliteratur und in der Bibel zur Anwendung kamen. Er arbeitet die deutliche Kontinuität in der Form und den Methoden heraus, indem er zum Beispiel die Verbindung zwischen den Pescher-Texten und der Terminologie und Methodik der Traum- und Omeninterpretation in akkadischer Literatur sowie, innerhalb der Bibel, in der Josephsgeschichte und im Danielbuch aufzeigt. Besondere Aufmerksamkeit widmet er den Eigenarten der lemmatischen Interpretation (wie der atomistischen Zitation und dem Gebrauch deiktischer Pronomen) und den Mitteln, mit denen exegetische Transformationen autorisiert werden (wie der Pseudepigraphie).

In seinem Beitrag zum Sammelband von 1998 präsentiert Fishbane mit einem Abstand von mehr als einem Jahrzehnt Überlegungen zu seinem Hauptwerk von 1985. Seine Absicht ist es hier, seine eigene frühere methodologische Unterscheidung zwischen *Traditum* (der überkommenen Tradition) und *Traditio* (dem dynamischem Prozess der Weitergabe und Überarbeitung) zu überwinden:

> [T]he Bible is only tradition, in form and content. [...] As we now have them, we have tradition producing tradition through the mediation of a silent redaction. This silent hand of culture-formation and its anthological product is of the essence of biblical and post-biblical tradition. (18)

Fishbanes wissenschaftliches Unternehmen dient dabei einer kulturellen Wiederentdeckung als übergeordnetem Ziel: »[T]he Hebrew Bible is the product of tradition in diverse stages of unfolding, and [...] to catch the content in diverse contexts would be to penetrate beneath the textual surface to the living reality of Israel« (ebd.).

Fishbanes besonderes Anliegen, der Blick auf den kulturellen Hintergrund des biblischen Textes, ist auch der Ausgangspunkt für sein nächstes Hauptwerk, »Biblical Myth and Mythmaking«. Dieser Band stellt einen bedeutenden Beitrag zur Religionsgeschichte dar. Wissenschaftler wie auch Laien ziehen zuweilen eine scharfe Trennlinie zwischen mythologischen Religionen und dem Monotheismus, als ob jene primitiver und irrationaler wären und die monotheistischen Religionen sie ersetzen und hinter sich lassen mussten, um ihre spezifische Identität zu entwickeln. Diese Grundmodell fand auch Anwendung bei der Entstehung der Judaistik im Deutschland des 19. Jahrhunderts. Damals wollte die »Wissenschaft des Judentums« seinen Gegenstand als eine Religion vollkommener Rationalität erscheinen lassen, fast als ob das Judentum die ursprüngliche kantische Religion wäre.[9] Fishbane stellt dagegen überzeugend dar, dass der Mythos ein integraler Bestandteil sowohl des Monotheismus an sich als auch des Judentums im Speziellen ist. Der Band ist eine herausfordernde Lektüre in einer oft technischen Sprache und behandelt die Literaturgeschichte von zwei Jahrtausenden. Seine drei Hauptabschnitte behandeln das Alte Israel, die midraschische Literatur des rabbinischen Judentums und das mittelalterliche Judentum (mit besonderer Aufmerksamkeit für den Zohar im zwölften und dreizehnten Jahrhundert in der Provence, Girona und Kastillien). Dabei nimmt Fishbane jeweils zwei verschiedene Arten, Gott zu begreifen, in den Blick: Die kosmologischen Taten Gottes (Gott als Schöpfer) und die *magnalia dei*, die großen Taten Gottes in der Geschichte: die Verteidigung und Befreiung Israels (Jahwe als göttlicher Krieger). Ziel ist es, auf diese Weise einige althergebrachte Grundbegriffe neu zu durchdenken und neu zu ordnen. Der Mythos wird zu einer Form der Exegese, und jüdische Geschichte wird zu einer Abfolge immer intensiverer Relektüren der Vergangenheit. Autoren im Alten Israel bearbeiteten altorientalische Texte, um Schöpfung oder Befreiung begrifflich zu fassen, und rabbinische Autoritäten lasen den biblischen Kanon neu, um ihn zu einer Art Lexikon für eine neue Mythenbildung zu machen (wenn etwas die Vorstellung

---

[9] Die These, dass die Ziele der »Wissenschaft vom Judentum« Anpassung und Assimilation waren, wird v.a. mit G. Scholem assoziiert. Vgl. dazu die umfassende Bewertung bei J. FRANKEL, Assimilation and the Jews in Nineteenth-Century Europe. Towards a New Historiography, in: J. Frankel / S. J. Zipperstein (Hgg.), Cambridge 1992, 1–37.

entwickelt wird, die Schekinah sei mit Israel in die ägyptische Knechtschaft gegangen, so dass Gott dann mit seinem Volk durch den Exodus befreit wurde). In der Relektüre des Zohars dann wurde der Schriftkanon schließlich eine bloße verschlüsselte Botschaft für Gott selber, der als körperlich dargestellt wurde, mit einem Liebesleben und der Eigenschaft, durch menschliche Handlungen und historische Ereignisse wie die Zerstörung des Tempels direkt beeinflusst werden zu können. In Fishbanes ambitionierter Studie ist Exegese nicht mehr eine spezifische Textinterpretation. Sie wird vielmehr zu einer Form kultureller Transformation und religiöser Imagination, die für den Monotheismus zentral ist.

LEVIN, Christoph, Die Verheißung des neuen Bundes in ihrem theologiegeschichtlichen Zusammenhang ausgelegt, FRLANT 137, Göttingen 1985.

In der heutigen Bibelwissenschaft wird Christoph LEVIN vor allem mit dem Umbruch in der Pentateuchexegese in Verbindung gebracht. Er war ein früher Vertreter der Forschungstendenz, den Jahwisten in die exilische Zeit zu Datieren – nach dem Deuteronomium, aber vor das Deuteronomistische Geschichtswerk.[10] In diesem Sinne sieht Levin im Jahwisten nicht einen Autor einer alten Primärquelle, sondern einen

[10] Vgl. CH. LEVIN, Der Jahwist, FRLANT 157, Göttingen 1993, und zuletzt DERS., The Yahwist. The Earliest Editor of the Pentateuch, JBL 126 (2007) 209–230. Was die Richtung der literarischen Entwicklung und die Datierung betrifft, komme ich zu anderen Schlussfolgerungen, und zwar aufgrund einer Analyse des Altargesetztes im Bundesbuch (Ex 20,24); vgl. B.M. LEVINSON, Is the Covenant Code an Exilic Composition? A Response to John Van Seters, in: DERS., »The Right Chorale«. Studies in Biblical Law and Interpretation, FAT 54, Tübingen 2008, 276–330.

späten Redaktor, der mit überlieferten literarischen Materialien arbeitete, um sie in eine bestimmte Form zu bringen. Diese jüngeren Debatten sollten aber nicht seine beachtlichen Beiträge zur Interpretation der prophetischen Bücher in den Hintergrund treten lassen. Levin geht dabei gegen die seinerzeit grundlegenden Theorien zur Analyse der Komposition und Struktur des Jeremiabuches an und betont die Bedeutung innerbiblischer Schriftauslegung:

> Jeder einzelne Abschnitt der Prophetenbücher zerfällt bei kritischem Zugriff in zahlreiche literarische Schichten, und es ist vergebliche Mühe, jede dieser Schichten einer Redaktion zuzuordnen, die die systematische Bearbeitung eines ganzen Buches umfaßt. Es muß deutlich sein: Sobald eine Erstredaktion ihr Werk getan hat oder eine beliebige Sammlung von Prophetenworten vorliegt, ist die Matrize für beliebige literarische Zusätze vorhanden. [...] Pointiert kann man sagen: *Die prophetische Literatur, ja mit Einschränkung das ganze Alte Testament, ist in erster Linie weder Autoren- noch Redaktorenliteratur, sondern Auslegungsliteratur, ein großer, in Jahrhunderten gewachsener, schriftlicher Midrasch*: »Sacra scriptura sui ipsius interpres«.[11]

Levins elegante, nahtlose Verbindung jüdischer Terminologie mit Luthers berühmten Leitspruch ist natürlich selbst eine Form midraschischer Relektüre. Levin versucht, konventionelle Zugänge zur Entwicklung des Jeremiabuches neu auszurichten, und behauptet dabei für seinen Zugang eine eindrucksvolle und ökumenische Herkunft, während er versucht, die etabliertere Forschungsgeschichte hinter sich zu lassen. Tatsächlich kamen exegetische Zugänge, die dem Ansatz Levins bemerkenswert ähnlich sind, in breitem Ausmaß etwa zeitgleich auf, wenn auch nicht in direkter Abhängigkeit

---

[11] LEVIN, Verheißung des neuen Bundes, 67 (Hervorhebung nicht im Original). Zitiert auch bei K. SCHMID, Innerbiblische Schriftauslegung, 17 (s. den Abschnitt zu Schmid).

zu Levins Vorschlag. William McKane stellte die These auf, dass die Entstehung des Jeremiabuches am besten mit dem Modell des »rolling corpus« erklärt werden kann. »What is meant by a rolling *corpus* is that small pieces of pre-existing text trigger exegesis or commentary. MT is to be understood as a commentary or commentaries built on pre-existing elements of the Jeremianic *corpus*«.[12] Wie die Abschnitt der vorliegenden Arbeit (s.o.) über die Bearbeitung von Dtn 24 im Ezechielbuch (Ez 18) zeigt, ist im Einzelnen m.E. die Richtung der literarischen Entwicklung anders als bei Levin zu bestimmen. Dennoch ist hier ein gemeinsames Verständnis dahingehend festzustellen, dass es hier in der Tat um einen innerbiblisch beobachtbaren literarischen Prozess geht.

Tigay, Jeffrey H. (Hg.), Empirical Models for Biblical Criticism, Philadelphia 1985.

Es ist aufregend, den Sammelband Tigays durchzuarbeiten. Er behandelt Literatur aus dem Alten Orient (Gilgamesch und den Codex Hammurapi), aus der Hebräischen Bibel und nachbiblische Literatur (der Samaritanische Pentateuch und die Septuaginta). Das ausdrückliche Ziel ist es dabei, den immanenten Charakter des Zugangs der Literarkritik aufzuzeigen (der vollständig verankert sei in den damaligen literarischen Konventionen und den üblichen Schreibertechniken). Dieses argumentative Ziel wird sehr effektiv verfolgt. Obwohl

---

[12] W. McKane, A Critical and Exegetical Commentary on Jeremiah, 2 Bde., ICC, Edinburg 1986–1996, Bd. 1, lxxxiii (Hervorhebung im Original). Levins Arbeit, die ein Jahr zuvor veröffentlicht wurde, wird an dieser Stelle oder anderswo in Bd. 1 nicht erwähnt; es gibt dann allerdings häufige Bezugnahmen in Bd. 2. Die Ähnlichkeit zwischen beiden Ansätzen erwähnt auch Schmid, Innerbiblische Schriftauslegung, 17.

der Band auch wichtige Beiträge einiger anderer Forscher enthält, sollen hier die drei Kapitel in den Blick genommen werden, die von Tigay selbst stammen: »The Evolution of the Pentateuchal Narratives in the Light of the Evolution of the Gilgamesh Epic« (21–52), »Conflation as a Redactional Technique« (53–96) und »The Stylistic Criterion of Source Criticism in the Light of Ancient Near Eastern and Postbiblical Literature« (150–173). Das erste Kapitel zeichnet die lange Entwicklungsgeschichte des Gilgamesch-Epos nach und zeigt die Bedeutung eines Gelehrten des Altertums, Sîn-lēqi-unninni, für die Gestaltung der spezifische Form und des Inhalts des Werkes auf.[13] Mit dem zweiten genannten Kapitel liefert Tigay eine faszinierende Analyse der Arbeit der Autoren des Samaritanischen Pentateuchs, die, irgendwann im ersten oder zweiten Jahrhundert v. Chr., einen »Gegen-Pentateuch« zusammenstellten, um ihre Gemeinschaft und ihr Heiligtum bei Sichem (der Berg Garizim, in der Nähe des heutigen Nablus) zu legitimieren.[14] Bemerkenswert dabei ist, dass die Autoren dieses Ziel nicht verfolgten, indem sie einfach nur strategische Änderungen an einer früheren Form der jüdischen Tora vornahmen. Es musste kaum explizites Sondergut von Grund auf neu verfasst werden. Stattdessen ver-

[13] TIGAY bietet hier eine Art Kurzfassung seiner früher veröffentlichten Monographie: The Evolution of the Gilgamesh Epic, Philadelphia 1982. Seit dieser Veröffentlichung wurden allerdings weitere Tafeln gefunden. Für den aktuellen Stand (und eine Auseinandersetzung mit der Rolle des Sîn-lēqi-unninni), vgl. jetzt A. R. GEORGE, The Babylonian Gilgamesh Epic. Introduction, Critical Edition, and Cuneiform Texts, 2 Bde., Oxford 2003, Bd. 1, 28–33.

[14] Als aktuellste Forschungsarbeit, die auch textgeschichtliche und historische Fragestellungen aufgreift, vgl. R. PUMMER, The Samaritans and Their Pentateuch, in: G. N. Knoppers / B. M. Levinson (Hgg.), The Pentateuch as Torah. New Models for Understanding Its Promulgation and Acceptance, Winona Lake, Ind. 2007, 237–269.

fuhren die geschickten Redaktoren des Werkes im Wesentlichen nur nach dem Prinzip »kopieren und einfügen«. Schon vorhandenes Material über die Bedeutung Sichems (vgl. Dtn 11 und Dtn 27) fand so den Weg in das 10. Gebot des Dekalogs. Die Redaktoren schrieben also ihre Überarbeitung der Tora in die Tora ein und ließen ihre Ablehnung Jerusalems und Bestätigung des Garizims als aus den Sinai-Traditionen abgeleitet erscheinen. Tigay gelingt es hervorragend, die akribischen Schreibertechniken aufzuzeigen, mit deren Hilfe diese ideologische Aussage zum Ausdruck kommt. Eine umfassendere Bedeutung hat diese Arbeit Tigays auch deshalb, weil der Pentateuch selbst in seiner Endgestalt eine redaktionelle Komposition aus der Zeit des zweiten Tempels ist. Es lässt sich zeigen, dass ähnliche Techniken auch bei der Komposition von Schüsselpassagen im Pentateuch selbst zur Anwendung kamen (s. dazu den Eintrag zu Zahn in dieser Bibliographie). Das dritte oben erwähnte Kapitel von Tigay zeigt, dass das Modell der Literarkritik eben keineswegs eine dem biblischen Text aufgezwungene anachronistische, rationalistische und westliche Vorstellung ist. Vielmehr zeigen sich große Übereinstimmungen mit den Techniken, wie sie bei der Komposition altorientalischer Literatur wie auch der Literatur der Zeit des Zweiten Tempels überhaupt zur Anwendung kamen.

Kugel, James L., Early Interpretation. The Common Background of Late Forms of Biblical Exegesis, in: J.L. Kugel / R. Greer (Hgg.), Early Biblical Interpretation, Philadelphia 1986, 9–106.

–, Traditions of the Bible. A Guide to the Bible As It Was at the Start of the Common Era, Cambridge 1998.

Kugel, ein Forscher mit schriftstellerischen Qualitäten, hat ein besonderes Auge für den Zusammenhang, durch den die

Heilige Schrift ihre Auslegung hervorbringt, aus der dann wiederum eine neue Form religiöser Aktivität wird. Er beleuchtet das Ausmaß, in dem die grundlegende Literatur der verschiedenen »Judentümer« der Zeit des Zweiten Tempels, wie die Schriftrollen vom Toten Meer sowie die Literatur des rabbinischen Judentums und des Christentums, auf die Themen und Probleme des biblischen Textes antwortet. Sein Hauptinteresse gilt dabei fast ausschließlich der Rezeption biblischen Materials in späteren, dieses Material auslegenden Gemeinschaften. Die Bedeutung dieses Forschungsansatzes für die Kompositionsgeschichte des biblischen Materials wurde dann direkter in den Werken anderer Forscher thematisiert. Der frühere der genannten Bände stellt eine anschauliche Einführung in die grundsätzlichen Wesenzüge der Textinterpretation dar, wie sie als Ersatz für die Prophetie in der Zeit des Zweiten Tempels aufkam. Das Ergebnis dieses Prozesses war, dass der inspirierte Ausleger in gewisser Weise den Propheten als Sprecher Gottes für die Gemeinschaft ablöste. Der spätere Band ordnet die Hebräische Bibel in den Kontext der verschieden Gemeinschaften religiöser Leser und Ausleger in der Zeit des Zweiten Tempels ein. Im Mittelpunkt steht hier tatsächlich, einen Zugang zur Bibel »as it was at the start of the Common Era« zu ermöglichen. Der Band untersucht eine große Vielfalt an Literatur aus der Zeit des Zweiten Tempels und knüpft so Verbindungen zu den biblischen Texten, auf die diese Literatur Antworten geben und die sie erhellen will. Beide Bücher sind für ein breites Publikum geschrieben und ermöglichen einen leichten Zugang.

Lohfink, Norbert, Die Sicherung der Wirksamkeit des Gotteswortes durch das Prinzip der Schriftlichkeit der Tora und durch das Prinzip der Gewaltenteilung nach den Ämtergesetzen des Buches

Deuteronomium (Dt 16,18–18,22), in: H. Wolter (Hg.), Testimonium Veritati. Festschrift Wilhelm Kempf, Frankfurter Theologische Studien 7, Frankfurt 1971, 143–155; nachgedr. in: N. Lohfink, Studien zum Deuteronomium und zur deuteronomistischen Literatur I, SBAB 8, Stuttgart 1990, 305–323.

–, Gab es eine deuteronomistische Bewegung? in: W. Groß (Hg.), Jeremia und die »deuteronomistische Bewegung«, BBB 98, Weinheim 1995, 313–382, nachgedr. in: N. Lohfink, Studien zum Deuteronomium und zur deuteronomistischen Literatur III, SBAB 20, Stuttgart 1995, 65–142.

–, Fortschreibung? Zur Technik vom Rechtsrevisionen im deuteronomischen Bereich, erörtert an Deuteronomium 12, Ex 21,2–11 und Dtn 15,12–18, in: T. Veijola (Hg.), Das Deuteronomium und seine Querbeziehungen, Schriften der Finnischen Exegetischen Gesellschaft 62, Göttingen 1996, 133–181; nachgedr. in: N. Lohfink, Studien zum Deuteronomium und zur deuteronomistischen Literatur IV, SBAB 31, Stuttgart 2000, 163–203.

–, Prolegomena zu einer Rechtshermeneutik des Pentateuch, in: G. Braulik (Hg.), Das Deuteronomium, ÖBS 23, Frankfurt 2003, 11–55; nachgedr. in: N. Lohfink, Studien zum Deuteronomium und zur deuteronomistischen Literatur V, SBAB 38, Stuttgart 2005, 181–231.

Lohfink hat sein Leben der Forschung über das Buch Deuteronomium gewidmet und diese auf vielerlei Weise revolutioniert. Er gehörte zu den allerersten, die an diesem wichtigen biblischen Buch die literarische Kunstfertigkeit und rhetorische Struktur erkannten und betonten. Dabei war es sein Anliegen, einen impliziten Dialog zwischen den üblichen diachronen Zugängen in Europa (Literarkritik und Textkritik) und den Methoden der zeitgenössischen Literaturwissenschaft zu ermöglichen. In einer seiner ersten Arbeiten, die zeitgeschichtlich mit der Hochstimmung im Zusammenhang mit dem Vaticanum II zu bringen ist, argumentiert Lohfink, dass bestimmte maßgebliche Konzepte, die normalerweise mit der Vorstellung einer demokratischen Regierung in Verbindung gebracht werden (die Gewaltenteilung und die Unterordnung aller Regierungsinstitutionen unter die Verfassung, also die Rechtsstaatlichkeit), im Deuteronomium ihren Ursprung haben. Dieser Artikel ist eine faszinierende, ausgedehnte Betrachtung des Konzeptes der Tora im Deuteronomium. Der Artikel aus dem Sammelband »Das Deuteronomium und seine Querbeziehungen« stellt eine genaue Wahrnehmung verschiedener maßgeblicher Rechtstexte im Bundesbuch und Deuteronomium dar; in beeindruckender Klarheit wird dabei die Frage des literarischen Abhängigkeitsverhältnisses behandelt. Der Schwerpunkt liegt auf den Bestimmungen für den Opfergottesdienst (die Altargesetze in Ex 20,24 und Dtn 12) und auf den Gesetzen zur Freilassung (Ex 21,2–11; Dtn 15,12–18). Der Artikel zeigt die exegetischen Fertigkeiten des deuteronomischen Autors auf, der das literarische Vorbild, das Bundesbuch, grundlegend umformt: neuer Wein wird in alte Schläuche gefüllt. Ein weiterer Aspekt des Artikels ist ebenso bedeutsam. Recht selbstbewusst überdenkt Lohfink hier die verschiedenen Modelle, mit denen man in der Forschung versuchte, das Phänomen der innerbiblischen Schriftauslegung zu fassen. Lohfink sieht in den genannten Texten eine Reihe von Testfällen für das in der europäischen Forschung gebräuchliche Modell der Fortschreibung, das davon ausgeht, dass Quellentexte mit einer einfachen Ergänzung oder Anpassung versehen werden und die Gestalt des ursprünglichen Textes dabei intakt bleibt. Dieses Modell wird nun aber der viel dynamischeren Überarbeitung des Bundesbuches im Deuteronomium nicht gerecht. Lohfink drückt implizit aus, das es eines leistungsfähigeren exegetischen Modells bedarf. Seine Auslegung zeigt eindrucksvoll, dass zum Umschreiben und Überarbeiten von Rechtstexten Originalität und ein Autor im eigentlichen Wortsinne gehört. Mit dem bedeutenden Artikel aus dem Jahr 1995 hat Lohfink dann schlagkräftig und nachhaltig gegen ein typisches Verständnis des »Deuteronomismus« argumentiert, wie sie v.a. im europäischen Forschungskontext wirkmächtig war: Nach dieser Vorstellung können aufgrund kleinerer Sprachvariationen im prophetischen Korpus einzelne Strata deuteronomistischer Redaktionsarbeit isoliert werden und diese dann, ohne weitere Evidenzen, einer spezifischen sozialen und religiösen Bewegung zugeordnet werden. Lohfink hingegen sieht nicht in jeder Sprachvariation die Spur einer bestimmten sozialen Gruppe, oder Stufen in der Entwicklung dieser Gruppe; vielmehr gesteht er den Autoren eine sehr viel größere Fähigkeit zu, im Umgang mit Texten auch ihre Sprache zu variieren. Nach seiner Argumentation würden Autoren des Altertums mit größter Sicherheit die Sprache ihrer literarischen Quellen imitieren. Dann aber könnte aus jeder stilistischen Variation (wie z.B. grammatischer Inkonsistenzen) in den Quellen eine Art literarischen Modell werden, dass beim Verfassen neuer Literatur angewandt wird. Lohfinks Ausgangspunkt im oben aufgeführten Artikel von 2003 ist das hermeneutische Problem, dass durch den bemerkenswerten redaktionellen Charakter des Pentateuchs insgesamt aufgeworfen wird, der drei ursprünglich inkonsistente, unabhängige und sich gegenseitig ausschließende Rechtssammlungen enthält (das Bundesbuch, das Heiligkeitsgesetz und das Rechtskorpus des Deuteronomiums) und dabei jeder gleiche Autorität zumisst. Lohfink stellt die kluge Frage: Wie könnte ein solcher Text damals gelesen worden sein? Er überlegt, wie ein hypothetischer erster Leser den Pentateuch zum Zeitpunkt nach seiner Entstehung verstanden haben könnte. Lohfink und Georg Braulik (vgl. die Auseinandersetzung mit seinem Werk im Abschnitt zu Rut) bereiten den neuen Hermeneia Kommentar zum Deuteronomium vor, dessen erster Band Dtn 1–4 behandelt.

Dabei werden sowohl synchrone als auch diachrone Probleme behandelt und die Fragen gestellt, wie das Buch im Kontext des Kanons zu lesen wäre und welche Relektüren älterer biblischer Texte es vornimmt. Der Band verspricht, damit zu einem unentbehrlichen Forschungsbeitrag zu werden.

STECK, Odil Hannes, Bereitete Heimkehr. Jesaja 35 als Redaktionelle Brücke zwischen dem Ersten und dem Zweiten Jesaja, SBS 121, Stuttgart 1985.

–, Der Abschluss der Prophetie im Alten Testament. Ein Versuch zur Frage der Vorgeschichte des Kanons, BThSt 17, Neukirchen-Vluyn 1991.

–, Die Prophetenbücher und ihr theologisches Zeugnis. Wege der Nachfrage und Fährten zur Antwort, Tübingen 1996.

–, Gott in der Zeit entdecken. Die Prophetenbücher des Alten Testaments als Vorbild für Theologie und Kirche, BThSt 42, Neukirchen-Vluyn 2001.

Eine wichtige Entwicklung in der Forschung zur innerbiblischen Schriftauslegung stellt das Werk von Odil Hannes STECK dar. Verschiedene Schüler Stecks haben seine Einsichten unabhängig voneinander in verschiedene Richtungen weitergeführt. Dazu gehören u.a. Reinhard G. Kratz, James D. Nogalski,[15] Erich Bosshard-Nepustil und Konrad Schmid. Obwohl zwangsläufig gelegentlich vorgeschlagen wurde, dass Steck und seine Schüler eine »Zürcher Schule« bilden, ist die Bandbreite an Zugängen und historischen Interessen doch zu verschieden, um so eine Generalisierung zu begründen.[16]

[15] Vgl. J. D. NOGALSKI, Literary Precursors to the Book of the Twelve, BZAW 217, Berlin 1993; und J. D. NOGALSKI / M.A. SWEENEY (Hgg.), Reading and Hearing the Book of the Twelve, SBL.SymS 15, Altanta 2000.

[16] Anders R. KESSLER, Rezension von Odil Hannes Steck, Die Pro-

Die Wahrnehmung als Schule liegt in einem bestimmten Verständnis der Entstehung des prophetischen Korpus begründet, das als Ergebnis eines umfangreichen Prozesses innerbiblischer Rezeptionsgeschichte gesehen wird. Innerhalb dieses Zugangs wird die Entstehung einzelner prophetischer Bücher, wie auch größerer literarischer Zusammenhänge (wie dem Zwölfprophetenbuch), als Ausdruck gelehrter Antworten auf frühere Prophetie gesehen, die dann systematisiert werden und die Form einer zusammenhängenden Buchredaktion erhalten. Ein Beispiel für die Anwendung dieses Modells auf ein prophetisches Buch ist Schmids »Buchgestalten der Jeremiabuches« (1996), das die Entstehung des Jeremiabuches als eine sukzessive Abfolge verschiedener Bucheditionen versteht, von denen jede das frühere jeremianische Material interpretieren, wieder verwenden und aktualisieren sollte. Buchübergreifende Zusammenhänge nehmen z.B. Steck, in »Der Abschluß der Prophetie im Alten Testament. Ein Versuch zur Frage der Vorgeschichte des Kanons« oder Bosshard-Nespustil in »Rezeptionen von Jesaja 1–39 im Zwölfprophetenbuch« in den Blick.[17] Steck und Bosshard-Nepustil vertreten die These, dass das Jesajabuch und das Zwölfprophetenbuch im Verlauf der Überlieferungsgeschichte inhaltlich und theologisch aufeinander abgestimmt wurden. Beide Bibelwissenschaftler vertreten die Auffassung, dass, als diese beiden Kompositionen ihre Gestalt als biblische Bücher

---

phetenbücher und ihr theologisches Zeugnis. Wege der Nachfrage und Fährten zur Antwort, ThLZ 123 (1998) 370f.

[17] Als gründliche Auseinandersetzung mit dieser Forschungsarbeit, vgl. M.A. Sweeney, Rezension von Erich Bosshard-Nepustil, Rezeptionen von Jesaja 1–39 im Zwölfprophetenbuch. Untersuchungen zur literarischen Verbindung von Prophetenbüchern in babylonischer und persischer Zeit, RBL (1999), http://www.bookreviews.org (recherchiert am 16. April 2011).

fanden, sie die Entwicklung des jeweils anderen hinsichtlich Sprache, Struktur und Vorstellungswelt beeinflusst haben.

Mit diesem Makromodell der Redaktionsarbeit nahm Steck Stellung gegen vorherrschende kontinentaleuropäische Zugänge zur Redaktionsgeschichte, die er als historisch naiv ansah in ihrer Obsession, den »schnelle[n] Zugang zum Propheten« (Prophetenbücher, S. vi) zu eröffnen, während sie ignorierten, in welchem Ausmaß der Prophet auch eine Konstruktion seines Buches ist. Steck lehnte auch atomististische Mikroanalysen des redaktionsgeschichtlichen Zugangs ab, die oft die Endgestalt des Buches vernachlässigten, obwohl gerade sie Ausdruck einer wichtigen theologischen Position und Quelle historischer Evidenz ist.

Steck wollte seinen Zugang zum Phänomen der Redaktion der prophetischen Bücher ebenso abgrenzen vom ebenfalls, v. a. in der europäischen Forschung, verbreiteten Konzept der »Fortschreibung«. Dieses sollte sich nach Steck auf kleinräumige innerbiblische Ergänzungen und Fortschreibungen beziehen, die einzelne Sätze oder literarische Abschnitte mit einem späteren erläuternden Kommentar versehen. Ein Beispiel dafür wären die zunächst nicht näher bestimmten »Sippen der Königreiche des Nordens« (Jer 1,5), die Jerusalem mit Zerstörung heimsuchen sollen. In der historischen Rückschau werden diese dann näher gefasst als »alle Sippen des Nordens [...] *und Nebukadnezar, der König von Babel, mein Diener*« (Jer 25,9). Im Gegensatz zu solchen Fortschreibungen verwendet Steck den Begriff der Redaktion für eine Form der Exegese, die die Struktur eines ganzen Buches beeinflusst. Zum Beispiel hält er Jes 35 für einen Dreh- und Angelpunkt in der Struktur des Buches, einen Text, der von Anfang an für den Zweck geschrieben wurde, den »ersten Jesaja« (Jes 1–39) und Deutero-Jesaja in einer einzigen, größeren Buchkomposition zu vereinigen. Diese These gründet sich auf Einsichten einer früheren Generation von Bibelwissenschaftlern, die in Jes 35 eine Einfügung im »ersten Jesaja« erkennen konnten, die sprachlich und theologisch an Deutero-Jesaja erinnerte.[18] Statt das Kapitel als störenden Bruch im Text anzusehen, bringt Steck zum Ausdruck, dass Jes 35 eine konstitutive Bedeutung für die Entstehung des Jesajabuches hat, das nun als bewusste literarische und theologische Kreation und als Produkt innerbiblischer Schriftauslegung betrachtet wird. In diesem Modell ist innerbiblische Schriftauslegung nicht nur eine Form der Relektüre und Interpretation innerhalb der Bibel, sondern auch ein Prozess, durch den die spezifische Struktur eines biblischen Buches entsteht und erklärbar ist.[19]

Der Unterschied in den Herangehensweisen zeigt sich vielleicht am deutlichsten in der Auslegung des Jesajabuches. Steck und seine Nachfolger haben nicht nur einzelne, spezifische Textabschnitte als Beispiel für innerbiblische Schriftauslegung untersucht (wie z.B. das Kapitel Jes 56, in dem die restriktiven Regelungen zur Aufnahme in die Gemeinschaft aus Dtn 23 überarbeitet und neu interpretiert werden[20]), son-

[18] Vgl. H. Graetz, Isaiah xxxiv and xxxv, JQR 4 (1891) 1–8; und C.C. Torrey, The Second Isaiah. A New Interpretation, New York 1928, 53.

[19] Stecks Sicht auf das Phänomen der innerbiblischen Schriftauslegung scheint einen gewissen Strang der Forschung zum biblischen Recht und zum Pentateuch zu übersehen. Vor einigen Jahrzenten hat Weingreen und in jüngerer Zeit haben E. Otto und ich selbst die These vertreten, das durch Phänomene der Schriftauslegung Inhalt und Struktur größerer Texteinheiten bestimmt werden, z.B. des Rechtskorpus des Deuteronomiums und des Heiligkeitsgesetzes.

[20] Zur erstmaligen Formulierung dieser Sicht auf Jes 56 im deutschsprachigen Forschungskontext, vgl. H. Donner, Jesaja LVI 1–7. Ein Abrogationsfall innerhalb des Kanons–Implikationen und Konsequenzen, in: J.A. Emerton (Hg.), Congress Volume Salamanca 1983, VT.S 36, Leiden 1985, 81–95; nachgedr. in: H. Donner, Aufsätze zum Alten Testament aus vier Jahrzehnten, BZAW 224, Berlin 1994, 165–179. Ironischerweise wurde im selben Jahr auch eine Forschungsarbeit von M. Fish-

dern sehen auch in sehr viel größeren Textzusammenhängen Ausgangspunkte für innerbiblische Schriftauslegung. Steck und seine Nachfolger versuchen zudem, theologische und konzeptionelle Leitfossilien auszumachen, um i.E. sichere historische Bezugspunkte zu ermitteln, nach denen sich die Rekonstruktion der Literargeschichte eines Buches richten kann: Wie wird Israel betrachtet, und wie wird das Verhältnis von Israel zu anderen Völkern verstanden etc. Es besteht hier freilich eine offensichtliche Gefahr der Zirkularität: Vorannahmen über ethnische Partikularität und Universalismus sowie über die Frage, ob es in diesen Fragen eine eindeutige Entwicklung gibt oder vielmehr verschiedenen Vorstellungen unter verschiedenen Bevölkerungsgruppen damals gleichzeitig zirkulierten, können die historische Rekonstruktion schnell beeinflussen.

Lohnend ist der Vergleich mit Benjamin Sommers Buch »A Prophet Reads Scripture« (s. dazu den Eintrag unten). Er bietet eine reichhaltige Analyse der verschiedenen exegetischen Strategien, die im Jesajabuch zur Anwendung kommen. Sommer beobachtet, dass die exegetischen Techniken, die Jes 40–66 angewandt werden, größtenteils einheitlich sind. Er folgert daraus, dass dieses Korpus insgesamt auf einen einzigen Autor zurückzuführen ist. Mit anderen Worten: Sommer lehnt die Unterscheidung von Deutero-Jesaja (Jes 40–55) und Trito-Jesaja (Jes 56–66) ab aufgrund seiner Analyse exegetischer

---

BANE veröffentlicht, die die sich widersprechenden Regelungen zum Einschluss bzw. Ausschluss von Ausländern aus der Gemeinschaft in Ez 44,6–9; Jes 56,1–8; Num 18 und (hier knapper behadelt) Dtn 23 betrachtet (Biblical Interpetation in Ancient Israel, Oxford 1985, 118f.138–143 [besonders 142 Anm. 98]). Vgl. dazu den Eintrag in dieser Bibliographie zu J. Schaper, dessen Studie die methodischen Fragestellungen behandelt und dabei auf die beiden genannten Forschungsansätze eingeht.

Formen.[21] Der Ansatz von Steck, Kratz und Schmid dagegen widmet dem Inhalt und der Aussage der Auslegung größere Aufmerksamkeit. Hier besteht das Ziel darin, die Diskontinuitäten auszumachen, die sich in der »Israel«-Konzeption und im Verhältnis zu andern Völkern zeigen, um so die konventionelleren literarischen Abgrenzungen zu bestätigen und gleichzeitig zu untersuchen, wie all dieses Material in ein einziges, größeres Buch integriert wurde.

Steck verfolgte mit großer Hingabe die Implikationen seiner Forschung für die zeitgenössische Theologie. Die Bestätigung der Vitalität der Tradition wurde ein Korrektiv zur starren Festlegung auf das Prinzip *sola scriptura*. Nach Steck können die Worte des alten Textes nicht ihre theologische Wahrheit vermitteln, wenn sie wie ein Fossil betrachtet werden. Vielmehr sah er im Prozess der Auslegung und Aktualisierung, der das prophetische Korpus im Altertum formte, die Bestätigung für die weiter bestehende hermeneutische Aufgabe, die Relevanz der Heiligen Schrift auch heute aufzuzeigen. Die Anwendung seines Modells der innerbiblischen Rezeption und Neuinterpretation früherer Texte auf aktuelle theologische Fragen ist der Schwerpunkt der zweiten Hälfte von »Die Prophetenbücher und ihr theologisches Zeugnis«. Dasselbe Thema wird in der Länge einer Monographie be-

---

[21] Sowohl Steck als auch R.G. Kratz haben, bereits vor Sommer, ähnliche, aber differenziertere Positionen zum sogenannten »Trito-Jesaja« (mit Jes 60–62) als Ausgangspunkt für sukzessive Fortschreibungen in Deutero-Jesaja formuliert. Vgl. R. G. Kratz, Kyros im Deuterojesaja-Buch. Redaktionsgeschichtliche Untersuchungen zu Entstehung und Theologie von Jes 40–55, FAT 1, Tübingen 1991, 206f.; und ders., Art. Tritojesaja, Theologische Realenzyklopädie, Bd. 34, 124–130; nachgedr. in: ders., Prophetenstudien. Kleine Schriften II, Tübingen 2011, 233–242.

handelt in »Gott in der Zeit entdecken« – veröffentlicht im dem Jahr, als Steck im Alter von 66 Jahren an Krebs verstarb.

KRATZ, Reinhard Gregor, Kyros im Deuterojesaja-Buch. Redaktionsgeschichtliche Untersuchungen zu Entstehung und Theologie von Jes 40–55, FAT 1, Tübingen 1991.

–, Art. Redaktionsgeschichte / Redaktionskritik I, in: G. Krause / G. Müller (Hgg.), Theologische Realenzyklopädie, 36 Bde., Berlin / New York 1977–2004, Bd. 28, 367–378.

–, Die Entstehung des Judentums. Zur Kontroverse zwischen E. Meyer und J. Wellhausen, in: DERS., Das Judentum im Zeitalter des Zweiten Tempels, FAT 42, Tübingen 2004, 1–22.

–, Innerbiblische Exegese und Redaktionsgeschichte im Lichte empirischer Evidenz, in: DERS., Das Judentum im Zeitalter des Zweiten Tempels, FAT 42, Tübingen 2004, 126–156.

–, Temple and Torah. Reflections on the Legal Status of the Pentateuch between Elephantine and Qumran, in: G.N. Knoppers / B.M. Levinson (Hgg.), The Pentateuch as Torah. New Models for Understanding Its Promulgation and Acceptance, Winona Lake, Ind. 2007, 77–104.

–, Der Pescher Nahum und seine biblische Vorlage, in: DERS., Prophetenstudien. Kleine Schriften II, FAT 74, Tübingen 2011, 99–145.

Wie die Ausbildung des vorexilischen Jahvismus, das Auftreten, die Ideen und die Wirkung der Propheten nur verständlich sind auf dem Hintergrund der grossen Weltbegebenheiten, die sich in Vorderasien abspielen, so ist die Entstehung des Judenthums nur zu begreifen als Produkt des Perserreichs.[22]

---

[22] E. MEYER, Die Entstehung des Judenthums. Eine historische Untersuchung, Halle 1896, 71; 2. nachgedr. als: Die Entstehung des Judenthums. Eine historische Untersuchung; Julius Wellhausen und meine Schrift, »Die Entstehung des Judenthums«. Eine Erwiderung, Hildesheim 1987, 71. Zitiert von KRATZ, Entstehung des Judentums, 6.

Das Zitat stammt aus dem Werk »Die Entstehung des Judenthums« des Historikers Eduard Meyer. Im Jahr 1897, ein Jahr nach der Veröffentlichung des Buches von Meyer, erwiderte Wellhausen in scharfer Form, dass er im Wesentlichen denselben Gedanken schon 1884 veröffentlicht und Meyer nichts Neues gesagt habe. Er lehnte mit beißenden Worten die Relevanz der angeblich entscheidenden persischen Quellen ab: »Das wissen wir aus dem Alten Testament; die übrigen Quellen machen uns nicht klüger«.[23] Die Auseinandersetzung zwischen Meyer und Wellhausen stellt den Ausgangspunkt dar für Reinhard KRATZ' Essay »Die Entstehung des Judentums« – seine Antrittsvorlesung als Ordinarius an der Georg-August-Universität in Göttingen, an der Wellhausen gelehrt hatte, als er seine Erwiderung auf Meyer schrieb.

Der Essay beleuchtet einige grundlegende Konzepte und Kategorien der Forschung, deren Genese oft nur unzureichend bekannt ist. Er hat unmittelbare Relevanz für das Thema des vorliegenden Buches, da er zur Frage nach dem Verhältnis von Geschichte und Hermeneutik führt: In welchem Ausmaß tragen die textlichen Phänomene, die im Zusammenhang mit dem Ansatz der innerbiblischen Schriftauslegung beobachtet werden, zum Verständnis der Geschichte des Alten Israel und der Zeit des Zweiten Tempels bei? Sollte eine fundierte Geschichtsschreibung sich ausschließlich auf extern bezeugte, objektive Ereignisse und Quellen mit dem Charakter von Dokumenten stützen und literarisches Material der Hebräischen Bibel aus der Betrachtung ausschließen, für die sich offensichtlich keine externen Quellen beibringen lassen? Haben exegetische Dokumente eine Bedeutung für

---

[23] J. WELLHAUSEN, Rezension von Eduard Meyer, Die Entstehung des Judenthums, Göttingischen gelehrten Anzeigen 159 (1887) 89–97 (hier: 96). Zitiert von KRATZ, Entstehung des Judentums, 7.

die Historiographie? Wie bringt man beides zusammen? Diese methodologischen Fragen, die sich heute immer noch stellen, wurden bereits am Ende des 19. Jh. lebhaft diskutiert.

Kratz hat es sich in seiner Forschungsarbeit zum beständigen Anliegen gemacht, zwischen »intern« und »extern«, zwischen der Welt der Geschichte und den Einsichten der Hermeneutik zu vermitteln. Der konzise Artikel »Redaktionsgeschichte / Redaktionskritik« zeigt, in welchem Ausmaß sich beispielhaft anhand unterschiedlicher Konzeptionen des Begriffs »Redaktion« die Geschichte der Bibelwissenschaft aufzeigen lässt: Von den klassischen Methoden der Literarkritiker des 19. Jh. (die von ehemals selbständigen »Urkunden« ausgingen) über den Ansatz der Überlieferungsgeschichte (die die Bearbeitung und Neuanordnung von ursprünglich mündlich überlieferten, kurzen Einheiten nachzeichnen wollte) bis zu neueren Ansätzen, zu denen etwa der Zugang von Steck zu zählen ist. Kratz zeigt, dass Redaktion auch eine Form der Interpretation ist, allerdings in der Weise, dass sie auf historische Ereignisse in ihrer Umwelt reagiert und wiederum Hinweise auf solche Ereignisse enthält. Kratz' Zürcher Habilitation von 1991 verfolgt einen ähnlichen Ansatz: Nach Kratz sind zwei unterschiedliche Verständnisse des Perserkönig Kyros in Deutero-Jesaja (Kyros als Gesalbter Gottes, berufen, um Babylon zu besiegen; und Kyros als Gottes Knecht, berufen, um als Licht für die Völker zu dienen) zwei verschiedenen, erst redaktionell vereinigten literarischen Schichten zuzuweisen. Zwar könnte man fragen, ob sich diese Verständnisse unbedingt gegenseitig ausschließen. Kratz' detaillierte Auslegung zielt aber darauf ab, zu zeigen, wie die redaktionelle Struktur in Jes 40–55 auf den historischen Kontext der Buchkomposition verweist und diesen beleuchtet.

Kratz gebührt das Verdienst, als erster systematisch den Zugang der »innerbiblischen Schriftauslegung« (der normalerweise mit dem Namen Fishbane verbunden wird) mit der Betrachtung der Redaktionsgeschichte eines Buches als Ablauf von Fortschreibungen (die Methode, die mit Steck in Verbindung gebracht wird) zusammengeführt zu haben. Diese Zusammenführung wird am deutlichsten in Kratz' Artikel »Innerbiblische Exegese und Redaktionsgeschichte im Lichte empirischer Evidenz«. Kratz nimmt seinen Ausgangspunkt hier beim Buch Daniel und bindet eine ungewöhnliche Vielzahl von Materialien und Phänomenen in seine Betrachtung ein, unter anderem die Pescher-Literatur, die Technik der Zitierung, das Phänomen der »rewritten bible«, Fragen der Textkritik und der antiken Übersetzungen sowie das Phänomen der Redaktion; dabei versucht Kratz stets, nichtbiblische Parallelen für die von ihm beschriebenen Phänomene beizubringen. Seine folgenden Studien verfolgten diesen Weg weiter. Im Artikel aus dem Jahr 2007 argumentiert Kratz, dass die hermeneutischen Grundgegebenheiten selbst – der biblische Text als Artefakt und als Objekt, über das sich die Gemeinschaft selbst definiert – zu weiteren historischen Entwicklungen führen, wie zum Beispiel der Entstehung der unterschiedlichen religiösen Schulen im Judentum. Kratz verortet die Promulgation der Tora, sowohl chronologisch als auch konzeptionell, zwischen Elephantine (wo es einen Tempel gab, aber keine Tora) und Qumran (wo es die Tora gab, aber keinen Tempel). Zwischen diesen beiden Extremen ist nach Kratz die Tora anzusiedeln. Schließlich ist sein Essay aus dem Jahr 2011 zu nennen: »Der Pescher Nahum und seine biblische Vorlage«. Diese Arbeit stellt einen methodischen Fortschritt dar, der die größtmögliche Beachtung in der Forschung verdient hat. Kratz greift hier auf seine früheren Arbeiten zurück und unternimmt eine Analyse des Pescher-Kommentars zum Buch Nahum (4QpNah [4Q169]), untersucht systematisch die dort vorgenommene Neuinterpretation des Nahum-

Buches und kommt dann zurück zur Analyse der Entstehung dieses biblischen Buches. Im letzen Abschnitt des Artikels (er trägt den Titel Vom Orakel zum Pescher) zeigt Kratz die Bedeutung der Auslegungsgeschichte für die Beantwortung der in der Forschung üblichen Fragen nach der Komposition und Redaktion auf.

Zakovitch, Yair, An Introduction to Inner-Biblical Interpretation, Even Yehudah 1992 (Hebräisch).

–, The Book of the Covenant explains the Book of the Covenant. The »Boomerang Phenomenon«, in: M.V. Fox u.a. (Hgg.), Texts, Temples and Traditions, Winona Lake, Ind. 1996, 59–64 (Hebräisch).

–, Poetry Creates Historiography, in: S.M. Olyan / R.C. Culley (Hgg.), »A Wise and Discerning Mind«. Essays in Honor of Burke O. Long, BJSt 325, Providence, R.I. 2000, 311–320.

Zakovitchs »Introduction« ist zurzeit nur auf Hebräisch erhältlich. In einer Zeit, als die Bibelwissenschaft in Israel größtenteils durch europäische Ansätze beeinflusst war, hat Zakovitch für diese Leserschaft die eher hermeneutisch orientierten Zugänge der Judaistik Nordamerikas »übersetzt«, wie z.B. die Arbeiten Fishbanes und Kugels. Zudem enthält die »Introduction« nützliche Kriterien, um innerbiblischer Anspielungen zu bestimmen und Interpretationen zu isolieren. Der Artikel in der FS Haran weist auf ein faszinierendes literarisches und exegetisches Phänomen hin. Sofern eine schwieriger Rechtstext durch einen anderen Text (neu) interpretiert worden ist, ändert mitunter ein späterer Redaktor den ursprünglichen Rechtstext mithilfe einer Interpolation ab, um ihn in an den interpretierenden Text anzupassen. Zakovitch demonstriert dieses Phänomen mittels einer genauen Untersuchung der Asylgesetze im Fall von unbeabsichtigtem Totschlag im Bundesbuch und im Deuteronomium (Ex 21,13–14; Dtn 19,11–12). Obwohl dieses Phänomen, wenn man es abstrakt beschreibt, zunächst den Eindruck eines Spiegelbilds erwecken mag, das in einen weiteren Spiegel hineinreflektiert wird und so eine unendliche Kette von Reflektionen auslöst, kann dieser Vorschlag Zakovitchs helfen, einige Fälle von wechselseitigen Kommentierungen biblischer Rechtstexte zu erklären. Zakovitschs kurzer Essay in englischer Sprache (2000) über die Art und Weise, in der poetische Texte die Abfassung oder Erweiterung erzählerischer Texte in der Bibel (und in nachbiblischer Literatur) beförderten, vermittelt einen guten Eindruck von der Leistungskraft seines Ansatzes.

HAYS, Richard B., Echoes of Scripture in the Literature of Paul, New Haven, Conn. 1993.

Diese Monographie zeigt auf, wie im paulinischen Korpus die Hebräische Bibel zitiert und auf sie angespielt wird. HAYS' Studie wirft die interessante methodologische Frage auf, ob es möglich ist, textliche Anspielungen sogar dann nachzuweisen, wenn es keine direkten Zitate gibt und keine ausdrücklichen Zitationsformeln verwendet werden. Implizit weist Hays Arbeit auch darauf hin, dass das Modell der innerbiblischen Schriftauslegung ein nützliches Werkzeug darstellt, um das Neue Testament als eine Form der Neuinterpretation der Heiligen Schrift zu verstehen.

OTTO, Eckart, Theologische Ethik des Alten Testaments, Theologische Wissenschaft 3.2, Stuttgart 1994.

–, Aspects of Legal Reforms and Reformulations in Ancient Cuneiform and Israelite Law, in: B.M. Levinson (Hg.), Theory and Method in Biblical and Cuneiform Law. Revision, Interpolation and Development, JSOT.S 181, Sheffield 1994, 160–196; nachgedr., Sheffield 2006; nachgedr. in: Altorientalische und biblische Rechtsgeschichte. Gesammelte Studien (siehe unten), 341–366.

–, Von der Gerichtsordnung zum Verfassungsentwurf. Deuteronomische Gestaltung und deuteronomistische Interpretation im »Ämtergesetz« Dtn 16,18–18,22, in: I. Kottsieper u. a. (Hgg.), »Wer ist wie du, HERR, unter den Göttern?« Studien zur Theologie und Religionsgeschichte Israels für Otto Kaiser, Göttingen 1995, 142–155.

–, Biblische Rechtsgeschichte als Fortschreibungsgeschichte, Bibliotheca Orientalis 56 (1999) 5–14; erneut veröffentlicht ohne Titel: Rezension von Bernard M. Levinson, Deuteronomy and the Hermeneutics of Legal Innovation, ZAR 5 (1999) 329–338; nachgedr. in: Altorientalische und biblische Rechtsgeschichte. Gesammelte Studien (siehe unten), 496–506.

–, False Weights in the Scales of Biblical Justice? Different Views of Women from Patriarchal Hierarchy to Religious Equality in the Book of Deuteronomy, in: V. H. Matthews / B. M. Levinson / T. Frymer-Kensky (Hgg.), Gender and Law in the Hebrew Bible and the Ancient Near East, JSOT.S 262, Sheffield 1998, 128–146; nachgedr., London 2004.

–, Innerbiblische Exegese im Heiligkeitsgesetz Levitikus 17–26, in: H.-J. Fabry / H.-W. Jüngling (Hgg.), Levitikus als Buch, BBB 119, Berlin 1999, 125–196; nachgedr. in: E. Otto, Die Tora. Studien zum Pentateuch (siehe unten), 46–106.

–, Das Deuteronomium. Politische Theologie und Rechtsreform in Juda und Assyrien, BZAW 284, Berlin 1999.

–, Das Deuteronomium im Pentateuch und Hexateuch. Studien zur Literaturgeschichte von Pentateuch und Hexateuch im Lichte des Deuteronomiumrahmens, FAT 30, Tübingen 2000.

–, Max Webers Studien des Antiken Judentums, Tübingen 2002.

–, The Pentateuch in Synchronical and Diachronical Perspective. Protorabbinic Scribal Erudition Mediating between Deuteronomy and the Priestly Code, in: E. Otto / R. Achenbach (Hgg.), Das Deuteronomium zwischen Pentateuch und Deuteronomistischem Geschichtswerk, FRLANT 206, Göttingen 2004, 14–35.

–, Scribal Scholarship in the Formation of Torah and Prophets. A

Postexilic Scribal Discourse between Priestly Scholarship and Literary Prophecy – The Example of the Book of Jeremiah and Its Relation to the Pentateuch, in: G.N. Knoppers / B.M. Levinson (Hgg.), The Pentateuch as Torah. New Models for Understanding Its Promulgation and Acceptance, Winona Lake, Ind. 2007, 171–184. Ähnlich: Der *Pentateuch im Jeremiabuch*. Überlegungen zur Pentateuchrezeption im Jeremiabuch anhand neuerer Jeremia-Literatur, ZAR 12 (2006) 245–306; nachgedr. in: E. Otto, Die Tora. Studien zum Pentateuch (siehe unten), 515–560.

–, Altorientalische und biblische Rechtsgeschichte. Gesammelte Studien, BZAR 8, Wiesbaden 2008.

–, Die Tora. Studien zum Pentateuch. Gesammelte Schriften, BZAR 9, Wiesbaden 2009.

Die Rezeptionsgeschichte des Keilschriftrechts und sein Einfluss auf das biblische Recht sind Spezialgebiete Eckart Ottos. Er hat umfangreiche Beiträge zur Bibelwissenschaft geleistet; dabei verdienen die folgenden fünf Punkte besondere Erwähnung: (1) Ottos Rekonstruktion der Literargeschichte des Pentateuchs beginnt mit dem Deuteronomium als dem literarischen, historischen und theologischem Zentrum der Tora; dieser Ansatz steht im deutlichen Gegensatz zu anderen Hypothesen zur Entstehung des Pentateuch, die ihren Ausgangspunkt in der Regel im Buch Genesis und beim erzählerischen Material nehmen; (2) Ottos Forschungsarbeit zielt, ausgehend von Beobachtungen zur Rechtsgeschichte und zur innerbiblischen Schriftauslegung, auf eine Neuorientierung der zeitgenössischen europäischen Pentateuchforschung; (3) Otto ist einer der wenigen zeitgenössischen Forscher, die noch beabsichtigten, eine Gesamttheorie zur Entstehung und zur literarischen Entwicklung des Pentateuch und des Deuteronomistischen Geschichtswerks vorzulegen;[24] (4) er erkennt in literarischer, exegetischer und soziologischer Hinsicht eine

[24] Vgl. aber auch, mit einem anderen Ansatz, R.G. Kratz, Die Kom-

Kontinuität zwischen den Tradenten, die hinter dem Deuteronomistischen Geschichtswerk stehen, und der späteren Entwicklung der pharisäischen Bewegung in der Zeit des zweiten Tempels;[25] und schließlich: (5) Nach Otto stellt das juristische und kulturelle System des Alten Israel eine wesentliche Grundlage der Moderne dar. Zur Stützung dieser These greift Otto auf eigene umfangreiche soziologische Arbeiten und auf die Forschungen Max Webers zurück.

Die hier genannten Arbeiten stellen nur einen kleinen Ausschnitt aus Ottos reichem Werk dar. Ottos Anliegen ist es, die zeitgenössische europäische Pentateuchforschung auf ein sicheres Fundament zu stellen, und zwar ausgehend von seinen Forschungen zum literarischen Verhältnis der verschiedenen biblischen Rechtssammlungen. Einen guten Überblick über diesen Ansatz bietet der Artikel »Aspects of Legal Reforms and Reformulations in Ancient Cuneiform and Israelite Law«. Seit seinen durch Formkritik und Redaktionskritik geprägten Anfängen als Bibelwissenschaftler hat Otto sich den Ansatz der innerbiblischen Schriftauslegung zu eigen gemacht. Er betrachtet ihn als wichtiges Hilfsmittel, um die Komposition des Deuteronomiums, das er als Revision des Bundesbuches versteht, und auch des Heiligkeitsgesetzes (Lev 17–26) nachzuvollziehen, in dem er einen exilischen Versuch erkennt, Bundesbuch, Deuteronomium und priesterliche Ideale zusammenzubringen und in einem kohärenten System zu integrieren.

---

position der erzählenden Bücher des Alten Testaments. Grundwissen der Bibelkritik, UTB 2157, Göttingen 2000.

[25] Eine ähnliche These vertritt auch Veijola (s. den Eintrag zu ihm in dieser Bibliographie) zur Entwicklung der Schreiberkultur als einer bestimmten Form der religiösen Identität. Otto entwickelt eine weitergehende These, indem er die spezifische soziologische Verbindung zur pharisäischen Bewegung vorschlägt.

Ottos Werk zur theologischen Ethik (1994) richtet sich an ein breiteres Publikum und bietet einen guten Überblick über seine grundsätzliche Ausrichtung. Spezielle Aufmerksamkeit widmet er den Rechtstexten als Quellen ethischer und religiöser Normen. Mit diesem Ansatz bietet Otto ein Gegenmodell zum Antinomismus, den er in der christlichen Ethik erkennt, und eine einfühlsame Darlegung des Wertesystems, das dem biblischen Recht zugrunde liegt.[26] Der anregende Artikel aus dem Jahr 1999 (in der Länge einer Monographie) über das Heiligkeitsgesetz (Lev 17–26) zeigt, dass ein Verständnis des Phänomens der Schriftauslegung notwendig und wesentlich ist für das Verständnis der Komposition dieser Rechtssammlung. Entscheidend ist hier die These, dass das Heiligkeitsgesetz, in seiner redaktionellen Struktur wie auch seinem Inhalt nach, eine interpretierende Relektüre und Zusammenführung der vorhergehenden biblischen Rechtssammlungen darstellt. Otto vertritt die These, dass das Heiligkeitsgesetz als Harmonisierung von Dtn 12–26 mit der Priesterschrift zu betrachten ist, wobei das Bundesbuch der hermeneutische Schlüssel ist, der ein Verständnis der neuen Komposition eröffnet.

Die Auffassung, dass die aus der Bibel ableitbare Rechtsgeschichte im Sinne einer Interpretationsgeschichte verstanden werden sollte, wird von Otto in »Biblische Rechtsgeschichte als Fortschreibungsgeschichte« weiterentwickelt – ein Rezensionsartikel zu meinem Buch »Deuteronomy and the Hermeneutics of Legal Innovation«. Otto vertritt hier die Meinung, dass der Ansatz der innerbiblischen Schriftauslegung ein nützliches neues Werkzeug auch im Rahmen üblicher literar-

---

[26] Vgl. zur Beurteilung von Ottos Arbeit zur theologischen Ethik J. Barton, Understanding Old Testament Ethics. Approaches and Explorations, Louisville, Ky. 2003, 162–175.

kritischer Zugangsweisen ist; gleichzeitig betont er, dass bei der Anwendung dieses Werkzeugs auch stets besonders sorgfältig auf die literarischen Schichten in einem Text geachtet werden muss. M. Köckert zeigt, dass Ottos eigene These gerade an diesem Punkt angreifbar ist. Ottos Rekonstruktion der Grundschicht von Dtn 13 setzt die Analogie in den Vasallenverträgen Asarhaddons voraus, dann aber wird die rekonstruierte Grundschicht zur Basis für die These, dass das Deuteronomium abhängig sei von den Vasallenverträgen. Ottos literarische Analyse beruht also auf einem Zirkelschluss: »Ihr fällt faktisch all das zum Opfer, was von der vorausgesetzten literarischen Vorlage nicht abgedeckt wird.«[27]

Außerdem argumentiert Otto gegen meine These, dass die Autoren des Rechtskorpus des Deuteronomiums ursprünglich den Status des Bundesbuches infrage stellen wollten. Er geht dagegen davon aus, dass die Betrachtung der innerbiblischen Schriftauslegung in diesem Fall daran festhalten muss, dass das Deuteronomium als Ergänzung des Bundesbuches verfasst wurde. Ottos Ansatz scheint dem vorexilischen biblischen Text ein anachronistisches Verständnis kanonischer Autorität aufzuzwingen und ihn durch die Brille seiner nachexilischen Rezeption zu betrachten.[28] Auch an anderen Stellen ist der Ansatz angreifbar. Ottos übermäßig spezifisches Verständnis der hebräischen Wurzel באר in Dtn 1,5

[27] M. Köckert, Zum literargeschichtlichen Ort des Prophetengesetzes Dtn 18 zwischen dem Jeremiabuch und Dtn 13, in: ders., Leben in Gottes Gegenwart. Studien zum Verständnis des Gesetzes im Alten Testament, FAT 43, Tübingen 2004, 195–215 (hier: 199).

[28] J. Stackert, Rewriting the Torah. Literary Revision in Deuteronomy and the Holiness Legislation, FAT 53, Tübingen 2007, 209–225; und ders., The Holiness Legislation and Its Pentateuchal Sources. Revision, Supplementation and Replacement, in: S. Shectman / J. S. Baden (Hgg.), The Strata of the Priestly Writings. Contemporary Debate and Future Directions, AThANT 95, Zürich 2009, 187–204.

lässt sich philologisch nicht verteidigen, gleichwohl braucht er die spezifische Wortbedeutung, um seine These zu begründen, dass das Heiligkeitsgesetz als exegetische Ergänzung zum Bundesbuch entstanden ist.[29] Ottos These, dass das vorexilische Deuteronomium »eine direkte Übertragung« aus dem akaddischen Text der Vasallenverträge Asarhaddons darstellt (Das Deuteronomium. Politische Theologie und Rechtsreform in Juda und Assyrien, S. 68) übersteigt in ähnlicher Weise das, was sich mit den verfügbaren Texten belegen und plausibel machen lässt.[30] Schließlich hat Reinhard Kratz in einem sehr umsichtigen Artikel auf »die häufigen und raschen Meinungswechsel« in Ottos Thesen zur Entstehung des Pentateuchs verwiesen.[31]

Eine Reihe von Bibelwissenschaftlern hat in jüngerer Zeit die Meinung vertreten, dass der Pentateuch als Ergebnis eines

---

[29] Als Infragestellung der These Ottos, dass Dtn 1,5 ein Selbstverständnis des Deuteronomiums als exegetische Ergänzung bezeuge, vgl. Ch. Nihan, From Priestly Torah to Pentateuch. A Study in the Composition of the Book of Leviticus, FAT II 25, Tübingen 2007, 553f. (Anm. 614); und J. Schaper, The »Publication« of Legal Texts in Ancient Judah, in: G.N. Knoppers / B.M. Levinson (Hgg.), The Pentateuch as Torah. New Models for Understanding Its Promulgation and Acceptance, Winona Lake, Ind. 2007, 225–235.

[30] Vgl. U. Rüterswörden, Dtn 13 in der neueren Deuteronomiumforschung, in: A. Lemaire (Hg.), Congress Volume Basel 2001, VT.S 92, Leiden 2002, 185–203; T. Veijola, Deuteronomismusforschung zwischen Tradition und Innovation (I), ThR 67 (2002) 273–327 (hier: 292–298); und Ch. Koch, Vertrag, Treueid und Bund. Studien zur Rezeption des altorientalischen Vertragsrechts im Deuteronomium und zur Ausbildung der Bundestheologie im Alten Testament, BZAW 383, Berlin 2008, 108–170.

[31] R.G. Kratz, Der vor- und der nachpriesterschriftliche Hexateuch, in: J. Ch. Gertz u.a. (Hgg.), Abschied vom Jahwisten. Die Komposition des Hexateuch in der jüngsten Diskussion, BZAW 315, Berlin / New York 2002, 295–323 (hier 316).

historischen Kompromisses zwischen der priesterlichen Position und der nicht-priesterlichen Perspektive der Laien zu verstehen ist.[32] Otto bezieht in seinem innovativen und anregenden Beitrag »Scribal Scholarship in the Formation of Torah and Prophets. A Postexilic Scribal Discourse between Priestly Scholarship and Literary Prophecy–The Example of the Book of Jeremiah and Its Relation to the Pentateuch« gegen diese Meinung Stellung.[33] Er sieht im Pentateuch das Ergebnis einer Vermittlungsarbeit nachpriesterlicher Schreiber zwischen dem priesterlichen Material und dem deuteronomistisch überarbeiteten Deuteronomium. Innerhalb dieses Prozesses entwickelten die Redaktoren des Pentateuchs Schreibertechniken, die dann später zur Grundlage von Interpretationen und neuer Anwendungen der Heiligen Schrift durch die Rabbinen wurden. Ein entscheidender Punkt in der gesamten Argumentation Ottos ist die These, dass die sowohl die nachexilischen Gestalten des Pentateuchs als auch das Buch Jeremia Resultat umfangreicher Schreiberaktivitäten waren, wobei die Schreiber in beiden Fällen gleichartige exegetische Techniken anwandten. Ein zweiter, ebenso entscheidender Punkt seiner Argumentation ist die Überlegung, dass

---

[32] Diese Position wird meistens assoziiert mit E. Blum, Studien zur Komposition des Pentateuch, BZAW 189, Berlin 1990. Aber vgl. schon M. Smith, Pseudepigraphy in the Israelite Literary Tradition, in: K. von Fritz (Hg.), Pseudepigrapha I. Pseudopythagorica, Lettres de Platon, Littérature pseudépigraphique juive, Entretiens sur l'antiquité classique 18, Vandœuvres-Genf 1972, 191–215 (vgl. auch a.a.O., 216–227, zur Podiumsdiskussion).

[33] Der Rest dieses Abschnitts folgt weitgehend den Ausführungen in G.N. Knoppers / B.M. Levinson, How, When, Where, and Why Did the Pentateuch Become the Torah? in: G.N. Knoppers / B.M. Levinson (Hgg.), The Pentateuch as Torah. New Models for Understanding Its Promulgation and Acceptance, Winona Lake, Ind. 2007, 1–19 (hier: 12f.).

diejenigen priesterlichen Schreiber, die für die Entstehung des Pentateuch verantwortlich waren, die entscheidenden Grundfragen über den Charakter und den Umfang der Offenbarung, wie auch die Frage des hermeneutischen Umgangs mit der Offenbarung, mit Schreibern, die zu den nachexilischen prophetischen Schulen gehörten, lebhaft debattierten. Ottos Studie impliziert, dass die Entstehung der umfangreicheren prophetischen Bücher, insbesondere des Jeremiabuches, einen Einfluss auf die Entstehung des Pentateuch hatte – und umgekehrt. So betrachtet, erscheinen Gesetz und Propheten nicht mehr als zwei diametral entgegengesetzte literarische Sammlungen, voneinander abzuheben durch Unterschiede der Gattung, der Datierung und des Inhalts. Nach Otto erscheinen sie vielmehr als literarische Sammlungen, die miteinander in Verbindung und in einem Austausch über die Frage der Bedeutung biblischer Texte stehen – dabei hat dieser Austausch allerdings häufiger den Charakter einer hitzigen Debatte.

Levinson, Bernard M., Deuteronomy and the Hermeneutics of Legal Innovation, New York 1997.

–, The Metamorphosis of Law into Gospel. Gerhard von Rad's Attempt to Reclaim the Old Testament for the Church (Mitautor: D. Dance), in: B. M. Levinson / E. Otto (Hgg.) (unter Mitarbeit von W. Dietrich), Recht und Ethik im Alten Testament, Münster 2004, 83–110.

–, The Birth of the Lemma. The Restrictive Reinterpretation of the Covenant Code's Manumission Law by the Holiness Code (Leviticus 25:44–46), JBL 124 (2005) 617–639.

–, »The Right Chorale«. Studies in Biblical Law and Interpretation, FAT 54, Tübingen 2008.

»Deuteronomy and the Hermeneutics of Legal Innovation« wendet das Modell der innerbiblischen Schriftauslegung auf das Rechtskorpus des Deuteronomiums an. Die Autoren des Deuteronomiums führten ein grundlegend neues System der religiösen Gesetzgebung ein, das man für entscheidend hielt, um das Überleben der Nation in der zeit der neuassyrischen Krise zu sichern. Um diese Abänderung geltender Normen zu rechtfertigen, griffen die Reformer auf frühere Gesetze aus dem Bundesbuch zurück – sogar wenn diese Gesetze ihren eigenen Ansichten widersprachen – und überarbeiteten sie in einer Weise, die ihrem neuen Verständnis des Gotteswillens Autorität verleihen sollte. Abschnitte im Rechtskorpus, die lange Zeit als redundant galten oder die an unpassender Stellen zu stehen schienen, stellen den Versuch der Autoren des Deuteronomiums dar, ihre Sicht des Rechts im Angesicht der überlieferten Tradition zu rechtfertigen. Was tatsächlich eine mit der Tradition unvereinbare Innovation war, wurde dennoch der Tradition zugeschrieben – eine Autoren-Technik, die sich auch an anderen biblischen und nachbiblischen Texten nachweisen lässt und einen umfassenderen Blick auf die israelitische und jüdische Religionsgeschichte eröffnet. Das Heiligkeitsgesetz (Lev 17–26) fügt sich in diese Tradition gut ein, wie in »The Birth of the Lemma« gezeigt wird. In diesem Artikel wird die These vertreten, dass die generelle Zurückweisung der Vorstellung, dass ein Israelit eines anderen Israeliten Sklave sein könnte (Lev 25,39–46), eine nachhaltige Überarbeitung und Neuinterpretation der älteren Gesetze zur Freilassung sowohl im Bundesbuch (Ex 21,2–11) als auch im Dtn 15,12–18 darstellt. Der Übersetzer der Septuaginta verstand die relevante technische Formulierung im Hebräischen nicht und interpretierte sie neu. Dieses Missverständnis hatte einen dauerhaften Einfluss auf die Übersetzung des Abschnitts und verdeckte die exegetische Finesse der Überarbeitung. Der Artikel über Gerhard von Rad fragt, beispielhaft vor dem Hintergrund der Arbeit dieses Exegeten in der Zeit des Nationalsozialismus, nach dem Einfluss, den die soziale Stellung und der gesellschaftliche Kontext auf einen Ausleger und seine Lektüre und sein Verständnis des biblischen Textes hat. Der Artikel lenkt damit die Aufmerksamkeit auf ein Problem, auf das innerhalb der hier vorgelegten Studie nicht direkt eingegangen wird: Die Frage, in welchem Ausmaß das Verständnis des Kanons und der Exegese auch Konstruktionen der heutigen Zeit sind, und nicht nur ein Erbe der Vergangenheit, das der Ausleger wiederentdecken will. »The Right Chorale« besteht aus zwölf ausgewählten Untersuchungen zu den Themen Textkomposition, Interpretation, Überarbeitung und Überlieferung. Diese Studien, ursprünglich innerhalb von eineinhalb Jahrzehnten publiziert und für die Neuveröffentlichung umfangreich überarbeitet und aktualisiert, stellen einen Beitrag zur Erforschung der Verbindungen zwischen Gesetz und Erzählung dar. Sie zeigen die Verbindungen zwischen dem Deuteronomium und der Tradition der neuassyrischen Loyalitätseide auf, untersuchen das Verhältnis zwischen dem Deuteronomium und dem Bundesbuch, gehen Überlegungen zu methodologischen Fragen nach und stellen Einflüsse der Bibel auf die spätere Geistesgeschichte der westlichen Welt dar. Der rote Faden ist hier der Blick auf die Hermeneutik des Altertums und die Anwendung eines solchen Modells auf neue Bereiche wie die Textkritik oder die Rezeption und Neuinterpretation von Keilschriftliteratur im Alten Israel.

Sommer, Benjamin D., Exegesis, Allusion and Intertextuality in the Hebrew Bible. A Response to Lyle Eslinger, VT 46 (1996) 479–489.

–, A Prophet Reads Scripture. Allusion in Isaiah 40–66, Contraversions: Jews and Other Differences, Stanford, Calif. 1998.
–, Revelation at Sinai in the Hebrew Bible and in Jewish Theology, Journal of Religion 79 (1999) 422–451.
–, Inner-biblical Interpretation, in: A. Berlin / M. Z. Brettler (Hgg.), The Jewish Study Bible, Oxford 2004, 1829–1835.

Sommers Buch, das durch seinen schönen Stil und gute Lesbarkeit hervorsticht, eröffnet eine neue Sichtweise auf den Autor von Jes 40–66 als Leser und Ausleger der Heiligen Schrift. Sein Zugang überwindet einige scharfe Gegensätze zwischen Prophetie (die man sich oft als mündlich und unmittelbar vorstellt) und Text, die in der Bibelwissenschaft manchmal beschworen werden. Sommer zeigt, in welchem Ausmaß der Autor der Kapitel 40–66 im Jesajabuch (die er als einheitliche literarische Komposition auffasst) ein »reader of Scripture« war – und damit auch, in welchem Ausmaß Prophetie in diesem Zusammenhang als bewusste literarische Aktivität zu verstehen ist, durch die neue prophetische Worte aus älteren heraus geschaffen wurden. Das erste Kapitel seines Buches, dass die Argumentation aus seinem Artikel von 1996 ergänzt und korrigiert, ist besonders weiterführend. Sommer kommt zu klaren Kriterien, mit denen sich das Phänomen der Intertextualität, das in vielen Bereichen der zeitgenössischen literaturwissenschaftlichen Forschung sehr populär ist, von dem der Anspielung abgrenzen lässt. Intertextualität sieht er als ein leserorientiertes und synchrones Phänomen an, die Anspielung hingegen als ein autorenorientiertes und diachrones. Nur in letzterem Fall – wenn es also klare Belege dafür gibt, dass ein Autor auf eine Quelle anspielt und sie bewusst überarbeitet, um ein neue Aussage zu treffen – kann man nach Sommer sinnvoll von innerbiblischer Schriftauslegung sprechen. Sommer knüpft an die ältere Forschung an und entwickelt so vier Schritte, um solche Anspielungen zu identifizieren: (1) Ein Textelement oder ein Muster, dass eigentlich in einem anderen, unabhängigen Text beheimatet ist, muss identifiziert werden; (2) der Quellentext, auf den angespielt wird, muss identifiziert werden; (3) die spezifischen Techniken, mit denen jener Text modifiziert wird, müssen erkannt werden, und (4) es müssen Belege dafür gefunden werden, dass der Quellentext im neuen Kontext auf gewisse Weise neu nutzbar gemacht wird. Sommer wendet diesen Zugang dann an, indem er den systematischen Charakter der Anspielungen in Jes 40–66 nachweist. Er zeigt dabei umfassend auf, in welchem Ausmaß dass Jeremiabuch als wichtigste literarische Quelle herangezogen wurde: Gerichtsworte werden in Überarbeitung zu Verheißungen der Restauration; unerfüllte Prophetenworte werden mit neuem Aussageinhalt versehen; ältere Prophetenworte werden als erfüllt dargestellt, und typologische Verbindungen werden geknüpft. Die weiteren Kapitel zeigen dann, dass in ähnlicher Weise auch Texte aus dem »ersten« Jesaja und aus den Büchern Micha, Nahum und Hosea aufgegriffen wurden. Außerdem betont Sommer, wie konsistent bestimmte literarische und exegetische Methoden angewandt werden, um die älteren Prophetenworte zu überarbeiten und in ihren neuen Kontext zu stellen. Zu diesem Punkt stellt sich allerdings folgende Frage: Ist eine einheitliche Methodik der Überarbeitung älterer Prophetenworte, wie sie Sommer in Jes 40–66 beobachtet, notwendigerweise ein Beleg für die literarische Einheitlichkeit dieser Kapitel, die Sommer plausibel machen will? Betrachtet man nicht nur die exegetische Form, sondern auch den Inhalt und die Aussageabsicht der einzelnen Prophetenworte, so kommt man eher zu einer anderen Schlussfolgerung. Wahrscheinlicher ist die (in der Bibelwissenschaft auch weit verbreitete) Annahme, dass sich die betreffenden Kapitel der Arbeit zweier anonymer Propheten verdanken, von denen jeder auf seine Weise versuchte, ältere prophetische Traditionen wiederzubeleben: Deutero- (Jes 40–55) und Trito-Jesaja (Jes 56–66). Stellt man die Anfrage an Sommers These aber zurück, bleibt sein Verdienst, die Bedeutung des Phänomens der biblischen Schriftauslegung für das Verständnis der israelitischen Prophetie gezeigt zu haben. Sommers Buch ist außerdem ein entscheidender Beitrag zur jüdischen biblischen Theologie. In seinem Artikel von 1999 hat er eine brillante Analyse der Sinaiperikope vorgelegt. Der äußerst gelehrte Beitrag zeigt, dass der Ursprungsmoment des Sinais bereits als raffinierte exegetische Komposition zu betrachten ist. Schließlich ist sein zusammenfassender Beitrag zum Phänomen der innerbiblischen Schriftauslegung in der »Jewish Study Bible« zu nennen, der eine klare und konzise Einführung in die wichtigsten Fragestellungen darstellt. Die »Jewish Study Bible«, die Essays zur gesamten Geschichte der jüdischen Bibelauslegung enthält (z.B. zur nicht-rabbinischen und rabbinischen Auslegung, zur Kabbala und zur mittelalterlichen Philosophie), kann man insgesamt nur als Juwel der Forschung beschreiben.

Schmid, Konrad, Buchgestalten des Jeremiabuches. Untersuchungen zur Redaktions- und Rezeptionsgeschichte von Jer 30–33 im Kontext des Buches, WMANT 72, Neukirchen-Vluyn 1996.

–, Innerbiblische Schriftauslegung. Aspekte der Forschungsgeschichte, in: R.G. Kratz / T. Krüger / K. Schmid (Hgg.), Schriftauslegung in der Schrift. Festschrift für Odil Hannes Steck zu seinem 65. Geburtstag, BZAW 300, Berlin / New York 2000, 1–22; nachgedr. in: K. Schmid, Schriftgelehrte Traditionsliteratur. Fallstudien zur innerbiblischen Schriftauslegung im Alten Testament, Tübingen 2011, 5–34.

Konrad SCHMID ist ein Bibelwissenschaftler aus der Schweiz, der in erster Linie im Zusammenhang mit zwei wichtigen Bereichen der Forschung zu nennen ist: Er hat zum Umbruch in der Pentateuchforschung, der innerhalb der letzten Jahrzehnte stattgefunden hat (auch sein Vater ist in diesem Zusammenhang zu nennen, der einer der Wegbereiter der Neubewertung des Jahwisten war[34]), und zur Erforschung der innerbiblischen Schriftauslegung[35] wichtige Beiträge geliefert. Die Anmerkungen hier werden sich auf den letztgenannten Teil seiner Forschungsarbeit beschränken. Schmid ist ein Schüler von Steck und ist bestrebt, dessen Ansatz mit nordamerikanischen Zugängen zur innerbiblischen Schriftauslegung ins Gespräch zu bringen, indem er die verschiedenen methodologischen Grundannahmen vergleicht und den Ansatz insbesondere auf die prophetischen Bücher anwendet. Schmids Jeremia-Band stellt einen entscheidenden Schritt in der Forschungsgeschichte dar und fasziniert zudem durch seine konkrete Argumentation. Mann kann sagen, dass er einen grundlegend neuen Zugang zur Kompositionsgeschichte des Jeremiabuches bietet. Hier herrscht nicht mehr die konventionelle Unterscheidung literarischer Schichten vor, um die ursprünglichen mündlichen Worte des Propheten, die Barucherzählung in der 3. Person und die deuteronomistischen Prosareden voneinander zu scheiden. Stattdessen wird das Ziel verfolgt, Jeremia wirklich als Buch zu verstehen und des-

---

[34] H.H. SCHMID, Der sogenannte Jahwist. Beobachtungen und Fragen zur Pentateuchforschung, Zürich 1976.

[35] Vgl. seine Habilitationsschrift: Erzväter und Exodus. Untersuchungen zur doppelten Begründung der Ursprünge Israels in den Geschichtsbüchern des Alten Testaments, WMANT 81, Neukirchen-Vluyn 1999; und T.B. DOZEMAN / K. SCHMID (Hgg.), A Farewell to the Yahwist? The Composition of the Pentateuch in Recent European Interpretation, SBL.SymS 34, Atlanta 2006.

sen Entwicklung zu verfolgen. Damit ergibt sich ein radikaler Wechsel des Schwerpunkts der Betrachtung: Nicht mehr um die Wiederherstellung von Worten des individuellen Propheten, der »hinter« dem Buch steht, geht es, sondern um das Buch selbst als literarische und religiöse Komposition. Schmid versucht, den v.a. in Europa verbreiteten Ansatz der Redaktionskritik mit Formen der Schriftlektüre zusammenzubringen, die die Bibel eher synchron und als Literatur betrachten.

Es ist interessant, verschiedene Ansätze in ihrer forschungsgeschichtlichen Entwicklung nebeneinander wahrzunehmen. Sommers Arbeit über das Jesajabuch (s.o.) geht vom Ansatz Fishbanes aus, entwickelt ihn weiter und wendet ihn auf einen größeren Textbereich an. In ähnlicher Weise hat Schmid das Modell Stecks neu angewendet und dabei Methoden der modernen Literaturwissenschaft herangezogen, um die Entstehung des Jeremiabuches zu erklären. Vergleicht man diese Weiterentwicklungen, zeigt sich deutlich, dass das Phänomen der innerbiblischen Schriftauslegung unterschiedlich verstanden werden kann. Auch ein thematischer Vergleich lohnt: Nach Jean-Pierre Sonnet (s.u.) ist die Entwicklung des Deuteronomiums als ספר, »Schriftrolle« oder »Buch«, der Schlüssel, um seine Handlung und die Anspielungen auf andere biblische Literatur zu verstehen. Ähnlich ist auch für Schmid der ספר der Schlüssel zum Verständnis der Entwicklung der Jeremiabuches. Sonnet hält sich dabei mehr an synchrone Methoden, insbesondere an das methodische Vorbild Meir Sternbergs. Schmid richtet sich stärker nach der redaktionsgeschichtlichen Methode seines Doktorvaters. So wie Steck Jes 35 als eine »redaktionelle Brücke« beschrieben hat, die den »ersten Jesaja« (Jes 1–39) mit Deutero-Jesaja (Jes 40–55) verbinden sollte, so erkennt Schmid in Jer 30–33 einen Text mit ähnlicher Funktion. Nach Schmid hat dieser Abschnitt keine eigenständige Vorgeschichte; er sei vielmehr als zusammenhängender Text, der einen spezifischen Gebrauch des Begriffs ספר aufweist, verfasst worden, um aus den verschiedenen Redaktionen des Jeremiabuches ein einheitliches Ganzes zu machen.

Der Artikel »Innerbiblische Schriftauslegung. Aspekte der Forschungsgeschichte« in der FS Steck zeigt eindrucksvoll Schmids umfassende Kenntnis der Forschungsgeschichte. Die Entstehung dieses Ansatzes wird hier zu den klassischen Methoden der Bibelwissenschaft in Beziehung gesetzt; dabei beschreibt Schmid, welchen Einfluss der neuere Zugang auf die verschiedenen Teildisziplinen der Bibelwissenschaft hatte. Der Artikel behandelt die verschiedenen Textbereiche und Gattungen der Bibel: Das erzählerische Material und die Rechtstexte des Pentateuch (und die aktuellen Hypothesen zur Entstehung des Pentateuch) sind ebenso im Blick wie neue Zugänge zum prophetischen Korpus, zu den Psalmen und anderen poetischen Texten und zu den Chronikbüchern. Schmid macht dabei darauf aufmerksam, dass in den verschiedenen Teildisziplinen ganz vergleichbare Fragen auftauchen, die aber nicht ausreichend miteinander in Verbindung gebracht werden. Er zeigt auch, in welchem Ausmaß sich innerbiblische Schriftauslegung als Kriterium eignet, um die diachrone Entwicklung eines Textes nachzuzeichnen. Sein Anliegen ist es, auf diese Weise die exegetische Methodenvielfalt zu steigern und zu zeigen, dass die klassische Literarkritik nicht die alleinige methodische Grundlage sein muss. Eine Methode hat nicht irgendeinen Vorrang oder größere Geltung gegenüber der anderen, wie es von manchen Exegeten behauptet wird. Vielmehr ergänzen die Methoden sich gegenseitig.

Sonnet, Jean-Pierre, The Book within the Book. Writing in Deuteronomy, Biblical Interpretation 14, Leiden 1997.

–, »Lorsque Moïse eut achevé d'écrire . . .« (Dt 31,24). Une théorie narrative de l'écriture dans le Pentateuque, Recherches de Science Religieuse 90 (2002) 509–524.

Sonnet geht in seiner Forschungsarbeit von dem Paradox aus, dass das Deuteronomium eine Erzählung über seine eigene Entstehung als Buch enthält und doch die Existenz dieses Buches von Anfang an voraussetzt. Betrachtet man das Deuteronomium als Literatur, so muss die Entstehung des Buches selbst als dessen Handlung bezeichnet werden. Die literarische Figur des Mose, der in der Erzählung des Deuteronomiums als Schreiber dargestellt wird, erlaubt es den Autoren des Buches, ihre eigene Tätigkeit als Autoren, Redaktoren und Ausleger zu rechtfertigen. Sonnets Auslegung, die auch altorientalische Literatur heranzieht und synchrone und diachrone Perspektiven miteinander in Verbindung bringt, hat als »ein Meilenstein in der Deuteronomiumforschung«[36] Anerkennung gefunden.

Bar-On [Gesundheit], Shimon, The Festival Calendars in Exodus XXIII 14–19 and XXXIV 18–26, VT 48 (1998) 161–195.

–, Intertextualität und literarhistorische Analyse der Festkalender

[36] So E. Otto, Mose der Schreiber. Zu »poetics« und »genetics« in der Deuteronomiumsanalyse anhand eines Buches von Jean-Pierre Sonnet, ZAR 6 (2000) 320–329 (hier: 329); wieder veröffentlicht in: ders., Gottes Recht als Menschenrecht. Rechts- und literarhistorische Studien zum Deuteronomium, BZAR 2, Wiesbaden 2002, 84–91. Vgl. auch die Bewertung durch T. Veijola, der beschreibt, welch bedeutende Forschungsbeiträge zur historisch-kritischen Exegese des Deuteronomiums durch Ansätze geleistet wurden, die durch die Erzähltheorie geprägt sind (Deuteronomismusforschung zwischen Tradition und Innovation, ThR 67 [2000] 273–327).

in Exodus und im Deuteronomium, in: E. Blum / R. Lux (Hgg.), Festtraditionen in Israel und im Alten Orient, VWGTh 28, Gütersloh 2006, 190–220.

Die zwei genannten Artikel von Gesundheit (von denen einer unter den hebräischen Namen Bar-On publiziert wurde) sind Studien, die in der Zeit entstanden sind, in der Gesundheit seine Dissertation über den Festkalender im Alten Israel für die Veröffentlichung als groß angelegte Studie in der Reihe FAT vorbereitet hat.[37] Dieses Werk wurde in der Forschung geradezu sehnsüchtig erwartet; es ist, angesichts Gesundheits hervorragender Kenntnis der Forschungsgeschichte von den Klassikern der Literarkritik des 19. Jh. bis zu den zeitgenössischen Hypothesen zur Entstehung des Pentateuch, ein maßgeblicher Beitrag zur Forschungsdiskussion. Der erstgenannte Artikel eröffnet neue Sichtweisen, indem er Fragen zu Verständnismodellen, Grundannahmen und zur Methodologie aufwirft. Die Rechtsoffenbarung in Ex 34 wurde in der Regel als alte Rechtsquelle interpretiert, die noch in die Zeit der frühen Landnahme zu datieren sei und damit einer der ältesten biblischen Texte überhaupt wäre.[38] Gesundheits Artikel argumentiert gegen diesen Ansatz. Zwar gibt es auch andere Studien, nach denen der Text spät zu datieren ist; der genannte Artikel wählt aber einen grundsätzlich anderen Zugang und beschreibt, wie in Ex 34 systematisch ältere Rechtstexte aus vielen verschiedenen literarischen Quellen neu interpretiert werden. Der Autor zeigt, wie gut mit dem Modell der innerbiblischen Schriftauslegung die wichtigsten Merkmale und

---

[37] Sh. Gesundheit, Three Times a Year, FAT, Tübingen 2012 (im Druck).

[38] Vgl. B. M. Levinson, Goethe's Analysis of Exodus 34 and Its Influence on Julius Wellhausen. The *Propfung* of the Documentary Hypothesis, ZAW 114 (2002) 212–223.

die Komposition von Ex 34 erklärt werden können. Obwohl sich fragen lässt, warum der Autor zögert, auch Material aus dem Deuteronomium für seine Erklärung der Literargeschichte heranzuziehen, stellt der Artikel eine Pflichtlektüre dar, die bei jeder Suche nach einem neuen Verständnis von Ex 34 beachtet werden muss. Der zweite genannte Artikel von Gesundheit bietet eine wertvolle Auslegung der Bestimmungen zum Passa im Deuteronomium (Dtn 16,1–8); dabei vergleicht der Autor die Leistungsfähigkeit des Ansatzes der innerbiblischen Schriftauslegung und der klassischen Redaktionskritik. Ein angemessenes Verständnis der Geschichte des Passafestes ist grundlegend für jede umfassende Darstellung der israelitischen Literatur- und Religionsgeschichte; auch deshalb verdient diese Studie große Aufmerksamkeit. Eventuell ist der Autor zu zuversichtlich, was die Möglichkeit betrifft, die Redaktionsgeschichte dieses Textes detailliert zu rekonstruieren. Seiner Position, dass die Bestimmungen zum Passa im Deuteronomium nur mithilfe des Modells der innerbiblischen Schriftauslegung verstanden werden können, ist aber m. E. zuzustimmen.

Ska, Jean Louis, Introduction to Reading the Pentateuch (übersetzt von Sr. P. Dominique), Winona Lake, Ind. 2006; stark erweiterte Übersetzung von: Introduction à la lecture du Pentateuque. Clés pour l'interprétation des cinq premiers livres de la Bible, Le livre et le rouleau 5, Brussels 2000.

Von anderen aktuellen Einführungen in den Pentateuch hebt sich das Buch von Jean Louis Ska durch den genauen Blick für die Bibel als geschriebenen Text ab. Der Band wird durch eine Untersuchung der einzelnen Bücher des Pentateuchs in ihrer jetzt vorliegenden Form eingeleitet, die den Leser zu den weitergehenden Fragestellungen der Komposition und Redaktion führen soll. Besondere Beachtung finden die Rechtskorpora mit den besonderen Schwierigkeiten, vor welche die Interpretation hier gestellt wird, wie z.B. der Frage nach ihrer literarischen Abfolge und Abhängigkeit, nach literarischen Interpolationen und redaktionellen Methoden. Skas Buch ist eine vorzügliche Einführung in die aktuellen Hypothesen aus dem europäischen Forschungskontext (wie z.B. der Spätdatierung des Jahwisten und der Hervorhebung nachpriesterlicher Redaktionen), zu deren Entwicklung der Autor selbst in hohem Maße beigetragen hat. Ska konzentriert sich auf die maßgebliche Rolle der Redaktoren und auf die von ihnen angewandten Methoden und zeigt so ein besonderes Interesse für ein Erklärungsmodell, das in Überarbeitungen und Umschreibungen besondere Formen der Aktivität der biblischen Autoren erkennt. Das Buch zeichnet sich auch durch einen bibelwissenschaftlichen Weitblick aus, der selten anzutreffen ist: Ska zeigt häufig scharfsinnige Verbindungen zwischen der Bibelwissenschaft und der Kultur- und Geistesgeschichte im umfassenderen Sinne auf.

Brettler, Marc Z., »A Literary Sermon« in Deuteronomy 4, in: S.M. Olyan / R.C. Culley (Hgg.), »A Wise and Discerning Mind«. Essays in Honor of Burke O. Long, BJSt 325, Providence, R.I. 2000, 33–50.

Der kurze Artikel von Brettler bietet Anlass, die klassische Sicht auf das Deuteronomium als Sammlung levitischer Landpriester neu zu überdenken, eine Sicht, die lange von Gerhard von Rad vertreten wurde und große Akzeptanz gefunden hat. Brettler zeigt die Geschichte dieser These auf und zeigt auch, inwiefern sie daran scheitert, den literarischen Befund zu erklären. Seine exzellente Argumentation geht dann auf den Text des Deuteronomiums selbst genauer ein. Er interpretiert Dtn 4, die umfangreiche Predigt über den Monotheismus, als literarische Komposition und zeigt deutlich, dass man den Text nur zufriedenstellend erklären kann, wenn man davon ausgeht, dass er das Produkt exegetischer Tätigkeit ist. Andere Forschungsarbeiten Brettlers (die in dem Artikel zitiert werden) argumentieren in ähnlicher Weise für Dtn 30.

Wevers, John W., Notes on the Greek Text of Deuteronomy, SBL.SCS 39, Atlanta 1995.

–, The Interpretative Character and Significance of the Septuagint Version, in: M. Sæbø, Hebrew Bible / Old Testament. The History of Its Interpretation, Bd. 1, From the Beginnings to the Middle Ages (until 1300), Part 1, Antiquity, Göttingen 1996, 84–107.

Dogniez, Cécile / Harl, Marguerite (Hgg.), Le Pentateuque d'Alexandrie. La Bible des Septante, texte grec et traduction, La Bible d'Alexandrie, Paris 2001.

Pietersma, Albert / Wright, Benjamin G. (Hgg.), A New English Translation of the Septuagint, New York 2007; online verfügbar: http://ccat.sas.upenn.edu/nets (recherchiert am 20. März 2008).

Kraus, Wolfgang / Karrer, Martin (Hgg.), Septuaginta Deutsch, Bd. 1, Das griechische Alte Testament in deutscher Übersetzung, Stuttgart 2008.

Die griechische Übersetzung der Hebräischen Bibel, die Septuaginta, verdankt ihr Entstehen den blühenden jüdischen Gemeinde im ägyptischen Alexandria um 225 v.Chr. Die Septuaginta stellt zudem das erste unabhängige Beispiel der Bibelinterpretation dar. Die Übersetzer waren bemüht, schwierige Begriffe zu erklären, sich widersprechende Gesetze aufeinander abzustimmen und den alten Text des Pentateuch in ihre Gegenwart zu holen und die Relevanz für ihre Situation herauszustellen. Die Septuaginta hat damit ein bemerkenswertes Verhältnis zu ihrem hebräischen Grundtext (der vom Masoretischen Text durchaus zu unterscheiden ist). Oftmals bezeugt die Septuaginta noch ältere religiöse Vorstellungen im biblischen Text, die in späterer Zeit dann »korrigiert« wurden, um sie mit dem späteren jüdischen Monotheismus in Einklang zu bringen (wie z. B. die aus Dtn 32,8 und 32,43 klar rekonstruierbare Vorstellung, dass Jahwe Herrscher in einem Götterrat oder Pantheon ist). In anderen Fällen ist es gerade umgekehrt. Die Gemeinde in Alexandria übersetze die Hebräische Bibel in ihre lebende Sprache, das Griechische, und sah in der Tora auch ein Buch, dass die Geschichte der Gemeinde erzählte und sie in ihrer gegenwärtigen Situation ansprach. Zum Beispiel enthält der hebräische Text des Deuteronomiums folgende Drohung: »Du wirst zum Schreckbild werden (והיית לזעוה) für alle Reiche der Erde« (Dtn 28,25). Diese Drohung, die hier die geprägte Form eines Fluches zur Bekräftigung eines Vertrages hat, spielt auf die Zerstörung an, die durch die babylonische Eroberung und das Exil im Jahr 587 v.Chr. auf Juda kam, vorgestellt als Bestrafung für Vergehen des Volkes. Der Übersetzer der Septuaginta interpretiert diese Bestrafung neu als Anspielung auf die Gemeinde in Alexandria: »Du wirst zur Zerstreuung werden (καὶ ἔσῃ ἐν διασπορᾷ) unter den Reichen der Erde« (vgl. Wevers, Greek Text of Deuteronomy, 437 f.). Dementsprechend muss jeder Unterschied zwischen dem hebräischen Text (MT) und der Septuaginta sowie anderen antiken Übersetzungen von Fall zu Fall beurteilt werden, um zu entscheiden, welche die bessere Lesart ist. Wichtiger vielleicht noch: Die Septuaginta sollte nicht nur als textkritisches Werkzeug gesehen werden, sondern als Zeugnis für die anhaltende Lebendigkeit der Bibelauslegung in der Zeit des Zweiten Tempels.

Ein wiedererstarktes Interesse an der Septuaginta hat dazu geführt, dass bedeutende neue Übersetzungs- und Kommentierungsprojekte in englischer, französischer und deutscher Sprache durchgeführt wurden. Eine »New English Translation of the Septuagint« (NETS) ist vor kurzer Zeit veröffentlicht worden; NETS ist auch mit einem umfangreichen Angebot im Internet vertreten. Einen hervorragenden Blick in die Welt der Septuaginta stellt die Übersetzung, Kommentierung und der kritische Apparat dar, die die französische Reihe »La Bible d'Alexandrie » bietet. Der Band »Le Pantateuque d'Alexandrie« vereinigt die früheren, separat veröffentlichten Bände zum Pentateuch und aktualisiert und korrigiert sie, um die Konsistenz der Übersetzung zu gewährleisten. Der griechische und der französische Text werden dabei auf gegenüberliegenden Seiten angeordnet. Wie die Herausgeber selbst in einigen Fällen einräumen (z.B. im Fall des Deuteronomiums), wäre es besser gewesen, den kritischen, von John W. WEVERS[39] für die Göttinger Septuaginta edierten Text zu Grunde zu legen, und nicht die ältere Ausgabe von Alfred Rahlfs.[40] An spezifischen Stellen allerdings, für die die Herausgeber es für relevant erachteten, wurde Wevers Version zitiert. Wevers hat seine generelle Sicht auf die Septuaginta

---

[39] Vgl. J.W. WEVERS, Deuteronomium, Septuaginta: Vetus Testamentum graecum auctoritate academiae scientiarum gottingensis editum 3.2, Göttingen 1977.

[40] Die ursprüngliche Ausgabe von 1935 war nicht im vollen Sinne kritisch und stellte einen eklektischen Text dar, der auf einigen verschiedenen Texttraditionen beruhte. Im Auftrag der deutsche Bibelgesellschaft, die bei der Edition solcher Ressourcen eine weltweit führende Rolle einnimmt, entstand eine umfangreich überarbeitete und korrigierte Fassung, die die beste einbändige Edition der Septuaginta darstellt. Vgl. A. RAHLFS / R. HANHART, Septuaginta. id est Vetus Testamentum graece iuxta LXX interpretes, editio altera, 2 Bde. in einem, Stuttgart 2006².

zudem in seinem Artikel »The interpretative Character and Significance of the Septuagint Version« dargestellt. Eine Besonderheit seines Zugangs liegt in der Annahme, dass die Version des Deuteronomiums in der Septuaginta keine bloße Übersetzung, sondern eine Interpretation des zugrundeliegenden hebräischen Textes darstellt. Von großer Bedeutung ist auch der erste, im Jahr 2009 erschienene Band des deutschen Übersetzungs- und Kommentierungsprojektes »Septuaginta Deutsch«.

Tov, Emanuel, Textual Criticism of the Hebrew Bible, Minneapolis / Assen 2011[3] (überarbeitete Auflage).

–, Der Text der Hebräischen Bibel. Handbuch der Textkritik (übersetzt von H.-J. Fabry), Stuttgart 1992.

–, Scribal Practices and Approaches Reflected in the Texts Found in the Judean Desert, STDJ 54, Leiden 2004; online verfügbar: http://www.emanueltov.info/docs/books/scribal-practices1.publ.books.pdf (recherchiert am 4. Juni 2011).

Die Rolle der Schreiber bei der Entstehung der Bibel lässt sich durch nichts überzeugender belegen als durch den biblischen Text selbst; genauer gesagt: Durch die Vielzahl seiner Textzeugen, die die verwickelte Textgeschichte ans Licht bringen: die Fehler in der Überlieferung, die Vertauschung von Buchstaben, Schreibfehler, Anmerkungen und absichtliche Änderungen oder »Korrekturen« aus theologischen Gründen, verschiedene Texttraditionen, mehrfache Fassungen derselben Tradition und verschiedene »Ausgaben« desselben biblischen Buches. Emanuel Tov hat es sich zur beruflichen Lebensaufgabe gemacht, den Details der Entstehung des biblischen Textes nachzugehen. Dabei hat er insbesondere die Bedeutung der Septuaginta und der Schriftrollen vom Toten Meer herausgestellt. Sein Buch »Textual Criticism of the Hebrew

Bible« (deutsche Übersetzung der Erstauflage: »Der Text der Hebräischen Bibel«) stellt eine detaillierte Einführung in die Textzeugen der Bibel dar (Hebräische Bibel, Samaritanischer Pentateuch, Septuaginta, Schriftrollen vom Toten Meer und epigraphisches Material). Er entwickelt weiterführende Kriterien, um die Rollen des Autors und des Schreibers in der Komposition, Redaktion und Überlieferung des biblischen Textes zu unterscheiden. Ausführlich behandelt er die Bedeutung von Harmonisierungen (wie sie in den proto-samaritanischen Zeugen aus Qumran belegt sind) und zeigt, dass sich Schreiber schon in früher Zeit vollständig darüber bewusst waren, dass divergierenden Traditionen des biblischen Textes existieren, und oftmals versuchten, Inkonsistenzen zu beseitigen, indem sie die Texte exegetisch miteinander abstimmten. Solche objektiv nachvollziehbaren Belege können dann wiederum als heuristisches Modell dienen, um die Komposition des biblischen Textes selbst besser erklären zu können. Es ist bemerkenswert, dass Tov von einer Vielfalt der Texttraditionen als Regelfall bis zum Ende der ersten Jahrhunderts n.Chr. ausgeht. Er kommt zu dem Schluss, dass es letztlich nicht zu einem Triumph des Textes selbst kam (als ob der MT irgendwie in sich schon einen höheren Wert gehabt hätte), sondern zu einem Triumph der Unterstützer dieses Textes – der Pharisäer, die als die beherrschende jüdische Gruppe die Zerstörung des Zweiten Tempels im Jahr 70 n.Chr. überlebten (160 [deutsche Ausgabe]). Tovs Buch über die Schreibgewohnheiten (»Scribal Practices«) bietet eine gründliche Einführung in die »handfesten« Realia der Werkzeuge und Techniken, die bei Schreibern im Altertum zur Anwendung kamen: Tov geht hier ein auf Material, Form und Herstellung der Schriftrollen, auf Tinte und Schreibgeräte, auf Schriften und Schreibkonventionen, Fehler und ihre Korrektur, Zeichen und Markierungen und die mögliche Existenz von

Scheiberschulen (wie in Qumran). Der Band wird durch zahlreiche Illustrationen und Übersichten zu Zeichen, die die Schreiber verwendeten, bereichert; er bietet einen echten Einblick in die Bedeutung der Tradition und Ausbildung der Schreiber im Alten Israel.

Carr, David M., Method in Determination of Direction of Dependence. An Empirical Test of Criteria Applied to Exodus 34,11–26 and Its Parallels, in: M. Köckert / E. Blum (Hgg.), Gottes Volk am Sinai, VWGTh 18, Gütersloh 2001, 107–140.

–, Writing on the Tablet of the Heart. Origins of Scripture and Literature, New York 2005.

Van Seters, John, The Origins of the Hebrew Bible. Some New Answers to Old Questions, Part Two (Rezensionsartikel zu David M. Carr, Writing on the Tablet of the Heart. The Origins of Scripture and Literature), JANER 7 (2007) 219–237.

Carr geht vom Ex 34, dessen Beziehung zu seinen Parallelen in Gesetzestexten und in anderer biblischer Literatur hoch umstritten ist, als Musterfall aus, um generelle Kriterien zu entwickeln, die dazu dienen können, die Richtung literarischer Abhängigkeit im Fall von parallelen Texten zu bestimmen. Es geht in diesem Artikel also vor allem um die Schwierigkeit, Aussagen im Sinne von »literarisch früher als« oder »literarisch später als« zu treffen. Dabei bezieht Carr, und das ist als methodologischer Fortschritt zu sehen, als empirisches Beispiel-Material Literatur aus den Schriftrollen vom Toten Meer in die Betrachtung mit ein, die deutlich von biblischem Material abhängig ist. Er geht auf die Tempelrolle (11QTemple), den »Reworked Pentateuch« (4QRP oder 4Q365) und den proto-samaritanischen Text (4QpaleoExod^{m}) ein. Dieser Artikel leistet einen wichtigen Beitrag dazu, Techniken exegetischer Überarbeitung und Kriterien zu bestimmen, nach denen in Fällen innerbiblischer Schriftauslegung die Richtung literarischer Abhängigkeit bestimmt werden kann. In seinem 2005 publizierten Buch bietet Carr einen ambitionierten, kulturvergleichenden Blick auf die Schreiberkultur im Alten Israel; dabei greift er auf einen maßgeblichen Vorschlag André Lemaires zurück. Carr argumentiert, dass alle Gesellschaften des Altertums eine Elite junger Männer förderten, die für soziale und politische Führungspositionen ausgebildet wurde und dafür ein Curriculum von nur diesen Eingeweihten zugänglichen Texten beherrschen musste. Und das bedeute, dass man die Texte dieses Curriculums, die oft in einer nicht (mehr) gebräuchlichen Sprache und Schrift geschrieben waren, mündlich und schriftlich wiedergeben können musste, man lernte also auswendig. Das Modell Carrs ist so darauf angelegt, den üblichen Gegensatz zwischen Mündlichkeit und Schriftlichkeit zu überwinden. Carr kann auf vielfältiges Material aus dem Alten Ägypten, der Sumerisch-Akkadischen Literatur, aus dem Bereich der klassischen Paideia und religiöse Texte zurückgreifen. Unklar bleibt jedoch, ob das Prinzip des Curriculums ausreicht, um das schmale Schriftkorpus oder die Vielfalt an Lehrtexten in der Zeit des Zweiten Tempels zu erklären (darauf macht Van Seters in seinem sorgfältigen Rezensionsartikel aufmerksam).

Scoralick, Ruth, Gottes Güte und Gottes Zorn. Die Gottesprädikationen in Exodus 34,6f. und ihre intertextuellen Beziehungen zum Zwölfprophetenbuch, HBSt 33, Freiburg i.Br. 2002.

Scoralick nimmt eine kanonisch-intertextuelle Auslegung der Formulierung der Gottesprädikationen in Ex 34,6–7 vor. Sie untersucht zunächst die Rolle dieser Formulierung innerhalb des Kapitels Ex 34 und innerhalb des größeren Kontexts

Ex 32–34 und geht auf Verbindungen zu verschiedenen Texten im Zwölfprophetenbuch ein (z.B. Hos 1,2–2,3; 11; 14,2–9; Joel 2,1–14). Die Verkündung der Gottesprädikationen in Ex 34,6–7 wird hier, im Kontext der Erzählung über den Bruch und die Erneuerung des Bundes in Ex 32–34, als Schüsseltext angesehen, der von hoher Bedeutung für die Kohärenz des Zwölfprophetenbuchs und für die Reihenfolge der einzelnen »Kleinen Propheten« ist (204). Das Buch hat seinen besonderen Wert durch die grundsätzlichen methodischen Fragen, die hier gestellt werden. Scoralicks Schwerpunkt ist nicht die innerbiblische Schriftauslegung, sondern die Intertextualität, um die hilfreiche Unterscheidung von Sommer aufzunehmen. Die Auslegung findet hier auf synchroner Ebene statt: Die Texte werden innerhalb ihres jetzt vorliegenden Kontexts im Kanon untersucht. Zwar bietet Scoralick eine oft gehaltreiche Lektüre der einzelnen Texte; allerdings fällt es zuweilen schwer, ihrer generellen Gedankenführung zu folgen. Es scheint, dass diachrone Schlussfolgerungen hier aufgrund von synchronen Auslegungen der Belege gezogen werden. Angesichts der synchronen Textauslegung erscheint es zum Beispiel als unklar, in welchem Sinne von einer Rezeption der Gottesprädikationen im Zwölfprophetenbuch gesprochen werden kann; eine solche Rezeption würde ja wohl nur innerhalb eines diachronen Modells aussagbar sein. Ist also zum Beispiel Hos 1 literarisch abhängig von Ex 34,6–7, was aufgrund sprachlicher Beweise äußerst wahrscheinlich ist? Oder sind die Verbindungen zwischen den beiden Abschnitten als nicht-literarisch und stattdessen eher als assoziativ, allgemein und thematisch (das Konzept göttlicher Barmherzigkeit) einzustufen?

Der Zugang der kanonischen Auslegung unterscheidet sich sowohl von klassischen literarkritischen oder redaktionsgeschichtlichen Modellen als auch von dem Ansatz der innerbiblischen Schriftauslegung. Hier geht es nicht mehr darum, sich um den Nachweis der literarischer Abhängigkeit eines Textes von einem anderen zu bemühen, um so eine exegetische Überarbeitung nachzuweisen (so das Modell Fishbanes), oder darum, mittels einer diachronen Auslegung zu zeigen, inwiefern die redaktionelle Struktur eines Buches Ergebnis der Rezeption und Neuinterpretation älterer literarischer Motive ist (so das Modell Stecks). Der Verstehenshorizont ist hier ein anderer: Der Abschluss der Texte in ihrer jetzt vorliegenden Form ist vorausgesetzt, und gesucht wird vor diesem Hintergrund nach thematischen, literarischen und theologischen Verbindungen, um das disparate Material einzuordnen.

NAJMAN, Hindy, Seconding Sinai. The Development of Mosaic Discourse in Second Temple Judaism, Supplements to the Journal for the Study of Judaism 77, Leiden 2003.

NAJMAN will einen Beitrag zum Verständnis der Neuverwendung und Neuinterpretation der Tora in nachbiblischer Literatur (Tempelrolle, Jubiläenbuch, Philo und frührabbinische Literatur) und der Entwicklung eines mosaischen Diskurses in diesem Material leisten. Auch biblisches Material bezieht sie in ihre Untersuchung ein. Insbesondere behandelt sie das Buch Deuteronomium und wendet sich gegen die Vorstellung, dass eine Auslegung eine Infragestellung der Autorität des ausgelegten Textes mit sich bringt. Nach Najman ist das Deuteronomium als Fortsetzung des mosaischen Diskurses zu sehen, die ältere Traditionen gewissenhaft bewahren will, im Sinne einer authentischen Darlegung dieser Tradition. Die Gesetze des Deuteronomiums sollen nicht in Konkurrenz zu den Bestimmungen des Bundesbuchs stehen und diese ersetzen, sondern diese ergänzen und neben ihnen Bestand haben. Najmans These stellt einen beachtlichen Alternative zu meiner eigenen dar, die ich in »Deuteronomy and the Hermeneutics of Legal Innovation« vorgebracht habe; sie sollte bei jeder Betrachtung einer innerbiblischen Schriftauslegung beachtet werden. An dieser Stelle können die Sachfragen nicht in der gebührenden Ausführlichkeit behandelt werden. Najmans Betrachtung des nachbiblischen Materials ist sehr ergiebig; Ziel dieser Betrachtung ist es, die exegetische Literatur aus der Zeit des Ersten und des Zweiten Tempels miteinander ins Gespräch zu bringen. Allerdings betont Najman dabei stark die Kontinuität zwischen »rewritten texts« und ihren älteren Quellen; Formen der Diskontinuität in diesen Neufassungen kommen nicht in den Blick. Es scheint, dass Najman das nachbibiblische Bestreben der Harmonisierung so auf die ältere Literatur projiziert, die aber aus vielfältigen und widerstreitenden Texten besteht.[41]

---

[41] Vgl. dazu die detaillierte Analyse von Stackert (s. den folgenden Eintrag in dieser Bibliographie), 211–214.221 f.: »because the main focus of her study is interpretation in the Temple Scroll, Jubilees, Philo, and early rabbinic literature, Najman overlooks the fact that the constraints of canonization that already exert a powerful influence over the perception and interpretation of the Bible in the post-biblical texts she examines are not operable for Deuteronomy [as a pre-exilic text]« (213). Ähnlich merkt auch M.L. Grossmann an: »Discourses construct realities, and contrasting discourses (especially those asserting the ›true meaning‹ of scripture) must be understood as having at least the potential to reflect interpretive competition and religious discord. Najman would have us understand rewritten scripture as a complement to its earlier source-texts. I would argue […] that the claims of any given example of rewritten scripture must be seen in competition with others present in the same time and place« (Beyond the Hand of Moses. Discourse and Interpretive Authority, Proof 26 (2006) 294–301 [hier: 300]).

STACKERT, Jeffrey, Rewriting the Torah. Literary Revision in Deuteronomy and the Holiness Legislation, FAT 52, Tübingen 2007.

STACKERTS Arbeit vermittelt wichtige Erkenntnisse über das Rechtssammlung des Heiligkeitsgesetzes (i.F.: H oder Lev 17–26) und über andere bedeutende Teile der Priesterschrift aus anderen Abschnitten des Pentateuchs. Er durchdenkt systematisch die Frage neu, wie das Verhältnis von H zum Deuteronomium (i.F.: D) zu verstehen ist: Gibt es zwischen beiden literarischen Größen eine Abhängigkeit, und wenn ja – in welche Richtung? Stackert geht so vor, dass er vier beispielhafte Themen auswählt, zu denen Gesetze ähnlichen Inhalts im Bundesbuch (Ex 21–23), D und H zu finden sind: Asylgesetze, Gesetze zum Sabbatjahr, Gesetze zur Freilassung von Sklaven und zum Zehnten. Stackert macht in seiner Argumentation sorgfältige Beobachtungen zu Sprache, Reihenfolge und Formulierung und vertritt die Meinung, dass H sowohl von D als auch vom Bundesbuch abhängig ist. Bedeutsam ist auch, dass er auf Unterschiede im Inhalt und in der Formulierung eingeht und hervorhebt, in welchem Ausmaß der Autor von H seine literarischen Quellen umformuliert und neu durchdacht hat, um sie auf seine eigenen ideologischen Ziele hin abzustimmen. Dieses Augenmerk für das Grundprinzip und die Bedeutung der literarischen Neuverwendung und Umarbeitung zeichnet Stackerts Arbeit besonders aus. Er entwickelt das Modell der innerbiblischen Schriftauslegung weiter, indem er zeigt, in welchem Ausmaß durch sie eine Quelle grundlegend überarbeitet, ja sogar dominiert und mit eine neuen Aussageabsicht versehen werden kann. Das letzte Kapitel des Buches trägt den Titel »Literary Dependence and Compositional Logic. Understanding the Motivation for Biblical Legal Revision« (209–225). Stackert bietet hier eine pointierte Diskussion der beiden grundsätzlichen

Möglichkeiten, die in jüngeren Forschung zum Verständnis der Beziehung von D und H zu ihren Quellen vorgeschlagen wurden: Soll der jüngere Text den älteren ergänzen oder ersetzen? Nach seiner Meinung wird die zweite Möglichkeit dem biblischen Befund am besten gerecht. Stackert argumentiert in seiner Untersuchung überzeugend und zeigt, dass das Heiligkeitsgesetz als Synthese der älteren Rechtssammlungen im Pentateuch zu verstehen ist und gleichzeitig an deren Stelle treten will. Der Band wird durch eine reichhaltige Diskussion verschiedener Ansätze zum Verständnis des Kanons in den Religionswissenschaften und vergleichenden Literaturwissenschaften abgeschlossen.

NIHAN, Christophe, From Priestly Torah to Pentateuch. A Study in the Composition of the Book of Leviticus, FAT II 25, Tübingen 2007.

Christophe NIHANS Dissertation ist einnehmend und gut geschrieben. Obwohl er und Stackert vollständig unabhängig voneinander arbeiteten, eröffnen beide neue Sichtweisen auf die Komposition des Pentateuchs, indem sie erzählendes Material und Rechtstexte im Buch Levitikus detailliert untersuchen. Nihans Buch bietet einen neuen Blick auf die Komposition des Heiligkeitsgesetzes: Er zeigt, in welchem Ausmaß sein Autor es von Anfang an so gestaltet hat, dass es im Gespräch steht mit den anderen biblischen Rechtssammlungen und erzählenden Quellen. Nihan zeigt so einen ergiebigen neuen Weg auf, das Heiligkeitsgesetz – das so oft als statisches und versteinertes Ritualgesetz gesehen wurde – als literarisch und exegetisch kreative Komposition zu verstehen. Er verbindet konventionelle Redaktionskritik einerseits mit »ritual studies« und andererseits mit der Methodik des Ansatzes der innerbiblischen Schriftauslegung. Nihan datiert Lev 1–16 in die Perserzeit (genauer: in die Regierungszeit Darius' I.) und sieht in Lev 17–26 (27) einen späteren Versuch, die Gesetzgebung des Deuteronomiums mit der des Bundesbuches (Ex 21–23) in Einklang zu bringen. Dabei betont er die innerbiblische Schriftauslegung als Triebfeder der Komposition des Heiligkeitsgesetzes, die den Ausgangspunkt für ein angemessenes Verständnis seiner Bedeutung in der Zeit des Zweiten Tempels darstellt:

> [T]he composition of H participates [...] in the elaboration of the complex *hermeneutics of revelation* unifying the different prescriptions contained in the Torah [...].
>
> [...] [T]he introduction of H at a strategic place within the Torah (namely between Ex 20–24 and D) may be viewed as laying out the *hermeneutical program* for reading (and learning) the entire Torah. (553.555–56, Hervorhebungen im Original)

Nihans Arbeit erklärt die innerbiblische Schriftauslegung zum Schlüssel für das Verständnis des Buches Levitikus und der Kompositionsgeschichte des Pentateuchs.

ZAHN, Molly M., Schneiderei oder Weberei? Zum Verständnis der Diachronie der Tempelrolle, RdQ 20 (2001) 255–286.

–, Reexamining Empirical Models. The Case of Exodus 13, in: E. Otto / R. Achenbach (Hgg.), Das Deuteronomium zwischen Pentateuch und Deuteronomistischem Geschichtswerk, FRLANT 206, Göttingen 2004, 36–55.

–, New Voices, Ancient Words. The *Temple Scroll*'s Reuse of the Bible, in: J. Day (Hg.), Temple and Worship in Biblical Israel, Library of Hebrew Bible/Old Testament Studies 422, London 2005, 435–458.

ZAHN hat drei Studien verfasst, die für die Methode der innerbiblischen Schriftauslegung neue Anwendungsgebiete erschließen. Mit ihrem deutschsprachigen Artikel über die Tempelrolle aus Qumran (11QTemple) hat sie im Alleingang auf die Defizite des literarkritischen Modells hingewiesen, wie es üblicherweise auf diesen Text angewandt wird. Zahn weist dagegen die Notwendigkeit eines hermeneutischen Modells auf. Ihr Artikel zu Ex 13 gibt eine Antwort auf die Frage, ob dieses Kapitel als proto-deuteronomisch oder deuteronomistisch zu bezeichnen ist, indem sie diese falsche Alternative überwindet. Zahn nimmt ihren Ausgangspunkt bei der jüngeren Forschung[42] und zeigt, dass dieses Kapitel als hermeneutische Komposition zu verstehen ist, die auf eine Vielzahl anderer biblischer Texte zurückgreift. Nach ihrer Argumentation ist das Kapitel eine späte Komposition aus der Zeit, als die verschiedenen Quellen des Pentateuch zusammengefügt wurden. Es stellt einen Versuch dar, die widersprüchlichen Bestimmungen in den verschiedenen Quellen in Übereinstimmung zu bringen. »Exodus 13 [...] creates a new version of the laws for Mazzot and Firstlings that aims to integrate the language and outlook of the various earlier laws« (54). Zahn stützt sich auf eine Methodik, die eher in der Forschung zur Literatur aus der Zeit des Zweiten Tempels und zu den Schriftrollen vom Toten Meer geläufig ist, und zeigt die Art und Weise auf, in der innerhalb der innerbiblischen Diskussion die Lösung des Problems widersprüchlicher Gesetze »is presented as God's original command« (54). Dahinter steht die faszinierende Vorstellung, dass der Entstehungsprozess des Pentateuchs selbst schon Versuche hervorbrachte, die verschiedenen Rechtssysteme (des Deuteronomiums, des Bundesbuchs und der priesterlichen Texte) zu harmonisieren und in Über-

---

[42] Insbesondere J. Ch. Gertz, Tradition und Redaktion in der Exoduserzählung. Untersuchungen zur Endredaktion des Pentateuch, FRLANT 186, Göttingen 2000.

einstimmung zu bringen. Der Artikel von 2005 behandelt die Tempelrolle von Qumran und die Art und Weise, in der in diesem Dokument die biblischen Texte neu interpretiert werden. Bemerkenswert ist hier »the Scroll's denial of its interpretative status, and its claim instead to represent the direct word of God« (435). Zahn weist auf, in welcher Weise diese Zurückführung der Tempelrolle auf göttliche Offenbarung einen Einfluss darauf hat, wie in ihr der biblische Text interpretiert und neu verwendet wird. Sorgfältig untersucht sie, welche Bedeutung die Erzählperspektive als Mittel zur Erhebung eines Anspruchs auf Autorität hat; der Artikel ist auch deshalb eine faszinierende Lektüre und hat deutliche Implikationen für die Forschung zur innerbiblischen Exegese.

Schaper, Joachim, Rereading the Law. Inner-Biblical Exegesis of Divine Oracles in Ezekiel 44 and Isaiah 56, in: B. M. Levinson / E. Otto (Hgg.) (unter Mitarbeit von W. Dietrich), Recht und Ethik im Alten Testament, ATM 13, Münster / London 2004, 125–144.

– (Hg.), Die Textualisierung der Religion, FAT 62, Tübingen 2009.

Obwohl in Deuterojesaja und im Ezechielbuch auf dieselben Pentateuchtexte zurückgegriffen wird, schließen sich die jeweiligen Neuinterpretationen doch gegenseitig aus. Schaper untersucht diese innerbiblischen Schriftauslegungen ausführlich und weist damit auf ein Phänomen hin, dass in der Literatur der Zeit des Zweiten Tempels dann noch deutlich häufiger zu beobachten ist: Schriftauslegung wird zu einer Möglichkeit, die eigene Gemeinschaft abzugrenzen. Bedeutsam ist auch, dass Schriftauslegung so im prophetischen Gewand daherkommt, obwohl sie auch deutlich schriftgelehrt und formal ist. Die Aufmerksamkeit für solche schriftgelehrte Prophetie stellt ein ganz besonderes Verdienst europäischer

Forschungsansätze dar, denn so konnte die für lange Zeit etablierte Dichotomie zwischen Prophetie und Verschriftlichung aufgebrochen werden. Schapers Essay wird abgeschlossenen mit einer weiterführenden Betrachtung verschiedener Modelle der Schriftauslegung und ihrer Leistungsfähigkeit. Schapers bereits besprochener Artikel (s. o.) ist aufgrund der dort aufgegriffenen Fragestellungen von Bedeutung für die weitere Forschung zur innerbiblischen Schriftauslegung. Schaper bringt zwei verschiedene Methodiken zusammen, vergleicht sie und leistet einen wertvollen Dienst, indem er die Unterschiede klar herausstellt. Es handelt sich dabei um: (1) Die umfangreiche Forschungsarbeit Fishbanes über zwei verschiedene prophetische Texte aus der Zeit des Zweiten Tempels, die jeweils das Gesetz über den Ausschluss von Ausländern aus der Gemeinschaft im Deuteronomium neu interpretieren; und (2) den Zugang Stecks, der »Trito-Jesaja« insgesamt für eine durch Schriftauslegung bestimmte Komposition oder redaktionelle Fortschreibung hält. Im letzten Teil seines geistreichen Artikels setzt sich Schaper nochmals direkt mit verschiedenen Möglichkeiten auseinander, die Literargeschichte des Alten Israels zu verstehen, und zeigt auf, in welcher Weise »inner-biblical exegesis [may serve as] a counterweight to a *Literarkritik* that would otherwise become arbitrary and sterile« (143).

Der von Schaper herausgegebene Sammelband enthält zwölf Aufsätze maßgeblicher Forscherinnen und Forscher und stellt einen wertvollen Beitrag auf dem Gebiet der vergleichenden Religionswissenschaft dar. Der Band zeigt, inwiefern das Konzept der Textualität eine Perspektive bietet für eine kulturübergreifende, generelle Betrachtung des Phänomens der Religion. Dieser komparative Ansatz zeichnet den Band aus; er geht über das Alte Testament hinaus und blickt auf das Alte Ägypten, die Keilschriftliteratur, nordwestsemitische Inschriften, das hellenistische und rabbinische Judentum, den Hinduismus und den Buddhismus. Der Band hilft dabei, traditionelle und zu einfache Gegenüberstellungen von »Mündlichkeit« und »Schriftlichkeit« zu überwinden. Schapers abschließender Essay untersucht die Frage nach der Beziehung zwischen Textualität und dem Durchbruch zum Monotheismus.

SCHNIEDEWIND, William M., How the Bible Became a Book. The Textualization of Ancient Israel, Cambridge 2004.

SCHNIEDEWIND untersucht in seinem Buch das Aufkommen einer Schriftkultur im Alten Israel. Er geht dabei methodisch vielfältig vor und nähert sich seinem Thema von der Archäologie, von der Epigraphik und von den Texten selbst her. Schniedewind vertritt die These, dass es im Alten Israel eine durch Schriftkultur geprägte Gesellschaft schon beträchtliche Zeit vor dem Aufkommen der Literalität in Griechenland gab, die hier im Allgemeinen ins fünfte Jahrhundert v. Chr. datiert wird. Gerade die Methodenvielfalt macht das Besondere dieses Forschungsbeitrags aus. Der Autor hat bereits zuvor Publikationen zu ganz unterschiedlichen Themen (Epigraphik, Archäologie, Historische Linguistik des Hebräischen – sowohl des klassischen Hebräisch als auch der Sprache der Qumran-Zeit) vorgelegt, und in seinem Buch bringt er diese Perspektiven zusammen, um eine These zur Entstehung des Pentateuchs zu entwickeln. Manche Aspekte sind dabei sicher in Frage zu stellen: So z. B. die Annahme, Priesterschrift und Heiligkeitsgesetz (Lev 17–26) seien älter als das Deuteronomium, und die These, die Komposition des Pentateuch sei im Wesentlichen bereits in vorexilischer Zeit abgeschlossen gewesen. Gewichtiger noch ist die Annahme, dass ein Text, der eine Rhetorik der »Mündlichkeit« aufweist (wie z.B. weisheitliche Texte oder das priesterliche Material mit seinen mündlichen Anweisungen), auch auf mündliche, vorliterarische Tradition zurückzuführen sei. Aber selbst wenn von einem »Buch« nicht explizit im Text die Rede ist, muss man deshalb noch nicht unbedingt auf eine mündliche Kultur zurückschließen. Das System der rituellen Anweisungen, Überschriften und Kolophone im priesterlichen Werk gibt Hinweise auf Schreiber mit einer hochentwickelten Ausbildung. Zudem kann ein Autor »Mündlichkeit« auch absichtsvoll als literarisches Stilmittel verwenden. Trotz dieser Anfragen: Schniedewinds Buch bringt eine Fülle von Material zusammen, das sonst kaum ohne Weiteres zugänglich ist.[43]

VEIJOLA, Timo, Die Deuteronomisten als Vorgänger der Schriftgelehrten. Ein Beitrag zur Entstehung des Judentums, in: DERS., Moses Erben. Studien zum Dekalog, zum Deuteronomismus und zum Schriftgelehrtentum, BWANT 149, Stuttgart 2000, 192–240.

–, The Deuteronomistic Roots of Judaism, in: Ch. Cohen / A. Hurvitz / Sh. M. Paul (Hgg.), Sefer Moshe. The Moshe Weinfeld Jubilee Volume. Studies in the Bible and the Ancient Near East, Qumran, and Post-Biblical Judaism, Winona Lake, Ind. 2004, 459–478.

VEIJOLA zeigt, in welchem Ausmaß das Deuteronomium nur als Ausdruck einer literarischer Kunstfertigkeit betrachtet

[43] Vgl. z.B. die Rezensionsartikel in D.M. CARR / T.C. Eskenazi / C. Mitchell / W.M. Schniedewind / G.N. Knoppers (Hgg.), In Conversation with W.M. Schniedewind, »How the Bible Became A Book«, Sonderausgabe von JHS 5 (2004–5) article 18; http://www.arts.ualberta.ca/JHS/Articles/article_48.htm (recherchiert am 9. April 2011). Vgl. auch die aufschlussreiche, wenn auch unnötig scharf formulierte Analyse von J. VAN SETERS, The Origins of the Hebrew Bible. Some New Answers to Old Questions, JANER 7 (2007) 87–108.

werden kann, die man sonst eher mit der Zeit des Zweiten Tempels in Verbindung bringt. Er betont, wie deutlich der religiöse Gehalt des Deuteronomiums, mit den Konzepten des Bundes und der Prophetie, schon Ausdruck schriftgelehrter Reflektion ist. Mit seiner sorgfältigen Untersuchung beabsichtigt Veijola, die bei Bibelwissenschaftlern verbreitete Sicht auf das Phänomen der Schreiberkultur zu verändern. Er zeigt, mit welcher religiösen und literarischen Kreativität die Schreiber arbeiteten. Aus dieser wichtigen Perspektive kann er auch Neues zur Frage der Entstehung des rabbinischen Judentums beitragen. Nach Veijolas Argumentation gibt es eine direkte Entwicklung von der Schreiberschule, die für die letzten literarischen Schichten im Deuteronomium und im Deuteronomistischen Geschichtswerk verantwortlich ist, zu der Art kunstvoller schriftgelehrter Aktivität, die man mit »Esra, dem Priester, dem Schriftgelehrten, der zuständig war für die Worte der Gebote und Satzungen des Herrn für Israel« assoziiert (vgl. Esr 7,11–12). Von dort ist es dann nach Veijola nur noch ein kleiner Schritt zum pharisäischen (rabbinischen) Judentum und seiner Betonung der schriftgelehrten Toraauslegung. Obwohl sicherlich einige historische Anfragen an dieses Modell möglich wären, sollte Veijolas grundsätzliche Infragestellung einiger Grundannahmen, die in der Forschungsgeschichte lange Zeit Bestand hatten, nicht übergangen werden. Es geht um ein grundsätzliches Überdenken der Kategorien. Der finnische Bibelwissenschaftler, der im Jahr 2005 zu früh starb, stellt die in der Forschung üblich gewordenen Gegensätze in Frage: Den Gegensatz zwischen vorexilisch und nachexilisch, zwischen der Religion Israels und der des rabbinischen Judentums, zwischen der angeblich kreativen Periode der klassischen Religion und ihrem angenommenen Verfall in einer Zeit des schriftgelehrten Legalismus. Veijola weist solche Aufteilungen zurück und geht stattdessen von einer einzigen, kontinuierlichen Entwicklung aus, in der das Deuteronomium die Funktion einer Brücke hatte.

Zugänge zur Auslegung der Chronikbücher

BENDAVID, Abba, Maqbilot baMiqra [Parallelen in der Bibel], Jerusalem 1972 (Hebräisch).

BRETTLER, Marc Zvi, The Creation of History in Ancient Israel, London 1995.

ENDRES, John C., S.J. / MILLAR, William R. / BURNS, John Barclay (Hgg.), Chronicles and Its Synoptic Parallels in Samuel, Kings, and Related Biblical Texts, Collegeville, Minn. 1998.

JAPHET, Sara, The Ideology of the Book of Chronicles and Its Place in Biblical Thought, BEAT 9, Frankfurt 1989.

–, I & II Chronicles. A Commentary, OTL, Louisville, Ky. 1993.

JONKER, Louis, Reforming History. The Hermeneutical Significance of the Books of Chronicles, VT 57 (2007) 21–44.

KALIMI, Isaac, The Reshaping of Ancient Israelite History in Chronicles, Winona Lake, Ind. 2005.

KLEIN, Ralph W., 1 Chronicles. A Commentary, Hermeneia, Minneapolis 2006.

KNOPPERS, Gary N., 1 Chronicles 1–9. A New Translation with Introduction and Commentary, AncB 12, New York 2004.

–, 1 Chronicles 10–29. A New Translation with Introduction and Commentary, AncB 12A, New York 2004.

WILLI, Thomas, Die Chronik als Auslegung. Untersuchungen zur literarischen Gestaltung der historischen Überlieferung Israels, FRLANT 106, Göttingen 1972.

Der Autor der Chronikbücher wendet eine Reihe von exegetischen Techniken an, um seine literarischen Quellen zu überarbeiten, zu erweitern und zu aktualisieren. Deshalb sieht WILLI im Phänomen der Schriftauslegung den wesentlichen Schlüssel zum Verständnis der Chronikbücher. Er argumentiert, dass es in persischer Zeit ein Bedürfnis gab, vorexilische Quellen wir das Deuteronomistische Geschichtswerk an die neue Situation in der Provinz Jehud anzugleichen. Viele Bibelwissenschaftler haben diesen Ansatz als anachronistisch kritisiert, weil er von einem kanonischen und autoritativen Status des Deuteronomistischen Geschichtswerks ausgeht. Die Chronikbücher stellen die Forschung in der Tat vor schwierige Fragen. An jeder Stelle, an der die Chronikbücher vom Deuteronomistischen Geschichtswerk abweichen, müssen eine Reihe von Möglichkeiten bedacht werden, bevor entschiedenen werden kann, ob hier ein Fall innerbiblischer Schriftauslegung vorliegt oder die Unterschiede anders zu erklären sind. Zu bedenken sind z. B. Fragen der Textkritik (ist eine bestimmte Stelle in den Chronikbüchern Ergebnis einer Überarbeitung der Vorlage – oder lag dem Autor der Chronikbücher einfach eine andere Textform vor als diejenige des MT) und der Geschichtsschreibung (sind Abweichungen dadurch zu erklären, dass der Autor der Chronikbücher Zugang zu anderen historischen Quellen als der Verfasser des DtrG hatte – oder handelt es sich um einen Fall exegetischer Überarbeitung?).[44]

Für die Chronikbücher stellt sich weiterhin die Frage, welche Absicht hinter der in ihnen erkennbaren Umarbeitung von Texten steht: Sollen die Quellen, also vor allem 1Sam – 2Kön, ergänzt und vervollständigt werden, wie es der Titel

[44] Eine weitere methodische Frage betrifft natürlich auch die Richtung der literarischen Abhängigkeit. Ganz grundsätzlich wäre natürlich überhaupt zu fragen, ob es eine direkte literarische Abhängigkeit der Chronikbücher vom Deuteronomistischen Geschichtswerk gibt. Der Vorschlag von A. G. AULD freilich, dass 1Sam–2Kön und die Chronikbücher auf einer unabhängigen, gemeinsamen Quelle beruhen, die dann in beiden Geschichtswerken unterschiedlich ausgestaltet wurde, hat in der Forschung nicht viel Zustimmung gefunden (Kings without Privilege. David and Moses in the Story of the Bible's Kings, Edinburgh 1994).

Paraleipomena (also: »Übergangenes«, oder: »Ergänzungen«) für die Chronikbücher in der Septuaginta nahelegt? Eine solche Position nimmt Marc Zvi Brettler ein: »the Chronicler was most likely not writing a history to replace Samuel and Kings, but desired to reshape the way in which these books would be read and remembered [...]. He attempted to supplement them« (22). Innerhalb dieses Zugangs erscheint, so meine ich, der Autor der Chronikbücher wie der Kurator eines Museums, der ein antiquarisches Interesse für die Vergangenheit um ihrer selbst willen hat: Er liest und bedenkt seine Quellen, und nur manchmal führt er vorsichtige Pinselstriche aus, um auszubessern und Lücken zu füllen, wo dies nötig ist.

Unbedingt zu bedenken ist m. E., dass es in der Provinz Jehud in spätpersischer Zeit das Bedürfnis gab, eine neue Form der gemeinschaftlichen Identität unter veränderten politischen Rahmenbedingungen zu entwickeln. In der Literatur Israels gab es damals keine klaren, eigenständige Konzepte, nach denen eine neue Form der politischen Gemeinschaft hätte gestaltet werden könne. In früherer Zeit wollte der Verfasser des »Deuteronomistischen Geschichtswerks« dem König vollständig die Autorität in Fragen zugestehen, die den Kult und den Tempel betreffen, obwohl eine solche Autorität vom Deuteronomium, das offenbar als Quelle diente, nicht gedeckt war.[45] In der späteren Perserzeit ging der Verfasser der Chronikbücher ein noch drängenderes Problem an: Er such-

[45] Vgl. dazu G. N. Knoppers, The Deuteronomist and the Deuteronomistic Law of the King. A Reexamination of a Relationship, ZAW 108 (1996) 329–346; ders., Rethinking the Relationship between Deuteronomy and the Deuteronomistic History. The Case of Kings, CBQ 63 (2001) 393–415; und B. M. Levinson, The Reconceptualization of Kingship in Deuteronomy and the Deuteronomistic History's Transformation of Torah, VT 51 (2001) 511–534.

te nach einer göttlichen Rechfertigung für seinen Versuch, das nachexilische judäische Gemeinwesen, nach achämenidischen Vorbildern, als davididischen, königlichen Tempel-Staat zu gestalten. Weder der Pentateuch (der offenbar die Gesetzesgrundlage für die nachexilische Theokratie war) noch das Deuteronomistische Geschichtswerk (das offensichtlich als historiographische Quelle für den Autor der Chronikbücher diente) waren für diesen Zweck ausreichend: Die Gesetze des Pentateuchs sahen für den Monarchen keine Rolle im Kult vor (Dtn 17,14–20), und das Deuteronomistische Geschichtswerk bildet die Bedürfnisse einer exilischen Gemeinde ab, die nach einer Erklärung für die Zerstörung des Staates und nach einer Vergewisserung dafür suchte, dass die Geschichte des Volkes nicht ein abruptes Ende gefunden hatte. Das Ziel des Autors der Chronikbücher war es dagegen, einen Bauplan für die Zeit zu erstellen, die später als Zeit des Zweiten Tempels bezeichnet wurde. Jedoch schrieb der Autor seine Quellen mit Blick auf seine neue Intention um, gerade um ihre Kontinuität mit früheren kultischen und königlichen Gebräuchen zu behaupten.

Gary N. Knoppers hat sowohl die literarische Technik als auch die Absicht zur Aktualisierung im Blick, wenn er den weiterführenden Vorschlag macht, die Chronikbücher mit dem Phänomen der »Rewritten Bible« zu vergleichen – einen Genre, das man normalerweise mit den Schriftrollen vom Toten Meer und dem Jubiläenbuch assoziiert:

Such works take as a point of departure an earlier biblical book or collection of books. They select from, interpret, comment on, and expand portions of a particular biblical book (or group of books), addressing obscurities, contradictions, and other perceived problems with the source text. Rewritten Bible texts normally emulate the form of the source text and follow it sequentially. The major intention of such works seems to be to provide a coherent interpretive reading of the biblical text.[46]

Dieses Verständnis der »Rewritten Bible« ist natürlich direkt relevant für die Forschung zur »innerbiblischen Schriftauslegung«: Ein neueres Werk nutzt hier ein älteres als literarischen Ausgangspunkt. Knoppers geht auch auf die Frage nach der Funktion des neuen Werks ein:

> [T]here is something to be said for viewing Chronicles as a second national epic. Chronicles was composed not necessarily as a replacement of, but as an alternative to the primary history [...]. Indeed, the Chronicler's work may have had an effect on how these older works were interpreted by some readers. After reading the Chronicler's composition and its selective incorporation of earlier writings, ancient readers may have understood those earlier writings differently. By the same token, the author's skillful reuse, reinterpretation, rearrangement, and major supplementation of sections within the primary history all conspire to create a very different work [...]. The new traditions incorporated within the body of the text, coupled with the reworking of selections from older biblical texts, contribute to the creation of a new literary work that is designed to suit the writer's own times and interests in the Second Commonwealth.[47]

Knoppers ist bedacht, nicht einfach zu behaupten, dass das neue Werk das ältere ersetzen sollte. Dennoch fällt auf, dass nach diesem Verständnis die Chronikbücher ein unabhängiges Werk darstellen, das nun für sich selbst steht. Die Vergangenheit, als historische Erinnerung wie auch als Text, wird neu interpretiert, neu geordnet, umgeschrieben und ergänzt, um den gegenwärtigen Bedürfnissen der Gemeinschaft zu dienen.

In den letzten Jahren sind eine Reihe von hervorragenden Kommentaren zu den Chronikbüchern abgeschlossen wor-

---

[46] Knoppers, 1 Chronicles 1–9, 130.

[47] Knoppers, 1 Chronicles 1–9, 133 f.

den; Leserinnen und Leser können sich eigenständig einen Überblick über die Fragestellungen zur innerbiblischen Schriftauslegung verschaffen, die durch die Chronikbücher aufgeworfen werden. JAPHETS Kommentar von 1991 ist eine verdienstvolle Übersetzung des hebräischen Originals, das dazu beitrug, eine neuen Blick auf die Chronikbücher und ihr Verhältnis zum Textbereich 1Sam–2Kön in der Forschung zu etablieren. Japhet zeigt, in welchem Ausmaß in den Chronikbüchern die literarischen Quellen exegetisch umgearbeitet werden, indem frühere Vorstellungen des göttlichen Wirkens oder der Moral einer Revision im Sinne späterer Konzeptionen unterzogen werden. Sie betont, in welchem Ausmaß der Verfasser der Chronikbücher Geschichtsschreiber, Denker und Autor war. Ihr Kommentar verbindet diese Perspektive mit einer systematischen Untersuchung des gesamten Buches, wobei Fragen der Geschichtsschreibung und des Werts als historische Quelle besondere Beachtung finden. KALIMI erforscht und benennt die spezifischen literarischen Techniken, die bei der Umgestaltung des Quellenmaterials der Chronikbücher zur Anwendung kamen. Die Bände von BENDAVID (in hebräischer Sprache) und ENDRES (auf Englisch) ordnen die Texte der Chronikbücher und aus 1Sam – 2Kön nebeneinander in parallelen Spalten an, wodurch Vergleichbares, Gegensätze und Lücken klar herausgestellt werden: Der Leser kann so dem Verfasser der Chronikbücher bei der literarischen Bearbeitung seines Quellenmaterials gleichsam über die Schulter schauen. Beim Kommentar von Knoppers ist, neben der großen Aufmerksamkeit für Fragen der Textkritik, der besondere Blick für die Geschichte der samaritanischen Gemeinschaft und ihre Relevanz für die Literatur und Geschichte der Zeit des Zweiten Tempels hervorzuheben. KLEINS Kommentar, erschienen in der prestigeträchtigen Reihe Hermeneia, stellt für die Chronikbücher die Zusammenschau eines ganzen Forscherlebens dar. Der 2007 erschienene Artikel von JONKER gibt einen Überblick über die verschiedene Forschungsansätze zum Verständnis der Aussageabsicht der Chronikbücher: er zeigt hier faszinierenden Analogien zu Südafrika nach der Zeit der Apartheid auf, wo man vor der Notwendigkeit einer »reforming history« stand, die die Vergangenheit neu interpretiert, um eine neue Identität der Gemeinschaft in der Gegenwart zu entwickeln.

Autorenregister

Fettdruck verweist auf Diskussionen in Kapitel 6, dem forschungsgeschichtlichen Essay.

Sachregister

Stellenregister

Hebräische Bibel / Altes Testament

Apokryphen

Neues Testament

Altorientalische Texte

Septuaginta

Targumim

Schriftrollen vom Toten Meer und verwandte Texte

Rabbinische Texte